I0410428

www.ingramcontent.com/pod-product-compliance
Lightning Source LLC
Chambersburg PA
CBHW060245290526
45789CB00001B/196
9781542300766

آج کا عالمی بحران قلت کا نہیں بلکہ زائد پیدا کا بحران ہے

جلتا گلوبل

منتخب مضامین

دانیال رضا

چنگاری پبلی کیشنز۔ جرمنی

WWW.Chingaree.Com

رابطے کے لیے ای میل

Chingaree@gmail.com

نام کتاب۔ جلتا گلوبل

مصنف۔ دانیال رضا

پبلیشرز۔ چنگاری پبلی کیشنز، فرینکفرٹ جرمنی

دوسرا ایڈیشن۔ 2017

قیمت۔ 18 یورو

ٹائٹل۔ بشکریہ شریف اکیڈمی جرمنی

انتساب

اپنے والدین کے نام کہ جنہوں نے مجھ پر اپنی سوچ اور نظریات مسلط کرنے کی بجائے وہ کھلا، جمہوری

اور آزاد ماحول دیا جس میں میری شعوری ترقی ہوئی جس سے مجھے جرات تحقیق ملی اور ہمت کفر عطا ہوئی

فہرست

پیش لفظ

اس انسانی کرہ ارض کو عالمی حکمرانوں نے دوسری عالمی جنگ کے بعد آج کسی تیسری عالمی جنگ کی عدم موجودگی میں نام نہاد امن اور جمہوریت کے نام پر سب سے زیادہ لوگوں کا قتل عام، قحط، سب سے بڑی ہجرتیں، ملکوں اور خطے کی تباہی اور خون میں ڈبو دیا ہے (اقوام غیر متحدہ) جس کا ازالہ موجودہ عالمی نظام میں دہائیوں اور صدیوں میں بھی نہ ہو سکے گا۔ اور یہ آگ اور خون کا کھیل ابھی ختم نہیں ہوا جو کہ شرح منافع کے حریص اور نجی ملکیت کی ہوس ہے جس کے لیے عالمی عوام کا خون نچوڑا جا رہا ہے۔ اس معاشی دہشت گردی کو دنیا میں سکڑتی منڈی ہر روز پہلے سے زیادہ شدید اور بھیانک بنا رہی ہے جو اپنا اظہار سیاست اور سماج میں کرتی ہے جس سے موجودہ عالمی مالیاتی نظام دنیا بھر میں ایک نہ ختم ہونے والی خوفناک قانونی اور ریاستی دہشت گردیاں ہیں جو ہر روز بے لگام بڑھ رہی ہیں اس سے انارکی اور انتشار کا بازار گرم ہے جیسے استعمال کرتے ہوئے مذہب کے نام پر انفرادی دہشت گردیاں مزید قتل وخون پھیلا رہی ہیں۔ نظام زر کے کھیل میں عوام زندگی کی بازی ہارتے جا رہے ہیں جس میں بنیادی کردار روائتی پارٹیوں اور انکے سیاست دان کا بھی ہے جو کوئی دوسرا انقلابی متبادل نہ دیکر اس ناامیدی اور مایوسی کے اندھروں کو مزید گہرا کر رہے ہیں۔ عوام اس کے خلاف دنیا بھر میں ابھرتی نئی پارٹیوں اور تحریکیں میں مذاحمت کر کے ایک نئی طبقاتی لڑائی کی مشعل کو روشن کر رہے ہے۔

روس کی ٹوٹ نے دنیا بھر میں عوامی اور مزدور تحریکوں میں ایک گہرے صدمے اور بے چارگی کو جنم

دیا جس کا حکمرانوں نے بڑا جشن منایا تھا اور خاص طور پر دیوار برلن کے گرنے کے بعد سماجی ارتقائی نظریے،، جس کے تحت آج تک انسانی سماج نے ترقی کی منازل کو طے کیا،، کے خلاف قنوطی نظریہ تک پیش کر دیا گیا کہ سرمایہ داری نظام انسانی تاریخ کا آخیری نظام ہے اور صرف یہی اب انسان کا مقدر رہے۔ لیکن یقیناً یہ ماہرین اور پروفیسر حضرات انسانی تاریخ اور اسکے جدلیاتی ارتقا سے واقف نہیں تھے یا پھر انکا پیشہ انکو حقیقت بیان کرنے کی اجازت نہیں دیتا۔ اسی لیے بہت جلد ہی موجودہ نظام کی سماجی ترقی کی نااہلی کو قبول کرتے ہوئے ایک اور جعل ساز،، تہذیبوں کے تصادم،، کا نظریہ پیش کر دیا جو مارکیٹ میں زیادہ دیر نہیں چل سکا۔ لیکن اب روس کے عالمی منڈی میں حصہ داری پر یہ امریکہ کے تنخواہ دار دانشوار ایک بار پھر سوچ میں پڑ گئے ہیں کہ اب کون سا خود ساختہ نظریہ گھڑا جائے فی الحال یہ روس کی عالمی جارحیت اور منڈیوں پر قبضے سے تیسری عالمی جنگ کا خوف پھیلانے میں مصروف ہیں کیونکہ لالچ سے زیادہ خوف پر دھندہ کیا جا سکتا ہے جو انہوں نے شاید ملائیت سے سیکھا ہے۔ چین اور روس کے عالمی منڈی میں داخلے نے امریکہ کی تنہا عالمی حاکمیت کو چیلنج کر دیا ہے جبکہ دوسری طرف عالمی مزدور تحریک سویٹ یونین کی ٹوٹ کی مایوسی سے باہر آچکی ہے اور وہ موجودہ نظام کے خلاف نئے عوامی انقلابات کی داغ بیل ڈال رہی ہے جس کا آغاز یونان اور سپین کی زبردست تحریکوں سے ہو چکا ہے فرانس کی کوکھ کو مزدوروں کی تحریکوں نے ایک بار پھر نئے انقلاب سے حاملہ کر دیا ہے۔ جبکہ ایشیا، افریقہ اور لاطینی امریکہ بھی پیچھے نہیں ہیں جہاں مزدروں کی شاندار مذاحمتیں عالمی منظر نامے پر ابھر رہی ہیں اور امریکہ میں بھی آکو پائی تحریک کے بعد برنی سینڈر کو دنیا بھر میں بڑے غور سے دیکھا اور سمجھا گیا اور اسکے لیے بین الاقوامی سطح پر ہم 99 فیصد ہیں کی تحریکیں منظم کی گئیں جس سے دنیا بھر کے محنت کشوں کے اتحاد کی سچائی ایک حقیقت بن گئی۔

گیارہ ستمبر کا دن جدید تاریخ کا ایک اہم ترین واقعہ ہے جو امریکی سامراج کی کمزوری اور بے بسی کا واضح

اظہار تھا جو دنیا کی سپر پاور ہونے کے باوجود اتنے بڑے حادثے کو روکنے سے ناکام و نامراد رہا۔ اور اپنی اس کمزوری کو چھپانے کے لیے اس نے دنیا کو نہ ختم ہونے والی خون آشام جنگوں، انتشار اور انارکی کے جہنم میں دھکیل دیا اور دنیا کو عدم استحکام کا شکار کر دیا (خاص طور پر مڈل ایسٹ اور ساوتھ ایشیا کو) اپنی کمزوری کو چھپانے اور حاکمیت کے غلبے کو بر قرار رکھنے کے لیے اسکی جارحانہ پوزیشن نے اسے مزید کمزور کر دیا۔ اس خطہ زمین پر دوسری عالمی جنگ کے بعد انسانی تاریخ نے اپنے سب سے بڑے دیو ہیکل امریکی سامراج کو دیکھا تھا جو آج اپنا ہی گوشت نوچ کر کھا رہا ہے۔

حالیہ تاریخ میں امریکہ نے ہر جنگ ہاری ہے وہ عراق کی ہو یا افغانستان کی، جس میں اسے بڑی اقتصادی اور فوجیوں کی قربانیاں دینا پڑی ہیں اور سیاسی میدان میں اپنی اور عالمی عوام کی زبردست مذاحمت کا سامنا کرنا پڑا۔ اس لیے امریکہ بہادر جو اب بہادر نہیں رہا۔ ہر جنگ سے بھاگ رہا ہے اور کہیں بھی براہ راست فوجی مداخلت سے گھبراتا ہے۔ ڈالر کے مالیاتی بحرانوں نے نہ صرف امریکہ میں بلکہ تمام دنیا میں ایک سیاسی اور سماجی انتشار کو جنم دیا ہے جس سے چھٹکارہ اب امریکی معیشت کے بس میں نہیں رہا شدید بحرانوں نے اسے منہ کے بل گرا دیا ہے۔ اور یہ آج ماضی کے دشمنوں سے مصالحت اور مدد کی بھیک مانگتا پھیر رہا ہے۔ اور مالیات کی دنیا میں کوئی مفت کسی کی مدد نہیں کرتا وہ روس ہو ایران ہو یا پھر چین ہو۔

عالمی مالیاتی نظام کا تضاد آج اپنے انتہائی عروج پر اپنا اظہار کر رہا ہے ایک طرف اس کی زندگی کا انحصار عالمی معیشت کی مزید قربت اور شمولیت کے استحصال پر ہے جبکہ دوسری طرف مشترکہ ریاستیں ٹوٹ اور بکھر رہیں ہیں۔ ترقی یافتہ ممالک میں یورپی یونین اپنی شدید اقتصادی ضرورت کے تحت معرض وجود میں آئی جبکہ آج برطانیہ اس سے الگ ہو چکا ہے یونان، سپین، پرتگال اور اٹلی اس کی کمزور کڑیاں ہیں انڈیا میں کشمیر سمیت 18 ریاستوں میں علیحدگی کی تحریکیں ہیں جبکہ پاکستان کے پانچ صوبوں میں آٹھ خود

مختیاری کی تحریکیں ہیں۔ مڈل ایسٹ خون ریز خانہ جنگی میں تبدیل ہو چکا ہے جس میں اگلی باری ترکی اور سعودی عرب کی ہے۔ عالمی موجودہ نظام دنیا بھر میں امن و استحکام قائم کرنے، سماجی ارتقا اور انسانوں کا معیار زندگی بلند کرنے میں مکمل معذرت خواہ ہے۔ انسانی تاریخ میں اپنا وقت پورا کر لینے کی باجود اس کی زندہ لاش نے معجزات کے دور کا آغاز کیا ہے یعنی سماج کی تہوں میں تیز ترین تبدیل ہوتے حالات جو اپنی بیرونی سطح پر غیر متواقع واقعات کا اظہار کر رہے ہیں۔ اور یہ بڑی تیزی سے تبدیل ہوتے حالات و واقعات جو موجودہ نظام کے خلاف متحریک ہیں اسکے رکھواوں کی موت کا اعلان ہیں جنہیں حکمران کنٹرول کرنے میں ناکام اور بے بس ہیں۔ یقینا دیر یا بدیر محنت کش عوام اپنی انقلابی جدوجہد سے موجودہ نظام اور اس کے ہر حکمرانوں کو تاریخ کے قبرستان میں ہمیشہ ہمیشہ کے لیے دفن کر دیں گئے جس کے بغیر انسانوں کی نجات اب ممکن نہیں رہی۔

دانیال رضا

15 دسمبر 2016

عالمی جنگ کا خطرہ؟

روس کا ایک مشہور گائک اپنی زندگی کے آخیری ایام میں شادی پر موت اور جنازے پر خوشی کے گیت گانے لگا تھا اور ہر جگہ سے مار کھاتا تھا ۔ اسی طرح آج کے ملازم پیشہ دانشواروں کا بھی کچھ ایسا ہی حال ہے ، جیسا کہ وہ آج کل ایک عالمی جنگ کے حالات و امکانات کی عدم موجودگی میں تیسری عالمی جنگ کا شور غل مچا رہے ہیں۔یہ وہ پہلی بار نہیں کر رہے کچھ سال قبل یہ امریکہ کے ہاتھوں ایران کی تباہی کا عندیہ دے چکے ہیں پھر وہ یوکرین کی لڑائی کو بھی ایک عالمی جنگ کے آغاز سے تشبیہ دے رہے تھے۔شام کی خانہ جنگی سے عالمی جنگ کا فتوی دے چکے ہیں۔شام اور مڈل ایسٹ میں روس اور ایران کی کھلی مداخلت کو تیسری عالمی قرار دیا اور اب عالمی طاقتوں کی مشرق واسطی میں بڑھتی شدید خونی پراکسی جنگ سے ایک نئی عالمی جنگ کا خوف و ہراس پھیلا رہے ہیں ۔یہ روائتی میڈیا اور اس کے حواری جو عقل و علم کے دشمن زیادہ اور دانشوار کم ہیں یہ کسی پسماندہ سے گاوں کی مسجد کے مولوی صاحب کی طرح ہیں جنہیں اپنے حقے، پانی کے لیے ہر وقت لوگوں کو کسی نہ کسی بھیانک آفت یا خدا کے امتحانوں کی سختیوں یا پھر قبر کے عذاب سے ڈرانا پڑتا ہے تاکہ انکی روٹیاں لگی رہیں کیونکہ یہ کوئی اور کام کاج تو کر نہیں سکتے ماسوائے جہنم کی آگ سے ڈرانے اور سیکسی جنت کا لالچ دینے کے۔

ان ملا نما دانشواروں اور میڈیے ،کے مفاداتی پراپیگنڈہ ، محلائی گفتگو اور خودساختہ خبروں سے نکل کر ہمیں سنجیدگی سے عالمی اقتصادی ، سماجی اور سیاسی ٹھوس حالات کا جائزہ لینا ہو گا اور دیکھنا ہو کہ واقعی ایک تیسری عالمی کے حالات و امکانات ہیں یا پھر صرف عام معصوم لوگوں کو ہر بار کی طرح اس بار بھی خوف زدہ کر کے دکانداریاں چمکائی جا رہی ہیں۔کیونکہ سماجی سائنس کا قانون ہے کہ کوئی واقعہ اپنی ضرورت کے بغیر جنم نہیں لیتا۔

سرمایہ داری کا ایک بڑا مشہور مقولہ ہے جو ایک بڑی حقیقت ہے کہ ہر بحران پر کوئی نہ کوئی فائدہ اٹھاتا ہے جس طرح گیارہ ستمبر کے واقعہ کے ایک ہفتے بعد امریکہ میں چار سو سیکورٹی کی فرموں کے مالکان کڑورپتی بن گئے تھے اس لیے موجودہ نفع و نقصان کے نظام میں ہمیں یہ دیکھنا ہے کہ جنگ کس کے فائدے اور کس کے نقصان میں ہے۔لازمی سی بات ہے کہ دنیا میں سب سے زیادہ اسلحہ فروخت کرنے کے لیے امریکہ تیار کرتا ہے اور اسکی معیشت کا انحصار بھی زیادہ تر اسلحے اور جنگی ہتھیاروں کی عالمی منڈی میں سیل پر ہے۔اس لیے جنگوں اور بربادیوں کا سب سے زیادہ فائدہ امریکہ کو ہی ہوتا ہے اس کے بعد روس پھر برطانیہ ، فرانس اور جرمنی جو آج سب سے زیادہ اسلحہ تیار کرکے عالمی منڈی میں فروخت کرتے ہیں اور بڑے بڑے منافع کماتے ہیں اس لیے معاشی مفادات کے لیے مغرب جنگ وجدل کا زیادہ پراپیگنڈہ کرتا ہے تاکہ دوسرے ممالک ان سے زیادہ سے زیادہ اسلحہ خرید کر اپنے دفاع اور تحفظ کی کوشیشش کریں ۔یہ الگ بات ہے کہ اسلحہ کی دنیامیں بھرمارنے ہی عالمی امن اور استحکام کومٹادیاہے۔اسلحہ کی زیادہ خرید ہی دنیا میں بے شمار ملکوں کی بربادی بن گئی جس طرح پاکستان اور انڈیا دنیا میں تقریبا سب سے زیادہ اسلحہ خریدنے والے ملک ہیں اور شاید انتشار زدہ بھی ہیں۔بے شک انڈو پاک اسلحہ میں تو بہت خود کفیل ہو گئے ہیں لیکن عوام بھوکی ننگی

ہو گئی ہے جس سے ان ممالک میں باہر سے زیادہ اندرونی بغاوتوں کے خطرات بڑھ گئے ہیں جس کا یہ شکار بھی ہیں۔اور انکا اکثر و بیشتر انڈو پاک جنگ جنگ کا ناپاک تماشا اسی کا اظہار ہے جس سے یہ اپنی جعلی ریاستوں اور منافرت کے وجود کو برقرار رکھنے کی ناکام کوشیشیش کرتے ہیں۔

یہ درست ہے کہ ماضی کی جنگوں سے سامراجی ممالک نے بہت لوٹ مار کی اور اپنے مغربی ممالک کو بہت ترقی دی لیکن آج جنگوں کے دھندے مندے کا شکار ہیں۔جس کی بنیادی وجہ عالمی معیشت کی آپس میں مضبوط پیوستگی ، عالمی مالیاتی بحران ، منڈی کا سکڑاو ، دولت کا چند ہاتھوں میں ارتکاز ، پیداوار کی بہتات اور اس کا ضائع ، اور خاص طور پر عالمی عوام کی غربت جس سے ہر منڈی میں سرد بازاری کا رجحان امڈ آیا ہے اور جنگیں بھی اب کسی بحران کا حل نہیں رہیں جو ماضی میں کمزور ممالک کے وسائل کی لوٹ مار سے مالیاتی بحرانوں سے نکلنے کا زریعہ تھیں۔ جنگیں آج نئے عالمی بحرانوں کو جنم دے کر نظام کی ناکامی اور نامرادی کی دلیل بن گئیں ہیں۔تیل اور معدنیات پر قبضے کے لیے عراق اور افغانستان کو کھنڈر بنانا مہنگا پڑ گیا جس نے تمام مشرق وسطی اور جنوبی ایشا کو عدم استحکام کا شکار کر کے خونی خانہ جنگی میں بدل دیا اور آج ترکی سے سعودی عرب اور افغانستان سے لیبیا تک اعلانیہ اور غیر اعلانیہ خانہ جنگی جاری ہے۔ امریکہ کے کمزور سامراجی کردار سے تمام مقامی اور عالمی طاقتیں اپنے اپنے مالیاتی اور سیاسی مفادات کے لیے اس خانہ جنگیوں میں کھلے عام مداخلت کرکے اس کو مزید خون ریز اور بھیانک بنا رہیں ہیں۔لیکن اس کا یہ مطلب ہر گزیز نہیں ہے کہ روس ، امریکہ اور یورپ کی کوئی نئی عالمی جنگ کا خطرہ منڈ لا رہا ہے (بلکہ یہ پہلے ہی اپنی مالیاتی مفاداتی لڑائیاں جو حکمرانی اور سرمایے کی جنگیں ہیں افریقہ ، مشرق واسطی اور ایشا میں لڑ رہے ہیں) تمام

سامراجی ممالک آج ایک دوسرے کے سہارے چل رہیں ہیں انکی آپسی یا براہ راست جنگ کا مطلب موجودہ نظام اور اس زمینی کرہ ارض کی بربادی ہے۔ آج دنیا میں اتنا اسلحہ موجودہ ہے کہ دنیا کو کئی بار تباہ کیا جا سکتا ہے دوسروں کے لیے اسلحہ بنانے والے ، خریدنے والے اور بیچنے والے اس سے کاروبار تو کر سکتے ہیں لیکن اس سے کبھی اپنی موت نہیں خرید سکتے کیونکہ یہی سب سے زیادہ بزدل اور ڈرپوک ہوتے ہیں۔ آج کی عالمی جنگ اسلحہ چلانے کی نہیں بلکہ نمائش دیکھنے کی ہے کہ کس کے پاس کتنا زیادہ اور جدید اسلحہ ہے۔

یہ درست ہے کہ امریکہ نے اپنی لالچ میں اور بیوقوفی سے مڈل ایسٹ میں عراق کو برباد کر کے ایران کو مضبوط کر دیا۔ یہ اتنی بے وقوفی بھی نہیں تھی کیونکہ لوٹ مار ہی ،مالیاتی نظام کی زندگی ہے اور امریکہ نے اپنی زندگی کے لیے عراقی تیل اور وسائل کی لوٹ مار اور تباہی سے مڈل ایسٹ میں اپنی زندگی کو مزید کم کر لیا جو سماجی سائنس کی جدلیات کا قانون ہے۔ اور پھر اسے مشرق وسطی میں اپنے بدترین دشمن ملک ایران کے آگے بڑی بے بسی اور لاچارگی سے گھٹنے ٹیکنے پڑے اور شام میں امن کے لیے روس اور ایران سے بھیک مانگی پڑی۔ روس اور ایران بھی اتنے جاہل نہیں ہیں کہ وہ اس بات کا احساس نہ کر سکیں کہ امریکہ نے اپنی چھٹتی کو ایسا کیا ہے اور اسے جب بھی موقعہ ملا یہ نہیں چھوڑے گا۔ امریکہ کی اس کمزوری کا فائدہ نہ صرف ایران اٹھا رہا ہے بلکہ روس بھی مڈل ایسٹ میں اپنے سامراجی پنجے گاڑھنے کے لیے بڑا جاحارانہ کھیل کھیل رہا ہے اور امریکہ کی ہر بات سنی ان سنی کر رہا ہے جس سے امریکہ اور یورپ ماسوائے میڈیے میں روس پر چیخنے چیلانے کے کچھ نہیں کر سکتے جو وہ کر رہے ہیں امریکہ اور مغرب جو مصالحت اور امن معاہدے نہیں بلکہ جنگیں کرنے والے جنگی ممالک تھے آج روس سے امن معاہدے کی بھیک مانگ رہے ہیں اور شام میں امن کے لیے کیے جانے والا

پہلا معاہدہ طے ہونے سے پہلے ہی ختم ہو گیا ۔ روس نے اسے ردی کی ٹوکری میں اس لیے پھینک دیا کیونکہ امریکہ اور یورپ اس امن معاہدے کی آڑ میں اپنی طاقتوں کو روس ، ایران اور ان کے حمائتی ممالک کے خلاف مضبوط کر نا چاہتا تھا اور اب بھی چاہتا ہے۔اس لیے اب دوسرے امن معاہدے کا ڈرامہ رچایا جا رہا ہے کیونکہ پوٹن نے امریکہ اور یورپ کی روس پر پابندیوں کو کوئی گھاس نہیں ڈالی۔آج بازی امریکہ اوریورپ کے ہاتھ میں نہیں بلکہ روس کے پاس ہے جس سے وہ بھرپور فائدہ اٹھا رہا ہے جبکہ امریکہ اور یورپ روس پر آگ بگولہ ہو رہے ہیں۔شام میں اس سامراجی پراکسی وار میں آج عالمی حکمران اپنی طاقت آزمائی کر رہے ہیں جو مستقبل میں مڈل ایسٹ پر حکمرانی کا فیصلہ کرئے گا جو اتنا سادہ، آسان اور جلد ممکن نہیں ہو گا۔کیونکہ امریکہ اور یورپ مشرق وسطی میں اپنی تیل اور معدنیات کی لوٹ مار سے ،آسانی سے دستبردار نہیں ہوں گئے۔کیونکہ اس کا مطلب ہے ، سرمایہ اور حکمرانی میں کمی جو منڈی اور نجی ملکیت کے نظام میں زندگی اور موت کا مسئلہ ہوتا ہے اور یہی کھیل آج شام اور مڈل ایسٹ میں جاری ہے۔اس سامراجی قبضے اور حکمرانی کی لڑائی میں ہمیشہ کی طرح صرف غریب عوام ہی ہلاک اور برباد ہو رہے ہیں اور حکمران کبھی کوئی ایسی لڑائی یا عالمی جنگ شروع نہیں کریں گئے جس میں انکی اپنی زندگیوں کو خطرہ لاحق ہو۔

آج ویسے بھی دنیا میں کسی تیسری عالمی جنگ کی ضرورت نہیں کیونکہ پہلے ہی عالمی حالات عالمی جنگ سے بد تر ہیں جیسے عالمی جنگ کی عدم موجودگی میں آج امن ، جمہوریت اور انسانی بنیادی حقوق کے نام پر دوسری عالمی جنگ سے زیادہ افراد مختلف علاقائی جنگوں اور دہشت گردی کے واقعات میں ہلاک ہو چکے ہیں۔دوسری عالمی سے زیادہ دنیا میں آج لوگ ہجرت کر چکے ہیں۔بھوک ننگ افلاس اور بیماریوں سے مرنے والوں کی بلند ترین شرح موجود ہے ،

تمام دنیا میں قحط اور قلت آج بلند ترین معیار پر ہے جس کا پچھلے دنوں غیر اقوام متحدہ اقرار کر چکی ہے۔جنگوں نے افغانستان ، عراق ،شام ، یمن ، سوڈان ، برنائی، کولمبیا ، اور لیبیا وغیرہ کا انفراسٹکچر خاکستر کر دیا ہے جبکہ نام نہاد پر امن ترقی پذیر ممالک کا رہتا سہتا سماجی ڈھانچہ بداعنوان اور لیٹرے حکمرانوں کی بالی چڑھ گیا ہے۔ان تباہ کن اور خون ریز حالات میں کیا کسی اور جنگ کی ضرورت ہے۔

یہ غلط نہیں ہے کہ مزید جنگیں نہیں ہو گئیں اور جاری جنگیں مزید خون ریز نہیں ہوں گئیں یہ تو اب سرمایہ داری کا مقدر ہے۔کیونکہ سرمایہ داری اپنے اندر سماجی ترقی کی تمام طاقت اور صلاحیت استعمال کر چکی ہے اب ان جنگوں کا انت بھی اس منڈی کے نظام کے انت سے ہی منسلک ہے۔سوویٹ یونین کی ٹوٹ کے بعد دنیا میں سرمایہ داری کا تنہا چمپین امریکہ بن گیا لیکن مالیاتی نظام اس قابل نہیں تھا کہ وہ دنیا بھر میں سماجی ترقی کو آگے بڑھا سکتا جس سے موجودہ عالمی اقتصادی نظام کے حکمرانوں کا جشن بہت جلدی ماند پڑ گیا اور دنیا میں طاقت کا توازن بگڑ گیا جس خلا کو مصنوعی طور اسلامی دہشت گردی کے غبارے میں ہوا بھر کہ اس کی آڑ میں نظام کی نا اہلیت کو چھپانے کی ناکام کوششیں کی گئیں جو مزید بربادیاں لائی اور بحران مزید زوال پذیر ہونے کے ساتھ ساتھ خون ریز بھی ہو گیا اور اس سے انکی اپنی پراکسی جنگیں شروع ہو گی۔ روس بھی اپنی ،مالیاتی مفادات کے تحت اس میں کود پڑا اب انسانیت کے پاس صرف ایک راستہ ہے موجودہ نظام کی تبدیلی یا پھر مزید خون اور بربادی۔ جس کا فیصلہ عوام کو ہی کرنا ہے۔ حکمرانوں کو نہیں کیونکہ جو یہ کر سکتے تھے وہ یہ کر رہے ہیں۔۔۔

19اکتوبر2016

پیرس کا بلیک فرائیڈے

حکمرانوں کے جرائم کی سزا آج دنیا بھر میں بے گناہ عوام اپنے خون سے بھگت رہے ہیں اور اسی تناظر میں پیرس کی خون آشام رات نے یورپی عوام کو ایک بار پھر جھنجوڑ کر رکھ دیا ہے جس میں ایک سو تیس افراد ہلاک اور تین سو سے زائد زخمی ہوئے۔ اس اسلامی مذہبی جنونیت کی بربریت نے جہاں یورپ میں ہر ایک کو افسودہ اور ہر آنکھ کو اشک بار کر دیا وہاں تمام مسلمان مقامی لوگوں سے زیادہ غم ماتم کر رہے ہیں کیونکہ کہیں نہ کہیں ان کے دل و دماغ کے کسی گوشے میں احساس شرمندگی اور ندامت ہے اس کے باوجود کے عام مسلمانوں کا اس دہشت گردی سے دور کا بھی کوئی واسطہ نہیں ہے۔ لیکن میڈیا دن رات اسلامی دہشت گردوں کا ورد کر کے انتہا پسند قوتوں کو وہ مسلم ہوں یا غیر مسلم دونوں کو مضبوط کر رہا ہے کیونکہ اسلامی دہشت گرد خوف و ہراس پھیلانے کے لیے یہی پراپیگنڈہ چاہتے تھے اور انٹی اسلام تنظیمیں اس پراپیگنڈے کو استعمال کر کے غیر ملکیوں اور خاص طور پر مہاجرین اور اسلام کے خلاف تحریکوں سے اپنی حمائت اور طاقت میں اضافہ کریں گئی۔ جبکہ اس بربریت کا نہ صرف عیسائی، ملحد، نشانہ بنے بلکہ اس میں مسلمان بھی ہلاک ہوئے۔

دہشت گرد دہشت گرد ہوتا ہے وہ مسلم، ہندو، عیسائی، پاکستانی، افغانی، شامی، عربی نہیں ہوتا یعنی اس کا نہ مذہب اور نہ ہی کوئی ملک و قوم ہوتی ہے اور نہ ہی ان کا انسانیت سے کوئی تعلق ہوتا ہے وہ قاتل، خونی اور درندے ہوتے ہیں جنکی سزا صرف موت ہی ہے۔ لیکن یہ آج کے عالمی حکمران ہی ہیں جنھوں نے

اپنے مفادات کے لیے عجب وغیب اور متذبذب اصلاحات روشناس کرائی ہیں جس میں اچھے طالبان اور برے طالبان یا پھر داعش کے اچھے دہشت گرد اور برے دہشت گرد وغیرہ، جنکی یہ خود بھی وضاحت کرنے سے قاصر ہیں۔

پیرس پر حملہ فرنچ حکمران کے لیے شاید اتنا غیر متوقع نہیں تھا جتنا یورپ کے عام لوگوں کے لیے تھا کیونکہ جس طرح فرانس، برطانیہ اور امریکی حکمرانوں نے دنیا پر سیاسی اور مالیاتی کنٹرول کے لیے ایک سامراجی تکون بنا رکھی ہے اس کے پیش نظر ایسے واقعات کا ہونا زیادہ غیر یقینی نہیں تھا(جبکہ عوام کا کسی بھی جارحیت سے کبھی کوئی تعلق نہیں ہے بلکہ عوام میں تو حکمرانوں کی منڈی اور قبضے کی ہر جارحیت کے خلاف نفرت اور مذاحمت موجود ہے) ۔ نیویارک، لندن اور اب پیرس ایک ہی زنجر کی کڑیاں ہیں۔ انہی حکمرانوں نے دنیا میں سوویٹ یونین کے بعد اپنی عالمی حکمرانی اور مالیاتی مفادات کے لیے اسلامی بنیاد پرستی کا بت تراشا جو اب انہی کے لیے وبال جان بن گیا ہے۔ کس کو معلوم نہیں کہ افغانستان میں القاعدہ اور طالبان شام میں داعش یا آئی ایس اور نائجیر میں ابو حرام کس نے اور کیوں بنائی کسی سے ڈھا کا چھپا نہیں ہے۔

فرانس کی ایجنسیوں اور حکومت کو معلوم تھا کہ تقریبا ایک ہزار دو سو فرانس کے شہری جن کا تعلق فرانس کے غریب ترین علاقوں سے تھا غربت اور بے روزگاری سے تنگ آئے یہ نوجوان اسلامی انتہا پسندی میں پناہ لے رہے ہیں یہ شام میں بھی گئے لیکن انہیں اس لیے آزاد چھوڑ دیا گیا کیونکہ فرانس کے حکمران امریکہ، برطانیہ، سعودی عرب، کویت، بحرین، قطر، ترکی اور اسرائیلی حکمرانوں کے ساتھ ملکر شام میں اسد حکومت کے خلاف دہشت گرد داعش کی سرپرستی کر رہے تھے انہیں اسد پسند نہیں تھا اور یہ شام میں اپنی کٹھ پتلی حکومت چاہتے تھے جس نے شام، لیبیا اور عراق اجڑ دیا اور یہاں داعش کو مضبوط کیا جبکہ روس کے داعش پر حملے کے بعد یہ روس سے ناراض ہو گئے کیونکہ روس اچھے اور برے دہشت

گردوں میں تمیز کے بغیر حملے کر رہا تھا۔۔۔

یورپی اور امریکی حکمرانوں نے تیل کی ہوس کے لیے صدام کے خلاف جنگ کی اور شام ولیبیا میں وہاں کی حکومتوں کے خلاف اس لیے بنیاد پرست دہشتگردوں کا ساتھ دیا اور یہ جواز پیش کیا کہ یہ حکمران اپنی عوام کو بے دردی سے قتل کر رہے ہیں اور کسی انسانی بنیادی حقوق کا پاس نہیں کرتے لیکن اس سے زیادہ اور سفاک قتل وغارت گری آج ہو رہی ہے جبکہ صدام، قذافی اور اسد کے دور حکومت میں اتنے قتل نہیں ہوئے تھے جتنے انکی حکومتوں کے بعد اب تک ہو چکے ہیں بد امنی. انتشار اور سماجی ڈھانچے خاکستر ہو چکے ہیں حقیقت یہ ہے کہ سامراجیوں کی مداخلت نے مڈل ایسٹ کو بربریت اور وحشت میں دھکیل دیا ہے اور وہاں کا امن ہمیشہ ہمیشہ کیلیئے ختم کر دیا. اس پر آواز اٹھانے کی ضرورت ہے جس پر کوئی آواز اور قلم نہیں اٹھاتا اور یہ وہ حالات وواقعات ہیں جن کے شعلے پیرس اور یورپ تک آ پہنچے ہیں جو یقینا آخیری نہیں ہیں اور یورپ مزید بھی آگ اور خون کی لپیٹ میں آئے گا جن کے حالات یہاں کے حکمرانوں نے خود تیار کیے ہیں۔.

میڈیے کے مطابق پیرس حملے کی تیاری بلجیم کے علاقے مولن بیک میں ہوئی یا اس کے تانے بانے یہاں سے جوڑے ہیں۔ جو برسلز کا غریب مضافاتی علاقہ ہے جہاں فرنچ اور فلیمیش دونوں زبانیں بولی جاتیں ہیں یہاں بلند سطح پر بے روزگاری 40 فیصد کے قریب ہے اور اسی غربت کی وجہ سے یہ انتہا پسندی کی بہترین پناہ گاہ ہے جہاں عرب بنیاد پرست مبلغین تبلیغ کرتے ہر طرف نظر آتے ہیں اور اسی طرح یہ انتہا پسندی کا مرکز بھی بن گیا۔ برسلز میں قائم تھنک ٹینک سے وابستہ بلال بنیاچ نے نیوز ایجنسی روئٹر کو بتایا کہ کوئی بھی یہاں 500 یورو سے 1000 یورو میں آدھے گھنٹے کے اندر اندر کوئی بھی فوجی ہتھیار خرید سکتا ہے۔ یہاں ہتھیاروں کی بلیک مارکیٹ بھی بڑی اوپن ہے اور تمام یورپ میں یہاں سے ہتھیار سپلائی کیے جاتے ہیں جو پیرس حملوں میں استعمال ہوئے۔ جہاں پولیس نے اب سرچ آپریشن شروع کر رکھا

ہے۔ یہاں عرب نژاد کافی تعداد میں موجود ہیں جو یورپ میں ہونے کے باوجود بدترین معاشی حالات میں زندہ ہیں۔ پیرس پر اس حملے کو 11 ستمبر سے تشبیہ بھی دی جارہی ہے اور اس کو بلیک فرائیڈے یعنی کالا جمعہ قرار دیا گیا ہے جسے مسلمان جمعہ مبارک کہتے ہیں۔ اس حملے کو یورپ پر حملہ یا جنگ بھی کہا گیا ہے فرانس میں ایمر جنسی نافذ ہے اور تمام یورپ میں سیکورٹی کو بڑھا دیا گیا ہے اور نئے حفاظتی قوانین بنائے جارہے ہیں جو یقینا مقامی عوام کی آزادی پر مزید پہرے ہوں گئے۔ یورپ کی تمام سرحدوں کو بند کیا جا رہے اور انکی حفاظت کے لیے آرمی ہیلی کوپٹر تعین کیے جارہے ہیں۔ مہاجرین کے لیے سخت ترین قوانین بنائے جارہے ہیں اور انکی نگرانی کو بڑھا دیا گیا ہے اور بے کس مہاجرین کے متعلق منفی سوچ اور رجحان کو بڑھا جارہا ہے جس سے نسل پرست اور فسطائی تنظیمیں اس کو خوب استعمال کر کے اپنی حمائت میں اضافہ کرنے کی کوشیش کررہی ہیں جس میں وہ عارضی طور پر کامیاب بھی ہوں گئی۔ عام مسلمانوں میں اس اسلام کے نام پر دہشت گردی سے خوف بڑھ رہا ہے۔ یقیناً پیرس حملے کے بعد یورپ ماضی والا یورپ نہیں رہے گا اور خاص طور پر مسلمانوں، مہاجرین اور غیر ملکیوں کے لیے۔

فرانس نے شام میں داعش پر اپنے حملے اور زیادہ تیز کر دیئے ہیں۔ امریکی صدر اوبامانے بھی کہا ہے کہ امریکہ داعش پر اپنے حملے دوگناہ بڑھادے گا؟۔ یورپ میں جلد تمام ممالک کے وزرائے دفاع کا اجلاس ہورہا ہے جو نیٹو افواج کے ساتھ ملکر داعش پر حملے کی تیاریاں کررہے ہیں؟ ۔ فرانس نے کہا ہے کہ وہ بہت جلد اپنے لائحہ عمل سے تمام یورپ کو آگاہ کرئے گا اور جس میں تمام یورپ کو اس کا ساتھ دینا ہو گا روس سے عارضی طور پر ناراضگی دور کرلی گئی ہے جو یقینا صرف عارضی ہی ہوگئی۔ اور اب روس کا بھرپور ساتھ دیا جائے گا کیسے، جو کہ پھر ایک سولیہ نشان ہے۔ اگلے یورپی اجلاس میں امریکہ اور روس کے علاوہ چین کو بھی دعوت دی گئی ہے۔

یہ درست ہے کہ جو بو گئے وہی کاٹو گئے۔ آج کا تمام عالمی بحران کوئی اچانک یا خودکار نہیں ہے بلکہ پچھلے

تمام عرصے سے گھن زدہ مالیاتی نظام کو چلانے کی عوام کے خلاف سرمایہ دارانہ پالیسیوں اور اصلاحات کا نتیجہ ہے جو یہ ثابت کر رہا ہے کہ الٹی ہو گئیں سب تدبیریں اور آج دنیا کو نجی ملکیت اور شرح منافع کی بھنٹ مزید نہیں چڑھایا جاسکتا۔ حکمرانی، سرمایے اور منڈی نے آج انسانیت کو جہنم میں دھکیل دیا ہے۔ تیل کی ہوس نے مڈل ایسٹ کو برباد کر دیا۔ اسلحہ ساز کمپنیوں نے اپنے کاروبار کی وسعت میں دنیا کو خون میں ڈبو دیا۔ بینکوں نے قرضے دیکر سود کی ہوس میں ملکوں اور نسلوں کو اپنا غلام بنالیا۔ شرح نفع کی بلندی کی لالچ کے لیے آج جدید ترین زرائع پیداوار سے وافر امقدار میں حاصل ہونی والی جناس کو سمندروں اور غلاظت کے ڈھیروں میں ضائع کیا جارہاہے جبکہ دوسری طرف بھوک، ننگ افلاس اور مفلسی کا گراف بڑھتا ہی جارہاہے اس طبقاتی سماج میں ایک ناقابل مصالحت طبقاتی جدوجہد ہی واحد امید کی کرن رہ گئی ہے جو ملکوں، نسلوں، مذہبوں، قوموں، سے بلند ہے ۔ جو صرف اور صرف محنت کشوں کی اپنی زندگی اور بقا کے لیے غیر طبقاتی اور اشتراکی سماج کیے ہے۔ جہاں انسان صرف انسان ہو خوش حال اور پر سکون ہو۔

سترہ نومبر دو ہزار پندرہ

یورپی اتحاد کو خطرہ

موجودہ مالیاتی نظام میں سرمایے اور دولت کی ہوس نے اس جنت نما انسانی کرہ ارض کو جہنم بنا دیا ہے جہاں آج دنیا میں 146 جنگیں جاری ہیں اور 80 ملین سے زائد مہاجرین دربدر کی ٹھوکریں کھانے پر مجبور کر دیئے گئے ہیں۔ ایک فیصد کے پاس 99 فیصد لوگوں سے زیادہ دولت اور سرمایہ ہے۔ 500 ملٹی نیشنل دنیا کی 90 فیصد معیشت کی مالک ہیں۔ یورپ کے 10 فیصد افراد کے پاس یورپ کا 90 فیصد سے زائد سرمایہ ہے۔ یقیناً جہاں دولت اور غریب کی اتنی بڑی خلیج ہو گئی وہاں امن، استحکام، خوشحالی اور سکون ہمیشہ ہمیشہ کے لیے ختم ہو جاتا ہے اور آج یہی کچھ دنیا بھر میں ہر طرف ہو رہا ہے جس سے اب مغرب اور یورپ بھی محفوظ نہیں رہا کیونکہ موجودہ عالمی منڈی یا گلوبلائزیشن میں دنیا کے کسی بھی ایک ملک کے حالات واقعات لازمی طور پر دوسرے ممالک پر براہ راست اثر انداز ہوتے ہیں، جس طرح ایک امریکی بینک لہمین کے 2008 میں دیوالیے نے دنیا بھر کی معیشت اور سماجوں کو ہلا کر رکھ دیا اور عالمی سرمایہ داری اس بحران سے آج 2016 میں بھی باہر نہیں آ سکی، تیونس کی عوامی تحریک نے پورے عرب اور مڈل ایسٹ کو اپنی لپیٹ میں لے لیا اور تنونس کے بعد مصر کی 28 سالہ بادشاہت بھی چند دن میں دھڑام تختہ ہو گئی۔ یہ انقلابی تحریک عرب کے صحراوں میں بہار کے نام سے جانی جاتی ہے۔

افغانستان کے بعد عراق اور پھر شام میں سامراجی جارحیتوں نے جنوبی ایشیا اور مشرق وسطی کا امن واستحکام برباد کر ڈالا بے شک یہ جنگیں جینی زیادہ بھیانک اور خون ریز تھیں اتنی ہی منافع بخش بھی ہیں

پچھلے سال صرف جرمنی نے اسلحہ کی فروخت سے 7.5 بلین یورو کمائے جو پچھلے سال کی نسبت 13 فیصد زیادہ ہے۔ جرمنی کا شمار دنیا کے چار بڑے ترین موت کے سوداگروں میں جو دنیا میں ہر سال سب سے زیادہ جنگی ہتھیار سیل کر کے اندھا نفع کماتے ہیں ان میں ہونے لگا ہے خاص طور پر جرمنی کے ٹینک اور جنگی آب دوز دنیا میں بے مثال ہیں امریکہ اور برطانیہ بھی ایسی جنگی آب دوز نہیں بنا سکتا جو مغربی جرمنی کے غریب ترین صوبے شلس ویگ ہولشٹائن کے درالحکومت کیل شہر میں بہتے مشرقی سمندر کے کنارے واقع ایچ ڈی ای کی فیکٹری میں تیار ہوتیں ہیں جہاں آج بھی ہر سال 1929 کے جرمن انقلاب کی یاد میں سرخ فوج کا مارچ کیا جاتا ہے اور انقلاب کی یاد کا جشن منایا جاتا ہے۔

امریکہ کی اسلحہ کی برآمدات میں 25 فیصد اضافہ ہوا اور اس نے دنیا کے 90 ممالک کو جنگی ہتھیار فروخت کر کے دنیا میں اپنی پہلی پوزیشن برقرار رکھی جبکہ روس نے اپنی اسلحہ کی 25 فیصد زائد برآمدات سے دوسری پوزیشن حاصل کی جبکہ تیسری پوزیشن چین اور چوتھی جرمنی نے حاصل کی ان ممالک نے زیادہ تر اسلحہ مشرق وسطی میں فروخت کیا جس کو آج امریکہ اور عالمی طاقتوں کی مفاداتی لڑائی نے خاکستر کر دیا ہے۔

جہاں سامراجی ممالک نے دنیا میں جنگوں کی قتل گری سے بے شمار منافعے کمائیں وہاں ان ممالک کی عوام نے اسکے بڑے مہنگے اور جان لیوا (لندن اور پیرس حملے) خمیازے بھگتے ایک طرف یہ تمام جنگیں عوام کے ٹیکسوں سے لڑی گئیں لیکن موٹا مال اسلحہ ساز اجارہ داریوں نے بنایا اور آج پھر سستی لیبر حاصل کرنے کے لیے مہاجرین کو عوامی ٹیکسوں پر خوش آمدید کہا گیا۔ لیکن آج یہ سرکاری خوش آمدید کے نعرے اپنے الٹ میں بدل ہو چکے ہیں اس لیے کہ کوئی دولت مند یا ملٹی نیشنل ان غریب مہاجرین کی مالی مدد کو تیار نہیں ہے اور صرف عوامی ٹیکسوں پر ایک ملین سے زیادہ مہاجرین جن میں مسلسل اضافہ ہو رہا ہے کا جرمنی میں انتظام کرنا اتنا آسان نہیں ہے جنکی رہائش، خوراک، لباس، تعلیم و تربیت کے علاوہ

علاج کی سخت ضرورت ہے۔ نفسیاتی ماہرین کے مطابق عراق اور شام سے آنے والے ہر بچے اور بڑے نے انسانوں کا قتل اور ان کے زمین پر بکھرے اعضا دیکھیں ہیں جنکو نفسیاتی اور جسمانی علاج معالج کی اشد ضرورت ہے جس کے لیے کئی ملین یورو سے زائد کی رقم درکار ہے۔

جرمنی کی کانسلر مسز مائیکل نے ہی یورپ میں پہلی بار یورپی سرحدوں کو اپنی محنت کی منڈی میں افرادی قوت کی ضرورت کے تحت غیر ملکیوں کے لیے کھولا تھا لیکن شاید اسے اندازہ نہیں تھا کہ بھوک اور موت کا خوف کتنا ہولناک ہوتا ہے۔ صرف چندماہ میں ہی اتنے مہاجرین یورپ آگئے جتنے آج تک کبھی یورپ نہیں آئے تھے جس سے یورپی حکمران بوکھلا گئے اور شنگن قوانین کے تابوت میں آخیری کیل ٹھونکتے ہوئے اپنے ممالک کو مہاجرین سے محفوظ کرنے کے لیے یورپی کمیشن کی مخالفت کے باوجود اپنی سرحدوں پر چیک پوسٹیں قائم کرلیں اور سرحدوں پر لوہے کی بلندو بالا باڑ لگنے لگے۔ آج یورپی حکمرانوں کی مہاجرین کو روکنے کی تمام تر کوششوں کے باوجود بھی ہر روز تین ہزار سے زائد تارکین وطن ترکی سے سمندر کے راستے یونان میں داخل ہو رہے ہیں اس کے باوجود کہ یہ سمندر اب تک کئی ہزار تارکین وطن کی جان لے چکا ہے۔ ان مہاجرین میں شام، عراق، لیبیا، افغانستان کے علاوہ پاکستانی بھی شامل ہیں۔ یورپی حکمران جو بھی کرلیں لیکن مہاجرین کے قافلے روکنے والے نہیں ہیں شاید انکی تعداد کم ہو جائے لیکن یہ روکیں گئے نہیں۔

ترکی میں دو ملین سے زائد شامی مہاجرین ٹینٹوں میں بدحال زندگی گزر رہے ہیں جو تمام کے تمام یورپ آنا چاہتے ہیں جن میں سے زیادہ تر جرمنی آنے کے خواہش مند ہیں۔ جرمنی کی کانسلر مسز مائیکل نے ترکی کے صدر اور وزیز اعظم سے کئی بار ملاقات میں ترکی سے یورپ آنے والے مہاجرین کو روکنے کے لیے کہا لیکن ترکی کے حکمران یورپی یونین سے چھ بلین یورو کی ڈنمانڈ کر رہے ہیں یورپ نے تین بلین یورو تک کی آفر کی ہے لیکن اردغان چھ بلین پر بضد ہے اور بلیک میل کر رہا ہے کہ اگر چھ بلین یورو جلد نہ ملے تو

پچھلے سال ایک ملین مہاجرین یورپ بھجے تھے اس سال دو ملین مہاجرین یورپ بھجوں گا۔یورپ کا اپنی سرحدیں بند کرنے، چیک پوسٹین دوبارقائم کرنے اور اب نیٹو افواج بھی مہاجرین کو روکنے کے لیے ترکی اور یونان کے درمیان سمندر کی نگرانی کر رہی ہیں لیکن بھوک اور موت کا خوف ان سب سے بہت بڑا ہے اس لیے مہاجرین کا سیلاب تھمنے کا نام نہیں لے رہا سخت ترین قوانین اور سرحدوں کی حفاظت کے باوجود مہاجرین کے قافلے یورپ کی طرف رواں دواں ہیں اور رہیں گئے۔

برسلز میں یورپی حکومت یا کمیشن مہاجرین کو تمام یورپ میں مناسب تعداد سے تقسیم کرنا چاہتا ہے تا کہ کسی ایک یا چند ممالک پر مہاجرین کا بوجھ نہ پڑے لیکن کوئی بھی یورپی ملک ان مہاجرین کو جرمنی، آسٹریا، اور سویڈن سے لینے کو تیار نہیں ہے جن میں زیادہ تر مہاجرین پہنچے ہیں۔یورپ میں پہلی بار مہاجرین کی اتنی بڑی تعداد کے آنے سے جرمن حکمران سب سے زیادہ یورپی یونین میں تنقید کا نشانہ بن رہے ہیں اور کوئی دوسرا ملک مہاجرین لینے کو تیار نہیں ہے۔اب تو فرانس نے بھی جو 30000 مہاجرین لینے تھے پیرس حملوں کے بعد اس نے بھی انکار کر دیا ہے۔جمہوریہ چیک، سلواکیہ، ہنگری اور پولینڈ نے یورپ سے مہاجرین نہ لینے کے لیے اتحاد بنالیا ہے۔آسٹریا، ڈنمارک، سویڈن نے اپنی سرحدیں مہاجرین کے لیے بند کر دی ہیں اور چیک پوسٹوں پر سخت چیکنگ جاری ہے۔مشرقی یورپ میں لوہے کی تاروں کی اونچی اونچی باڑیں لگا کر مہاجرین کو روکا جارہا ہے۔اور اب تیزی سے پورے یورپ کے گرد لوہے کی باڑیں لگائیں جارہی ہیں تا کہ تارکین وطن کے سیلاب کو روکا جا سکے اسی لیے برسلز نے کہا ہے کہ ان انٹی شنگن اقدامات سے آزاد یورپ یا شنگن یورپ کا مستقبل سخت خطرے میں ہے اگر اب بھی عملی طور پر دیکھا جائے تو شنگن یورپ چند ماہ قبل والا شنگن یورپ نہیں ہے کیونکہ یورپی شہریوں کو ایک سے دوسرے ملک جانے کے لیے پاسپورٹ چیک کرانا پڑتا ہے جس کا پہلے تصور ختم ہو چکا تھا۔

یونان کے سمندر کے کناروں پر ڈوبنے والے افراد کو بچانے والی سرکاری ٹیموں کو ہٹالیا گیا ہے اور دوسری

غیر سرکاری افراد اور رفاہی تنظیموں پر بھی پابندی عائد کر دی گئی ہے کہ وہ سمندر کے کنارے آنے والے کسی مہاجر کو نہیں بچائیں گئے اور اگر کوئی بچائے گا تو اس پر عدالت میں ایجنٹ ہونے کا کیس چلایا جائے گا۔

حالیہ برسلز میں یورپی اجلاس جو مہاجرین کی ترکی سے یورپ میں آمد کو روکنے اور برطانیہ کو مزید یورپین یونین میں رکھنے کے لیے ٹوری پارٹی کے وزیر اعظم ڈیوڈ کیمرون کو راضی کرنے کے لیے تھا۔ جس میں یورپی یونین نے برطانیہ کو خاص حیثیت سے قبول کر لیا اور یورپین یونین کے چند قوانین سے مستثنی قرار دے دیا ہے جس کی رو سے اب برطانیہ جانے والے یورپی یونین کے شہریوں کو پانچ سال تک برطانیہ میں کوئی سرکاری ہلپ یا سوشل بینیفٹ نہیں ملے گا جو پہلے تین ماہ کے بعد ملتا تھا (یورپ کے امیر ممالک بھی مستقبل میں اپنے ملکوں میں بھی یہی یا اس جیسا قانون چاہیں گئے)۔ اس اجلاس کے بعد ڈیوڈ کیمرون نے کہا کہ اب میں برطانوی عوام کو یورپی یونین میں مزید رہنے کے لیے قائل کر سکتا ہوں لیکن یہ اب بھی اتنا آسان نہیں ہو گا اور لندن کے مہر جونس نے یہ درست کہا ہے کہ برطانیہ یورپی یونین کی کانونی بن کر رہ گیا ہے۔ جبکہ اس یورپی اجلاس میں ترکی وزیر اعظم انقرہ میں بم دھماکے کی وجہ سے نہ آسکے اس لیے اب مہاجرین پر یورپی اجلاس مارچ کے شروع میں ہو گا جس میں ترکی شرکت لازمی ہے کیونکہ ترکی ریاست کی اور مداخلت کے بغیر ترکی سے یورپ داخل ہونے والے مہاجرین کو نہیں روکا جا سکتا۔ اور امید ہے اگلی بار ترکی اور یورپی حکمرانوں کا یورپ میں مہاجرین کی روک تھام کا کوئی شرمناک معاہدہ ہو جائے گا (لیکن ترکی اور یورپ کے تضادات بڑھ رہے ہیں جو مزید بڑھ سکتے ہیں) کیونکہ ظلمتوں کے مارے مہاجرین کی یورپ میں رہائش پذیری کسی جن کو بوتل میں بند کرنا نہیں ہے جو ان مغربی حکمرانوں کے جرائم کی سزا بھگت رہے ہیں۔

آٹھائیس ممالک پر مبنی یورپ شنگن زون جس کی آبادی 510 ملین ہے اور صرف ایک ملین مہاجرین کی

آمد پر اتنا شور مچانا جھوٹ اور منافقت پر مبنی ہے کیونکہ مہاجرین کو روکنے پر جتنا سرمایہ خرچ کیا جارہا ہے اور ترکی کو دیا جارہا ہے اتنے سرمایے سے تمام مہاجرین کو یورپ اور سکینڈینویا میں با آسانی آباد کیا جا سکتا ہے۔ یورپ میں مہاجرین کے خلاف یورپی حکمرانوں اور میڈیا کا پراپیگنڈہ اصل میں مہاجرین کے نام پر یورپی عوام پر مزید ٹیکس اور ریاستی کٹوتیوں کا بوجھ ڈالنا ہے تاکہ سرمایہ دار مزید منافع کما سکیں اور یورپ میں منڈی کے جمود کو عوام کی قیمت پر توڑا جا سکے۔

مہاجرین یورپ پر بوجھ ہیں کے سرکاری زہیرے پراپیگنڈے سے فسطائی قوتیں مضبوط ہوئیں ہیں جن کے خلاف کوئی میسر اقدامات نہیں کیے جارہے بلکہ بے کس اور مجبور مہاجرین کے خلاف سخت قوانین اور ایکشن کیا جارہا ہے جس سے نسل پرست سر چڑھ کے بول رہے ہیں اس تمام عمل سے یورپی حکمران یورپی عوام کی تفریق اور تقسیم سے فائدہ اٹھانا چاہتے ہیں اور مقامی مسائل کے خلاف عوامی مذاحمت کو کمزور کرنا چاہتے ہیں تاکہ عوام دشمن پالیسوں کو تمام یورپ میں آسانی سے قابل عمل بنایا جا سکے جس میں پنشن کی عمر 68 سال یا اسے بھی زیادہ کرنا، پنشنوں میں کٹوتیاں، ٹھیکے داری فرموں کی بھرمار، کم اجرات پر کام، میڈیکل اور سوشل سہولتوں میں کمی، پرائیویٹ سیکٹر کی حوصلہ افزائی اور انہیں بے شمار رعائتیں اور چھوٹیں دینا ہے جبکہ عوام کے معیار زندگی کو گرانا مقصد ہے تاکہ یہ کم سے کم اجرت پر بھی کام کریں اور سرمایہ داروں کو سستی ترین لیبر میسر آسکے۔

اگر حقیقت میں دیکھا جائے تو شام، عراق، افغانستان کو برباد کر کے وہاں کی عوام کو ذلت کی زندگی پر مجبور کرنا اور مہاجرین بنانا انہی عالمی سامراجی قوتوں کی لوٹ مار اور مداخلت کا نتیجہ ہے۔ افریقہ سے ایشیا تک کی غربت، دہشت گردی اور تباہی کی یہی طاقتیں ذمہ دار ہیں۔ جنہوں نے براہ راست وہاں کے وسائل کو اندھادھن لوٹ کر وہاں اذیت ناک مسائل پیدا کیے اور اپنے پالتو مقامی ایجنٹوں کے زریعے وہاں کی عوامی اور انقلابی تحریکوں کو کمزور اور کنٹرول کیا اور اپنے عالمی مفادات کے لیے بنیاد پرست

دہشت گرد تیار کیے۔ اسلحہ کی سیل، آئی ایم ایف اور عالمی بینک کے قیام کے زریعے ہمیشہ کے لیے بھوک ، غلامی اور موت فروخت کی اور غریب ممالک کے امیر حکمرانوں نے اسے اپنی عوام کے لیے بھاری قیمت پر خریدا ہے اور خرید رہے ہیں۔

ہم مطالبہ کرتے ہیں کہ

یورپ میں مہاجرین کے خلاف میڈیے اور حکمرانوں کا پراپیگنڈہ فوار بند کیا جائے۔اور مہاجرین کو وہ تمام سہولیں اور حقوق فراہم کیے جائیں جو عام یورپی شہری کو میسر ہیں اور اس کے لیے تمام بڑی بڑی فرموں، اجاداردیوں اور امیروں پر بلند شرح کا ٹیکس لگایا جائے۔

جرمنی میں کم از کم اجرت فی گھنٹہ جو ساڑھے آٹھ یورو ہے بڑھا کر سولہ یورو کی جائے۔ اور تمام تارکین وطن کو بھی یہی اجرت ادا کی جائے۔ ہم حالیہ سرکاری آرڈیننش کی سخت مذمت کرے ہیں جس میں مہاجرین کو ملازمت میں کم از کم اجرت کے قانون سے آزاد قرار دیا گیا ہے۔ یہ محنت کا ایک استحصالی اور کالا قانون ہے جس کے تحت جرمن سرمایہ دار مہاجرین کو اپنی مرضی کی کم ترین اجرت ادا کریں گئے۔ اس سے جرمنی میں مہاجرین کی سستی لیبر مقامی مہنگی لیبر سے مقابلہ کرے گئی اور فرمیں مقامی مزدوروں کی بجائے مہاجرین کو بھرتی کر کے کم اجرت دیکر خوب مال بنائیں گئے۔ اس سے مقامی محنت کشوں کی سودابازی کی قوت کمزور ہو گئی جس سے تارکین وطن اور مقامی مزدوروں میں تضاد اور ٹکراو جنم لے گا اور جرمنی میں متحدہ مزدور تحریک کمزور ہو گئی اور اسے سخت نقصان ہو گا۔

یورپ میں تمام نسل پرست تنظیموں پر مکمل پابندی عائد کی جائے جو جمہوریت، انسانی حقوق، امن و استحکام اور انسان دوستی کی دشمن ہیں۔

تمام یورپ میں تمام مذہبی جماعتوں کے تمام اثاثے اور اکاونٹ سرکاری تحویل میں لے کر ان پر مکمل پابندی عائد کی جائے جو سکولوں اور سماج میں تفرقہ بازی اور نفرت کی تعلیم و تبلیغ کے داعی ہیں۔

نسل پرست، مذہبی بنیاد پرست اور فسطائی قوتوں کو شکست دینے کے لیے، یورپ کے اتحاد اور استحکام کے لیے ضروری ہے کہ فوری طور پر عوام دوست اصلاحات کی جائیں جس میں، پنشن کی عمر کو کم کر کے پچپن سال کیا جائے اور کم از کم پنشن دو ہزار پانچ سو یورو ماھانہ ادا کی جائے۔کام کے اقات کار ماہوار ایک سو ساٹھ گھنٹے سے کم کر کے ایک سو چالیس گھنٹے کیا جائے اور ایک دن میں چھ گھنٹے کام کے اوقات مقرر کیے جائیں۔زیادہ سے زیادہ سرکاری سرمایہ کاری کو فروغ دیا جائے۔ تمام ٹھیکے داری کی فرموں کو بند کیا جائے اور مستقل ملازمتوں کو قائم کیا جائے۔ محنت کش عوام کی خوشحالی ہی یورپ کے اتحاد اور استحکام کی ضمانت ہے جو سرمایہ داری کے تحت اب ممکن نہیں ہے۔یورپ کے اتحاد اور استحکام کو منڈی کے نظام سے خطرہ ہے کمزور اور بے بس مہاجرین سے نہیں۔

تائیس فروری دو ہزار سولہ

ایران، سعودی تنازعہ مشرق وسطی پر حکمرانی کی جنگ

ایران، سعودی تنازعہ دنیا میں رونما ہونے والے عالمی اقتصادی، سیاسی، سفارتی، ریاستی اور سماجی بحرانوں سے الگ کوئی نئی شے نہیں ہے بلکہ انہی کا ایک تسلسل ہے جو موجودہ عالمی مالیاتی نظام کی بوسیدگی اور کمزوری سے بین الاقوامی اور علاقائی طاقتوں کے غیر متوازن ہونے سے نئے توازن کے تکلیف دہ اور کٹھن مراحل ہیں۔

سعودی شہنشاہوں نے شعوری یا لاشعوری طور پر 47 افراد کو پھانسی دے کر ایران کے خلاف ایک نئی شر انگیزی کو ابھارا جنکی انکو اشد ضرورت تھی۔ ویسے تو سعودی عرب میں زندہ انسانوں کو چھوٹی چھوٹی باتوں پر پھانسیاں دینا کوئی نئی اور عجب بات نہیں بلکہ عام معمول ہے جبکہ ایران میں بھی صورتحال اس سے مختلف نہیں ہے۔ لیکن اس قتل گری کے بعد عالمی سطح پر جنم لینے والے انتشار، سیاسی اور سفارتی بحران کا سعودی حکمرانوں کو علم تھا اور یہ چاہتے بھی یہی تھے کہ ایران کے خلاف ایک اشتعال انگیزی کو تمام دنیا میں پھیلایا جائے۔ اسرائیل مکمل طور پر ایران کے خلاف سعودی عرب کے ساتھ کھڑا ہے۔ سعودی حکمرانوں کو بخوبی معلوم ہے کہ شام اور عراق کے بعد اب سعودی عرب اور ترکی کی باری ہے جنکی سماجی بنیادوں میں داخلی مسائل کا بارود بھر چکا ہے جو کسی وقت بھی پھٹ کر خانہ جنگی کی صورت اختیار کر سکتا ہے۔ جس سے سعودی حکمران اپنے داخلی تضادات خارجی سطح پر حل کرنے کی ناکام کوشش کر رہے ہیں جو شاید اب ممکن نہیں رہا اور یہ اندرونی ناقابل حل مسائل اور تضادات ہی تھے جن کا بیرونی سطح پر

موجودہ سعودی، ایران تنازعہ سے اظہار ہوا جس کے پس پردہ مالیاتی حکمرانی کے مفادات کارفرماں ہیں۔ سعودی عرب دنیا کا واحد ملک ہے جس کی 90 فیصد معیشت تیل کی برآمدات سے چلتی ہے عالمی منڈی میں خام تیل کی قیمتوں میں 60 فیصد سے زیادہ کی کمی نے سعودی اقتصادیات کی بنیادوں کو ہلا کر رکھ دیا۔ بین الاقوامی تیل کی منڈی میں خام تیل جو 100 ڈالر سے کم ہو کر 34 ڈالر فی بیرل ہو چکا ہے نے سعودی معیشت میں تباہی کا سونامی برپا کر دیا جس کا واضح ثبوت رواں سال 2016 کا سعودی تاریخی بجٹ خسارہ ہے جو 130 بلین ڈالر ہے جو سابقہ سال سے 113 بلین زیادہ خسارہ کا بجٹ ہے۔ مزید برآں اس سال سے ایران کا تیل بھی عالمی منڈی میں آرہا ہے اور ایران سعودی عرب کے بعد دنیا میں دوسرا بڑا تیل پیدا کرنے والا ملک ہے جس سے یقیناً تیل کی عالمی منڈی میں سعودی عرب کا ایران سے مقابلہ تیز ہو گا ایرانی تیل کی عالمی منڈی میں رسد سعودی تیل کی طلب میں کمی کا سبب بنے گی اور ایرانی تیل عالمی منڈی میں آنے سے تیل کی بہتات قیمتوں میں مزید گراوٹ لائے گی اور سعودی عرب کا معاشی بحران عالمی بحران کے ساتھ مزید تیز ہو گا جس سے ریاستی کٹوتیوں میں اضافہ اور عوامی سہولتوں میں شدید اور تاریخی کمی کی جائے گی جو سعودی عرب میں سماجی اور عوامی بے چینی کا باعث بنے گئیں اور بڑھتا طبقاتی استحصال علاقائی اور مظلوم قومتوں پر جبر مزید بھیانک کر دے گا جو سعودی شہنشاہوں کی حکمرانی کو چیلنج کرے گا۔ جس سے سعودی حکمران آج شدید خوف زدہ ہیں اور لرز رہے ہیں اور اپنے جبر میں اضافہ کر رہے ہیں لیکن یہی بڑھتا جبر ایک دن جبر کے خوف کو مٹا دے گا جو سعودی عرب میں انقلاب کا پیش منظر ہو گا۔

یمن جنگ سعودی حکمرانوں کی بڑی بے وقوفی اور جنونی پاگل پن تھا جس نے دنیا کے کمزور ترین ملک کو خون اور تباہی میں ڈبو دیا یہ کوئی بہادی نہیں بلکہ بزدلی اور خوف کی علامت ہے (جس پر دنیا کا کوئی ملک بات نہیں کرتا) جس کے بڑے اخراجات نے کچھ عرصے میں ہی سعودی حکمرانوں کی مت مار دی اور

ان کے سر سے جنگ کا بھوت اتار دیا ہے لیکن یہ اپنی وحشت اور درندگی میں شکست کو تسلیم کرنا نہیں چاہتے اس لیے ناچاہتے ہوئے بھی جنگ جاری کیے ہوئے ہیں اور یہ جنگ نہ ہوتے بھی جاری ہے اور جاری رہے گئی۔

سعودی شنشاہوں نے اپنے ہی پاگل پن میں اپنی بنائی اور پھیلائی ہوئی مذہبی دہشت گردی کے خلاف آج کل ایک نیانام نہاد فوجی اتحاد بنانے کی خسی کوشیش کر رہے ہیں۔ جو اصل میں ایران کے خلاف ہے. یقیناً نیٹو اور روس کی موجودگی میں یہ فوجی اتحاد جس میں پاکستان بھی شامل ہے کبھی بھی اپنے مقاصد حاصل نہیں کر سکتا اور نہ ہی کبھی فعال کردار ادا کر سکے گا دہشت گردی کے خلاف یہ اتحاد سعودی حکمرانوں کی کم عقلی اور جہالت کا دوسر بڑا ثبوت ہے کیونکہ جوں جوں ملکی آمدن کم ہو رہی ہے یہ اپنے اخراجات میں اضافہ کر رہے ہیں۔

سعودی عرب کی تیل کے بعد دوسری بڑی آمدن کا زریعہ حج اور عمرہ کا دھندہ ہے۔ صرف پاکستان سے اس سال 147000 افراد سعودی عرب حج کے لیے جا رہے ہیں اور وہاں ایک محتاط اندازے کے مطابق فی حاجی سعودی معیشت میں 324000 روپے ڈالے گا یعنی رواں سال پاکستانی حاجی 32 ارب روپے سے زائد سعودی معیشت میں اپنا حصہ ڈالیں گئے اور حکومت پاکستان اس سال حج سکیم کے تحت 27000 درخواستوں سے فی حاجی تقریبا 100000 روپے کما گئی ۔ایک اندازے کے مطابق دنیا بھر سے 250000 افراد اس سال حج ادا کریں گئے جس سے آپ اندازہ کر سکتے ہیں صرف ہر سال حج کی مد میں سعودی عرب کتنی بڑی کمائی کرتا ہے جو عمر کے علاوہ ہے جو تمام سال جاری رہتا ہے۔ لیکن اس کے باوجود سعودی شہنشاہوں کی عیاشیوں کے لیے یہ رقم بہت کم ہے۔

دوسری طرف ایرانی حکمران سعودی عرب کی اشتعال انگیزی پر بڑے صبر و تحمل کا مظاہرہ کر رہا ہے اس

لیے کہ یہی ان کے حق میں فائدے مند ہے۔ تمام دنیا کو معلوم ہے کہ مشرق وسطی میں امریکہ کی عراق کے خلاف بے وقوفانہ جنگ نے مڈل ایسٹ میں طاقتوں کا توازن ختم کر دیا اور مشرق وسطی کی طاقت عراق کی تباہی کے بعد ایران کی جھولی میں جا گری۔ اب کوئی مانے یا نہ مانے لیکن یہ ایک حقیقت ہے کہ مڈل ایسٹ کا ابھرتا سامراج ایران ہے اور ایرانی حکمرانوں کو بھی اس کا بخوبی علم ہے اسی لیے وہ بڑی وسیع ظرفی سے ابھی تک سعودی عرب کو برداشت کر رہے ہیں لیکن سوال یہ ہے کب تک؟ ہمیشہ کے لیے کبھی نہیں برداشت کریں گئے۔ کیونکہ ایرانی حکمرانوں نے مشرق وسطی پر اپنی حکمرانی کا بڑا انتظار کیا ہے اور اس میں اگر سعودی آڑے آئے تو یقینا منہ کی کھائیں گئے۔ مڈل ایسٹ میں صرف ایران کے پاس ایک منظم، پیشہ وارانہ، تربیت یافیہ اور تجربہ کار بڑی فوج ہے جو اسکی ریاستی طاقت کو مشرق وسطی پر حاوی کرتی اور سبقت دلاتی ہے۔ امریکہ نے بھی ایرانی طاقت کا کئی دہائیوں بعد آگ پر بیٹھ کر اقرار کر لیا ہے اور کہا ہے کہ شام اور عراق کا مسئلہ ایران کے بغیر حل نہیں ہو سکتا اور ایران کو مڈل ایسٹ کے امن میں اپنا کردار ادا کرنا چاہیے جس دن امریکہ نے یہ بیان دیا تھا یقیناً یہاں تک آتے آتے اس کے پر جل چکے تھے۔ ایران کی مڈل ایسٹ میں حکمرانی سعودی عرب اور اسرائیل کے لیے کبھی بھی قابل قبول نہیں تھی اور نہ ہو گی جس سے امریکہ، سعودی اور اسرائیل کے نئے تضادات سامنے آئیں گئے موجودہ سعودی اور ایرانی تنازعہ بھی اسی پیش منظر کا غماز ہے۔ مستقبل میں سعودی اور اسرائیلی دوستی اور اتحاد بھی ایران کے خلاف منظر عام پر آئیں گئے جس میں مذہب اسلام رسوا اور خون آشام ہو گا۔

امریکی سامراج کی سماجی اور اقتصادی کمزوری اور بے بسی نے نا چاہتے ہوئے بھی ایران سے دشمنی ختم کر کے مصالحت پر مجبور کیا اور ایران پر پابندیوں کو کم کرنا پڑا۔ جس سے اس سال ایران عالمی منڈی میں اپنا تیل اور چند اجناس فروخت کر سکے گا ایران کی مڈل ایسٹ میں حکمرانی سعودی شہنشاہوں کے لیے کسی عذاب الہی سے کم نہیں ہو گئی اسی لیے سعودی عرب کی ایران کے خلاف اشتعال انگیزیاں اور شام میں

ایران کے خلاف آئی ایس کی پشت پناہی اور یمن پر بمباری جاری رہیں گئیں تا کہ ایران کو مشتعل کر کے کسی انتہائی قدم پر مجبور کیا جائے اور پھر تمام دنیا سے ملکر ایران کی پٹائی کی جائے لیکن ایرانی حکمران اتنے بے وقوف نہیں ہیں بلکہ یہ سانپ کو بھی ماریں گئے اور لاٹھی کو بھی ٹوٹنے نہیں دیں گئے۔

سعودی حکمرانوں کا دہشت گردی کے خلاف نام نہاد اتحاد جس میں پاکستان بھی شامل ہو رہا ہے ایران سے خوف کی علامت ہے اور اس سے ایران کے خلاف ایک متبادل طاقت بنا مقصود ہے جو کہ موجودہ سعودی سماجی اور ریاستی حالات میں ممکن نہیں ہے۔ سب کو معلوم ہے کہ افغانستان سے پاکستان، شام سے عراق اور لیبا سے نائجریا تک تمام اسلامی دہشت گرد تنظیموں کی پشت پناہی میں سرفہرست سعودی عرب، قطر اور مختلف مغربی ممالک کے حکمران ہیں اور شعیوں کے پیچھے ایران جو انکو اسلحہ اور مال کی تمام سپلائی کرتے ہیں پچھلے ہفتے جرمنی کے نائب کانسلر نے کہا تھا کہ جب تک سعودی عرب داعش، طالبان اور دوسری دہشت گرد تنظیموں کو سپورٹ کرتا رہے گا دہشت گردی کے خلاف جنگ جیتنا مشکل ہے۔

ایرانی حکمران ملا ایک عرصہ دراز سے تمام مڈل ایسٹ کی منڈی کو لالچی ہوئی نظروں سے دیکھ رہے تھے لیکن امریکہ اور یورپ کے خلاف ان کے بس میں کچھ نہیں تھا لیکن اب امریکی سامراج کے منہ توڑ بحرانوں نے اسے تمام دنیا کی حکمرانی سے کمزور اور پسپا کر دیا ہے۔ تمام تر فوجی اور سیاسی کوششوں کے باوجود اسے عراق، افغانستان اور شام میں زبردست شکست ہوئی جس نے نہ صرف امریکی معیشت کی کمر توڑ دی بلکہ سماجی اور اقتصادی بحرانوں نے اسے اسکی کمزور طاقت کا احساس بھی دلایا اور اس نے مڈل ایسٹ میں روس اور ایران کی طاقت کو نا چاہتے ہوئے بھی عارضی طور پر تسلیم کیا۔ ایرانی رجعتی حکمرانوں کو آج بھی اس کا اندازہ ہے کہ امریکہ نے اپنی چھٹتی کو ایران سے مصالحت کی ہے اور جب بھی امریکی حکمرانوں کو موقعہ ملا وہ ایران کو نہیں چھوڑیں گئے۔ اس دشمنی کی کوئی ذاتی وجہ نہیں ہے بلکہ

منڈی، حکمرانی اور مالیاتی مفادات کی جنگ ہے جس میں کوئی دوست اور دشمن نہیں ہوتا بلکہ اس میں صرف سرمایے کے مفادات ہوتے ہیں۔

ایران، سعودی تنازعہ کو جس پر شعیہ سنی کا لیبل لگا کر عوام کو بے وقوف بنایا جارہا ہے. حقیقت میں اس لڑائی میں مذہب کو زبردستی گھسٹا گیا ہے تاکہ اصل حقائق کو چھپایا جائے اور مذہبی جذباتی اور جنونیوں کی حمایت حاصل کر کے انہیں استعمال کیا جاسکے۔ ایرانی حکمران امریکی کمزوری کا فائدہ اٹھاتے ہوئے اپنی مالیاتی اور فوجی طاقت میں اضافہ کریں گئے۔ تمام مڈل ایسٹ اور خلیج کو اپنی منڈی بنا کر اس میں اپنے سامراجی پنجے کھاڑ دے گا یہی اس کا مقصد اور عزم ہے کیونکہ منڈی میں صرف مالیاتی مفادات ہی مقدم ہوتے ہیں اسی کے لیے جنگ، دوستی اور دشمنی ہوتی ہے۔ مذہب، قومیں، ملک، نسلیں، ایک دھوکہ اور کھلواڑ ہوتا ہے جو عوام کے ساتھ عوام کے نام پر کیا جاتا ہے۔

ایران کے مڈل ایسٹ میں سامراجی کردار سے امریکہ اس لیے خوف زدہ ہے کہ اس سے مشرق وسطی میں امریکی مالیاتی اور سیاسی مفادات کو زد پہنچے گئی جو اس کو قابل قبول نہیں ہو گا جس سے مستقبل میں پھر امریکہ ایران تضادات ابھریں گئے کیونکہ مال کم ہے اور لیٹرے زیادہ ہیں۔ اس لیے یہ کہنا اتنا غلط نہیں ہے کہ ایران، امریکہ تعلقات پاکستان اور انڈیا کی اپاہج دوستی دشمنی کی طرح ہیں جو نہ دشمن ہیں نہ دوست اپنی اپنی مجبوریوں کے ہاتھوں تنگ مصالحتیں کرتے ہیں کبھی دوستی اور کبھی دشمنی کا ناٹک کرتے ہیں کیونکہ طاقت ہمیشہ فیصلہ صادر کرتی ہے اور کمزور مصالحت کرتے ہیں۔

مڈل ایسٹ کے انتشار اور بحران میں سب سے زیادہ کمائی اب تک ترکی نے کی ہے۔ صدر اردگان کے بیٹے سمیت کئی کمپنیوں نے داعش سے بلیک سستا تیل خرید کر عالمی منڈی میں مہنگا فروخت کیا اور مڈل ایسٹ کے وسائل کو خوب لوٹا جس کے بدلے داعش کو اسلحہ دیا گیا اور انہیں مضبوط کیا گیا۔ اور اپنے

خلاف کرد طاقت کو شام اور عراق میں جا کر داعش سے ملکر امن کے نام پر ترکی فوج کے ذریعے کچلا گیا جس وجہ سے عراقی صدر نے امریکہ کے حکم پر ترکی فوج کو عراق بدر کیا۔ کیونکہ ترکی کی ان حرکتوں سے نیٹو اور امریکہ خوش نہیں تھے. ترکی کی سپورٹ داعش کی طاقت میں اضافہ بنا او داعش جنگی تعداد شاید 500 تھی اب 5000 سے تجاوز کر گئی ہے۔ یہ نیٹو اور امریکہ کی کمر میں چھرا کھوپنے کے مترادف تھا لیکن روس کی مداخلت ترکی کے لیے نقصان دہ بنی۔ اس لیے ترکی نے روس کا طیارہ مار گریا تاکہ روس ترکی کے خلاف کوئی ایکشن کرئے اور نیٹو سے ملکر روس کے خلاف ایکشن کیا جائے اور اس کو مڈل ایسٹ سے واپسی کی راہ دیکھی جائے لیکن امریکہ اور یورپ کو اس کا علم تھا کہ روس کی فوجی طاقت کے بغیر سر چڑھی داعش کا مقابلہ نہیں کیا جاسکتا اور ویسے بھی امریکی معیشت میں مزید جنگوں کی گنجائش ختم ہو چکی ہے اور فوج کا مورال بھی امریکی حکمرانوں کے جنگی جنون سے گر چکا ہے ۔ امریکی عوام بھی جنگوں سے تنگ آچکے ہیں۔ امریکی سامراج نے اپنی خیریت اسی میں جانی کے شام میں روس اور ایران کی طاقت کو تسلیم کر کے امریکی عالمی کردار کو جواب یہ نبھانے کے قابل نہیں رہا اسے تسلیم کر کے اپنی رہی سہی عزت کو بچایا جائے اس کا یہ فیصلہ یقیناً ترکی، سعودی عرب، اور اسرائیل کے لیے ناپسندیدہ تھا۔

روس کے خلاف ترکی کو منہ کی کھانی پڑی۔ اردگان اب اپنی اس شکست کو ترکی میں کرد علاقوں پر فوجی جارحیت سے زائل کرنے کی کوشیش کر رہا ہے۔ کردوں کا تعلق زیادہ تر بائیں بازو کی قوتوں سے ہے اور رجعتی اردگان کا یہ قدم موجودہ حکومت کے خلاف مزید نفرت کو بھڑکا رہا ہے جس کا اظہار بہت جلد ہو گا جبکہ دوسری طرف مڈل ایسٹ کا محنت کش طبقہ سب سے زیادہ معاشی، سیاسی، ریاستی اور سماجی جبر کا شکار ہے اور ان سماجوں کی گھٹن اور تعفن نے ہی یہاں کے عوام کو عرب انقلاب کی تحریکوں میں منظم کیا اور تونس، مصر کی تیس تیس سالہ شہنشاہیت کے جبر کو دنوں میں مٹا دیا لیکن بدقسمتی سے مارکسی قوتوں اور ایک انقلابی پارٹی کی عدم موجودگی ان انقلابات کو انکی حقیقی منزل سوشلسٹ انقلاب تک نہ لے جاسکی

اور یہ عوامی طاقت منتشر ہونے لگی اور در انقلاب آگے بڑھا لیکن انقلاب کا عمل کبھی سیدھی لائن میں عمل نہیں کرتا بلکہ اتار چڑھاو اس کا ناگزیز حصہ ہیں جو طویل بھی ہو سکتے ہیں اور مختصر بھی جس کا دارومدار ایک انقلابی قیادت اور اس کے درست ٹھوس نظریات پر قائم لچک دار حکمت عملی پر ہے۔ عرب سپرنگ اور یہاں کی عوامی طاقت کی قوت پوری دنیا نے دیکھی انہوں نے بھی دیکھی جن کا انقلاب اور عوام سے اعتماد اٹھ چکا تھا۔ عرب بہار کے جھونکے ابھی دنیا بھر میں تھمے نہیں۔

مڈل ایسٹ پر امریکہ حکمرانی کرے یا ایران یا پھر امریکہ اور ایران ملکر یا ایران، روس اب سرمایہ داری کے تحت عوام کی خوشحالی، امن وسکون اور اس خطے کا استحکام ممکن نہیں کیونکہ لوٹ مار، اور بھوک ننگ کی ایک حد ہوتی ہے اور اب تو واقعی حد ہو گئی ہے۔ کیونکہ مالیاتی نظام کے بحران صرف عوام کی زندگیوں کو مشکل اور تنگ کرتے ہیں جبکہ ملٹی نیشنل، بینک، صنعت کار اور کاروباری تو بحران پر بھی دھندہ کرتے ہیں اور اپنے منافعوں میں اضافہ ہی کرتے ہیں۔ مڈل ایسٹ کی بدلتی نئی صورتحال کسی حکمران کے لیے صحت مند نہیں ہے سعودی اور ترکی سماج میں بھی ٹائم بم کی گھڑی چل چکی ہے اب دیکھنا یہ ہے کہ یہ پھٹتا کب ہے۔ ایران کے رجعتی ملا مڈل ایسٹ کی لوٹ کے جو خواب دیکھ رہے ہیں وہ جلد چکنا چور ہو جائیں گئے۔ مشرق وسطی کی سلامتی، امن اور استحکام کی ضمانت اب ماسوائے مڈل ایسٹ کی ایک سوشلسٹ فیڈریشن کے علاوہ کوئی نہیں دے سکتا۔

نو جنوری دو ہزار سولہ

جرمنی میں اسلامی تعلیم کا اجرااور منافرت کی وبا

دوسمبر 2012 کے پہلے ہفتے میں امریکہ کے ایک عالمی ادارے پیو فورم آن ریلیجن اینڈ پبلیک لائف نے مذاہب پر ایک عالمی تحقیق کی جس کا نام ،، گلوبل ریلیجن لینڈ اسکپ ،، تھا۔ جس کے نتائج کے اعلان میں یہ حقائق سامنے آئے کہ تمام دنیامیں تمام مذاہب سے مایوسی کا گراف بہت بلند ہو چکا ہے جس سے آج دنیا بھر میں لادین افراد کی تعداد بڑی تیزی سے بڑھ رہی ہے۔ آج دنیامیں ان لادین افراد کا تیسرا بڑا گروہ ہے جو مستقبل میں مزید بڑھے گا۔ یہ اعدو شمار ملائیت اور موجودہ حکمرانوں کے لیے بڑے حیران کن تھے کیونکہ انکی تمام تر کوششوں، پراپیگنڈے اور بے شمار مالیات خرچ کرنے کے باوجود لادین افراد میں مسلسل اضافہ انکے لیے پریشان کن ہے اس لیے کہ یہ طبقاتی جدوجہد کو ختم کرنے کے لیے تہذیبوں میں تصادم کا پلان بنارہے تھے اور اس پر عمل پیرا بھی ہیں اور جس کے بلند بانگ دعوے بھی کر چکے ہیں جس پر پانی پھیرتا نظر آرہا ہے لیکن ان عالمی حکمرانوں نے ابھی ہمت نہیں ہاری اس لیے اب یہ معیشت کو نجی ہاتھوں میں دے کر لازمی ضرورت کے تحت اسلامی اور دوسری بنیاد پرستیوں کی ترقی کے لیے انہیں قومی تحویل میں لے رہے ہیں جرمنی میں کچھ ایسا ہی ہوا ہے۔

تمام مغرب کی طرح جرمنی میں بھی پچھلے سالوں کی نسبت حالیہ سالوں میں لادین افراد کی تعداد میں بڑی تیزی سے اضافہ دیکھنے میں آیا ہے اور یہ شرح مسلسل بڑھ رہی ہیں۔ شاید اسی کے پیش نظر دسمبر دوہزار بارہ2012 کے آخیر میں جرمنی کی ریاست ہیسن جس میں ریاست بریمن جس کا درالحکومت مونخ ہے

کے بعد سب سے زیادہ ریوینو اکھٹا ہوتا ہے اور یورپ کی سب سے بڑی بینکوں کی منڈی بھی اسی ریاست کے شہر فرینکفرٹ میں ہے۔ جس کا درالحکومت ویزبادن ہے نے یہاں سرکاری سکولوں میں اسلامی تعلیم کے اجرا کا فیصلہ کیا ہے اور اس سال 2013 سے اسلامی تعلیم بطور اختیاری مضمون بڑے زور و شور سے شروع ہو رہی ہے اور میڈیا بھی اس کا بڑا اچرچا کر رہا ہے۔ چند مذہبی بنیاد پرست اس پر پھولے نہیں سما رہے۔ جس کا فیصلہ ہیسن کی سی ڈی یو اور ایف ڈی کی قدامت پرست ریاستی حکومت نے کیا۔

اسلامی نصاب کی تعلیم اور سکولوں میں تبلیغ کے لیے ترکی باشندوں کی ایک مسلم جماعت تیتیب اور پاکستان کی جماعت احمدیہ،، قادیانی گروپ،، کو اس کی ذمہ داری سونپی گئی ہے۔ یقیناً اس نئے اسلامی نصاب کو باقاعدہ سرکاری نصاب کا حصہ بنانے کے لیے سرکاری خزانے سے ایک خطیر رقم خرچ کی جائے گئی اور پھر ہر سال اس اسلامی تعلیم و تبلغ پر جو مسلسل خرچ آئے گا وہ جرمنی کے سرکاری خزانے سے ادا کیا جائے گا۔ جو یہاں کے عوام ٹیکسوں کی صورت میں ادا کرتے ہیں۔ مذہبی تعلیم پر یہ ایک بڑا بجٹ اس کے باوجود خرچ کیا جارہا ہے کہ آج جرمنی میں آٹھارہ 18 فیصد سے زائد عوام غربت کے قائم کردہ معیار سے نیچے زندگی گزار رہے ہیں۔ سرکاری اعدو شمار کے حوالے سے جرمنی میں بچے غریب ترین ہیں کیونکہ ان پر ریاست کم سے کم خرچ کرتی ہے اور انکو ملنے والی سہولتیں کم ترین سطح پر ہیں۔ جرمنی میں رہائش پذیر آٹھ ملین سے زائد عوام سرکاری امداد پر زندہ ہیں۔ سات فیصد کے قریب بے روزگاری ہے نوجوانوں کے تربیتی مراکز کی نہایت کمی ہے اور بے شمار ایسے نوجوان ہیں جن کو تعلیم کے بعد ہاوس جاب کرنے یا پریکٹس کرنے کے مواقع میسر نہیں ہوتے جس وجہ سے یہ نوجوان بہت سی ملازمتوں کے حصول سے محروم ہیں جس سے انکی معاشی زندگی تنگ دستی کا شکار ہے۔ جرمنی کو باہتر ہزار 72000 کمپیوٹر ایکسپرٹ کی اشد ضرورت ہے لیکن جرمن حکومت جرمنی میں نوجوان کو اس شعبے میں تیار کرنے پر کوئی خاص خرچ نہیں کرتی بلکہ غریب ممالک سے تیار شدہ ماہرین درآمد کر کے انکی محنت کا زبردست

استحصال کر رہی ہے۔ جرمنی کی بہت ساری ریاستوں میں بجٹ خسارے کی وجہ سے مزید نئے تعلیمی و تربیتی اداروں اور سکولوں کی تعمیر وترقی کو روک دیا گیا ہے جس میں ریاست شلیس ویگ ہولسٹین سر فہرست ہے۔ پچھلے سال پھر جرمنی میں کم ترین بچے پیدا ہوئے ہیں جس کی بڑی وجہ یہاں بچوں اور نوجوانوں کا مستقبل مخدوش ہوتا جارہا ہے اور اسی خاندانی معاشی بدحالی نے جرمنی میں انسانی شرح افزائش کو کم ترین سطح پر کر دیا ہے۔ اس کے علاوہ ہر سماجی شعبے میں بے شمار ایسے خوفناک سرکاری اعدو شمار ہیں جو سماجی تنزلی کی اعکاسی کرتے ہیں۔ اور آج جرمنی میں مذہبی تعلیمات کی حوصلہ افزائی بھی اسی سماجی پسماندگی کا برملا اظہار ہے جس کی سرپرستی حکمران کر رہے ہیں۔ سماجی سائنس کا یہ ایک اٹل قانون ہے کہ جب بھی حکمران سماج کی مزید تعمیر وترقی میں ناکام ونامراد ہو جاتے ہیں تو وہ اپنے خلاف عوامی تحریکوں کی مذاحمت کو تقسیم اور کمزور کرنے کے لیے تعصبات اور سماجی پراگندگی کو ابھار کر اپنے مردہ وجود کا جواز تلاش کرتے ہیں۔

کسی بھی شخص کے مذہبی عقائد اس کا نجی معاملہ ہوتا ہے۔ جس میں یقیناً ہر ایک کو مکمل آزادی ہونی چاہیے لیکن اس کی ریاستی سرپرستی کرتے ہوئے اس کو باقاعدہ سرکاری نصاب میں لانا تاریخ کے پہیہ کو الٹا گھومنا ہے۔ جو لازماً معاشرے کو ماسوائے بربریت اور وحشت کے کچھ نہیں دے سکتے۔ چاہیے اس پر جمہوریت اور آزادی کے جتنے مرضی سنہرے لیبل لگا دیں جائیں اس میں بھیانک فرقہ واریت، منافرت اور جہالت ہی پروش پائے گئی۔

سرمایہ داری نظام کے 2008 کے عالمی بحران اور اس کے خلاف 2011 دوہزار گیارہ سے تمام دنیا میں عوامی تحریکوں نے موجودہ مالیاتی نظام اور اس کے حکمرانوں کے وجود کو بین الاقومی سطح پر چیلنج کر دیا ہے جس میں عرب اور لاطینی امریکہ میں بڑی تیز ترین تبدیلیاں رونما ہو رہی ہیں ماضی کے بت گرائے جا رہے ہیں واقعات مسلسل اپنی تیز ترین رفتار سے جاری ہیں اور آنے والا ہر واقعہ پہلے سے زیادہ بڑا اور گہرا

ہوتا ہے۔مالی اور سماجی بحران ہیں جو بڑھتے ہی جا رہے ہیں۔ ہر بحران کو قابو کرنے کا ہر عمل موجودہ نظام میں اس کے متضاد نتائج کا حامل ہو چکا ہے جس سے بازاری معیشت اپنے اختتام پر کھڑی ڈگمگا رہی ہے اور ایک سرخ سویرے کے انتظار میں ہے۔اس سے ترقی یافتہ ممالک کے عالمی حکمران بھی اپنے حواس کھوتے جا رہے ہیں۔ جرمنی میں اسلامی تعلیم کا باقاعدہ اجرا اسی کا مظہر ہے۔

ترقی یافتہ ممالک کے حکمران ایک طرف اسلامی تعلیمات کو دہشت گرد گردانتے ہیں اور اسکے خلاف اشتعال انگیزیوں کا عمل بڑی تیزی سے ریاستی امداد اور سرپرستی میں پیش پیش ہے۔جب ڈنمارک میں بنائے جانے والے غیر اسلامی کارٹونوں پر اسلامی ممالک میں انتشار ابھارا تو جرمنی کی کانسلر اینگلا مارکیل نے ہی اس کارٹونسٹ کو رد کرنے کی بجائے تغمہ جمہوریت سے نوازا تھا۔عالمی استحصالی حکمران آج ایک طرف عوامی اور طبقاتی لڑائی کو تہذیبوں کا تصادم بنانے کی سعی کر رہے ہیں اور دوسری طرف یورپ میں اسلامی تعلیم کو عام کرنے کے داعی بھی ہیں جس سے نہ صرف ان کا نفرت آمیز منافقانہ کردار اور دوہرا معیار سامنے آرہا ہے بلکہ یہ جمہوریت کے چیمپین حکمران،ترقی یافتہ ممالک میں بڑی تیزی سے جڑ پکڑتی عوامی اور طبقاتی لڑائیوں کو جو یونان، پرتگال، سپین، فرانس اور اٹلی سے شروع ہو چکی ہیں کو مذہبی، علاقائی، تعصبی اور خسی لڑائیوں میں تبدیل کرنے کی عوام کے خلاف زہریلی سازشیں کر رہے ہیں تا کہ ان عوامی تحریکوں کو غیر موثر بنا کر مالیاتی جبر کو قائم رکھا جاسکے۔

جرمنی کی ریاست ہیسن کے سرکاری سکولوں میں دو خاص اسلامی یا مذہبی فرقوں کو اسلامی تعلیم پر مامور کر کے جرمنی میں رہنے والے بقیہ مسلمانوں میں ایک شر انگیزی اور شدید فرقہ واریت کو پیدا کر دیا ہے ترکی باشندوں کی اسلامی جماعت جو حنفی فرقے سے تعلق رکھتی ہے جبکہ دوسری جماعت احمدیہ،، قادیانی گروپ،، جس کو بقیہ تمام دنیا کے مسلمان، مسلمان ماننے سے ہی انکاری ہیں پاکستان کے رجعتی حکمران اور انکا تعصبانہ آئین بھی احمدیوں کو غیر مسلم قرار دیتا ہے۔ جس سے جرمنی میں رہنے والے اور خصوصا

ہیسن میں بسنے والے تمام مسلمان اس حکومتی فیصلے کی سخت مذمت کر رہے ہیں اور انہوں نے اس فیصلے کے خلاف عدالتوں کا رخ بھی کیا ہے تمام پاکستانی مسلم اور غیر پاکستانی مسلمان فرقہ پرستی کی بنیاد پر ترکی کی مسلم جماعت کو بھی مکمل قبول کرنے کو تیار نہیں ہیں لیکن جماعت احمدیہ،، قادیانی گروپ،، ان کو کسی صورت قابل قبول نہیں ہے جس سے پچھلے دنوں دبی ہوئی اسلامی فرقہ واریت ابھر کر سامنے آگئی ہے کچھ اس حکومتی فیصلے کے خلاف انٹرنیٹ پر دستخط جمع کر رہے ہیں اور کچھ تو وکیلوں کے پاس جا کر اس کے خلاف کیس بھی تیار کر چکے ہیں یہ وہ تعصبی فساد ہے جس کا آغاز حکومت نے آزادی، انسانی بنیادی حقوق اور جمہوریت کے نام پر کیا۔ جو بے شک ابھی اتنا مضبوط نہیں ہے لیکن آنے والے وقتوں اور اقتصادی بحرانوں میں یہ مذہبی تعصب یقیناً بڑھے گا جس کو جرمن کی قوم پرست جماعتیں بھی استعمال کر کے اپنی حمائت اور طاقت میں اضافہ کریں گئیں ۔ جس کا نقصان جرمنی کی اجتماعی عوامی تحریک کو ہو گا جبکہ جرمنی میں اس وقت کل مسلمانوں کی تعداد 430000 ترتالیس استحصالی حکمرانوں کو اسکا فائدہ ہو گا۔ لاکھ کے قریب ہے جبکہ جماعت احمدیہ،، قادیانی گروپ،، 30000 تیس ہزار کے قریب ہیں ۔ یعنی انسانی بنیادی حقوق کے نام پر اقلیت کو اکثریت کے سروں پر تھوپ کر شعوری طور پر مذہبی شاونزم کو ابھارا گیا ہے۔

جرمنی میں اس اسلامی تضاد کو ابھارنے کے پیچھے حکمرانوں کا مقصد جرمنی میں مقیم غیر ملکیوں کی لیبر موومنٹ کو پسپا کرنا مقصود ہے تا کہ انکا معاشی، سماجی اور سیاسی شدید ترین استحصال جاری رکھا جا سکے کیونکہ جرمنی میں آج بھی تارکین وطن محنت کشوں کا طبقاتی اور علاقائی استحصال عروج پر ہے۔ جس کا جرمنی کی سیاسی پارٹی ڈی لنکے بڑی وضاحت سے جواب دیتے ہیں اور اس کے خلاف جدوجہد کر رہے ہیں۔ سرکاری اعدو شمار کے حوالے سے بھی غیر ملکی مزدروں سے زیادہ کام لیا جاتا ہے اور انکو ادا کی جانے والی اجرت مقامی معیار سے نہایت کم ہے ان سے زیادہ تر سخت اور گھٹیا کام لیے جاتے ہیں۔ اور کام کا

ماحول بھی معیاری نہیں ہوتا۔ جرمنی میں زیادہ تر پاکستانی یا غیر ملکی کوئی اچھا کام نہ ملنے کی وجہ سے بارہ بارہ گھنٹے ٹیکسی چلتے ہیں جبکہ مقامی معیار کے مطابق انکی اجرت نہایت کم تر ہے۔ زیادہ کام کی وجہ سے غیر ملکی محنت کشوں کی جسمانی اور ذہنی حالت صحت مند نہیں رہتی۔ یہ عام معاشرے اور حالات سے کٹے ہوئے بڑے شہروں میں بھی تنہائی اور جدائی کی زندگی گزراتے ہیں جو انکے خاندانی اور عام رویے میں غیر صحت مند رجحانات کو جنم دینے کا باعث ہے جس سے یہ مقامی طور پر ایک موثر اور اچھے شہری بننے سے قاصر رہتے ہیں اور مقامی سیاسی وسماجی سرگرمیوں میں حصہ نہیں لے پاتے جو شعور کی پستگی اور پسماندگی بنتا ہے۔ حکمران بالکل یہی چاہتے ہیں۔ جبکہ کسی بھی ملک کے عوام کا غیر سیاسی اور غیر سماجی رجحان معاشرے کی تعمیر ترقی میں روکاٹ اور رجعت پرستی کے جبر کو جاری کرتا ہوا اس سماج کو زاول سے دوچار کر دیتا ہے آج کا پاکستان اسکی بڑی واضح مثال ہے۔

اس مضمون سے پہلے جب میں نے جرمنی میں اسلامی فرقہ پرور مدرسوں کی سیاست کو رد کرنے کے لیے ایک جرمن اخبار میں بیان دیا اور آرٹیکل لکھا،، جرمنی۔ میں فرقہ پرستی کو ریاستی سرپرستی کیوں،، تو اسکی قادیانی جماعت نے خوب مخالفت کی اور انکا حق بھی بنتا تھا کیونکہ میں نے انکی دوکانداری کو چیلنج جو کیا تھا اور انکا نجی ملکیتی سرمایہ دارانہ قانون کے حوالے سے یہ حق تھا کہ یہ اپنے مذہبی دھندے کو جاری رکھنے کا سامان کریں۔ اسی جماعت کے سویڈن میں رہنے والے ایک فرقہ پرست نام نہاد صحافی نے بل واسطہ میرے آرٹیکل کے خلاف ایک مضمون دی نیشن لندن میں بھی لکھا جس میں انہوں نے کہا کہ ہیسن میں حکومتی فیصلہ ہو چکا ہے اس لیے اب اسکو خبر بنانے کی ضرورت نہیں ہے وغیرہ وغیرہ اس سے ان صاحب کی بنیاد پرستی اور جنونی فرقہ واریت کے غرور کا برملا اظہار ہوتا ہے۔ اور انکی رجعتی آمرانہ سوچ اور رویے بھی ثابت ہو جاتے ہیں کہ یہ کسی کو یہ حق بھی نہیں دیتے کہ کوئی ان پر بات بھی کریں۔ اس سے مارکسٹوں کی اس بات کی تصدیق ہو جاتی ہے کہ ہر مذہب کے ہر فرقے میں القاعدہ اور طالبان کی غیر

انسانی دہشت گرد اور فاشسٹ آمرانہ سوچ موجود ہوتی ہے۔ لیکن اس کا اظہار اسکو طاقت ملنے کے بعد سامنے آتا ہے اور اس مذہبی جماعت میں بھی بقیہ تمام تعصباتی جماعتوں کی طرح بھیانک فسطائیت موجود ہے بے شک یہ فسطائیت ابھی تک خاموش اس لیے ہے کہ یہ کمزور ہیں لیکن جماعت کے اندر اسکا بڑا کھلا اور واضح اظہار موجود ہے ۔عام عوام ان رجعتی رویوں سے باآسانی سمجھ سکتے ہیں کہ ابھی تو ہیسن کے سکولوں میں اس اسلامی تعلیم کا باقاعدہ آغاز بھی نہیں ہوا اور انکے یہ جنونی بنیاد پرستانہ رویے کھل کر سامنے آچکے ہیں۔

چند دوستوں سے جو مخلص احمدی ہیں معلوم ہوا ہے کہ میرے آرٹیکلز کو جماعت احمدیہ کی مرکزی قیادت نے جماعت کے ورکروں کے لیے شجر ممنوع قرار دے دیا ہے اس کے باوجود میرے مضامین جماعت احمدیہ جرمنی کے بہت سے علاقائی یونٹوں میں باقاعدہ فوٹو کاپیاں کرکے پڑھے جاتے ہیں اور اس پر بحث بھی ہوتی ہے اور میرے حق میں ہدایت کی دعا بھی کی جاتی ہے جو بڑا مثبت عمل ہے۔ میری گذارش ان سے اتنی ہے کہ اگر یہ مجھے بھی اپنے اجلاسوں میں بلالیا کریں تو میں اپنا نقطہ نظر زیادہ وضاحت سے پیش کر سکیں گے کیونکہ تحریر میں اسکی گنجائش نہیں ہوتی اور آخیر میں سب ملکر کر جو غلط ہو گا اسکی بہتری کے لیے دعا کریں گئے یقیناً آپ ہم سے ہر قسم کا سوال بھی کر سکتے ہیں جس کا ہم بڑی خوشی سے جواب دیں گئے آخیر میں فیصلے کا اختیار بھی آپ کو ہی ہو گا۔

ہم مارکسٹوں کو کبھی کسی مذہب کے کسی فرقے سے کوئی سروکار نہیں ہے اور نہ ہی ہم کسی کی دل آزاری کرتے ہیں اور نہ ہی اسکی کسی کو اجازت دیتے ہیں بلکہ ہم تو ہر عقائدے کا احترام کرتے ہیں اور انکی مکمل آزادی کے قائل ہیں لیکن فرقہ وارانہ بنیاد پر محنت کشوں پر ظلم وجبر کے خلاف ضرور ہیں۔ ہم تو حقیقی معاشی، سماجی اور سیاسی آزدیوں کے قائل ہیں۔ ہر استحصال کے خلاف ہیں اور اسکے خلاف ناقابل مصالحت جنگ کرتے ہیں جو رنگ، نسل، زبان، مذہب، فرقے، علاقے یا کسی بھی شکل میں کہیں بھی

موجود ہو۔ ہم عالمی مزدور تحریک کے نمائندے ہیں۔ اس لیے آج جرمنی میں اسلامی تعلیمات کے اجرا کے نام پر مقامی عوامی تحریک کو کمزور کرنے کے لیے مذہبی بنیاد پر تقسیم کرنے کی سازش کو مکمل رد کرتے ہیں اور اس کے خلاف جدوجہد کر رہے ہیں۔ یہ مذہبی منافرت حقیقی عوامی حقوق کی جدوجہد کے لیے زہر قاتل اور جبر واستحصال کے لیے امرت ہے۔ جرمنی میں تمام پاکستانی محنت کشوں کو اس کے خلاف تمام دوسری قومیتوں کے مزدوروں کے ساتھ ملکر متحد مذاحمت کرنا ہوگی اور اسکو جرمن مزدور تحریک کا حصہ بنانا ہوگا تاکہ تمام دنیا کی طرح جرمنی میں بھی بڑھتے عوامی استحصال کے خلاف لڑائی کو مضبوط اور موثر بنایا جاسکے فیصلہ کن فتح کے لیے ہمیں آپسی تعصبات کی ہر دیوار کو گرا کر پاش پاش کرنا ہوگا اور طبقاتی جڑت کو اٹوٹ قائم کرنا ہوگا بے شک آخیری فتح عوام کی ہی ہے۔

ہم مطالبہ کرتے ہیں کہ۔

تمام مذہبی تعلیمات کا الگ سے بندوبست کر کے جرمنی کے عوامی پیسہ کا ضائع کرنے کی بجائے تمام مذاہب کی تعلیمات کو موجود تاریخی نصاب کا ہی حصہ بنایا جائے۔

جرمنی میں ہر قسم کی خصوصی مذہبی فرقہ وارانہ اور تعصباتی تعلیم کی سرکاری سرپرستی بند کی جائے۔ اور اس پر اٹھنے والے اخراجات کو نئے تعلیمی اور تربیتی سکولوں اور مراکز پر خرچ کیا جائے جس سے بہتر اور جدید تعلیمی ڈھانچہ تعمیر کیا جائے۔ جہاں بچوں اور نوجوانوں کو ایڈوانس تعلیمی معیار پر موجودہ سماجی تقاضوں کے مطابق تربیت دے کر ایک روشن اور مضبوط مستقبل بنانے کی طرف بڑھا جائے جہاں نفرتوں کی بجائے محبتیں پروان چڑھیں جہاں انسان ہر دکھ، تکلیف، خوف سے آزاد اور خوشحال زندگی بسر کرنے کے قابل ہو سکے۔ ہمارے پاس کھونے کو صرف زنجیریں ہیں اور پانے کو سارا جہان۔

چودہ جنوری دو ہزار بارہ

کرد، ترکی تضاد سے بڑھتا عالمی بحران

موجودہ عالمی افق پر دوسرے بہت سے بحرانوں کے ساتھ آج کردستان کی تحریک آزادی ایک بار پھر نمایاں ہوگی ہے اور پی کے کے جنگجوں نے سو سے زائد ترکی فوجیوں کو ہلاک کر دیا جس نے عالمی حکمرانوں اور انکے رواں مالیاتی نظام کے بحرانوں میں اضافہ کر کے مزید تیز اور شدید کر دیا ہے ترکی کی موجودہ حکومت کے سربراہ عیڈون نے کرد علاقوں پر سخت بمباری کی ہے اور کئی بے گناہ کرد باشندوں کو ہلاک کر دیا۔ اور کسی بھی امن اور جمہوریت پسند نے اسکا کوئی ایکشن نہیں لیا اور نہ ہی دنیا کی کسی حکومت نے اسکی تردید کی۔ مزید بر آن عیڈون کی حکومت نے ایک 150 سو پچاس کرد تنظیم پی کے کے، کے آزادی پسندوں کی واپسی کا عراق حکومت سے مطالبہ کیا ہے جو ترکی حکومت کے مطابق ترکی سے نارتھ عراقی کردستان کے علاقے میں جا چھپے ہیں۔ عراق حکومت اس پر ابھی تک تذبذب کا شکار ہے اور انکو دینے سے انکار کر رہی ہے۔ عراقی حکومت کا ایک کمیشن بھی مسائل کا حل بات چیت کے زریعے کرانے ترکی گیا تھا لیکن ناکام ہوا اور ترکی نے اپنے مطالبے میں کمی نہیں کی اور اس نے مزید کہہ دیا ہے کہ اگر ان کرد افراد کو میرے حوالے نہ کیا گیا تو ترکی نارتھ عراق میں اپنی فوجیں بھج سکتا ہے اور اس کے بعد ترکی افواج نے نارتھ عراق پر کھلے عام بغیر کسی اجازت اور اطلاع کے بمباری بھی کی ہے اس موجودہ بحران کے حل کے لیے عیڈون اگلے ہفتے امریکہ جا رہا ہے۔ اور اس نے یہ کہا ہے کہ اگر ان افراد کو واپس نہ کیا گیا تو اس امریکہ کے دورے سے پہلے بھی ترکی فوجیں نارتھ عراق میں جا سکتی ہیں جو کردوں کا علاقہ ہے اور نارتھ عراق امریکہ اور برطانیہ کے لیے بہت اہم اور احساس علاقہ ہے کیونکہ تیل کے کنویں اسی

علاقے میں ہیں اور اب تک عراق جنگ میں کرد تنظیم امریکہ کا ساتھ دے رہی ہے اور اگر عراق ان کرد حریت پسندوں کو ترکی کے حوالے کرتا ہے تو پھر عراقی حکومت کے ساتھ ساتھ امریکی مکاری اور چلاکی کا نقاب اتار جائے گا۔ اور عراق میں کرد بھی موجودہ امریکن کٹھ پتلی عراقی حکومت اور امریکہ کے خلاف متحد ہو جائیں گئے جس سے عراق میں امریکی فوجوں کے خلاف کردوں کی بھی مذاحمت شروع ہو سکتی ہے۔ جو امریکہ کے لیے قابل برداشت نہ ہو گی کیونکہ امریکہ اور برطانیہ پہلے ہی یہ جنگ ہار چکے ہیں اور اگر کرد بھی اپنے قومی استحصال کی نفرت کا رخ امریکہ کے خلاف موڑ دیں تو پھر امریکہ کا یہاں کوئی پرسان حال بھی نہ رہے گا اور ویت نام سے بھی عبرت ناک شکست ہو سکتی ہے اور عراق امریکہ کا قبرستان بن جائے گا۔ اور شاید پھر اسکی فوجوں کو واپس نہ جانا پڑے ہاں انکی میتوں کے تابوت شاید جاسکیں گئے۔ امریکہ اور برطانیہ کے لیے مسئلہ بہت سنجیدہ اور گھمبیر ہے ایک طرف نیٹو کا ممبر ملک اور انکا اتحادی ترکی ہے جبکہ دوسری طرف شکست خودہ اور زخموں سے چور عراقی جنگ ہے۔ اور نیٹو کی فوجوں کا سوال ہے۔ ان حالات میں اسکے لیے اس سوال کا جواب دینا اور اس بحران سے نکلنا آسان نہیں ہے۔ اس لیے، اب تک امریکہ اور یورپ کو جیسے سانپ سونگھ گیا ہے اور انہوں نے اس مسلہ پر اپنا سانس بھی روک لیا ہے جس وجہ سے عیڈون نے یورپین حکومتوں اور یورپین پارلیمنٹ کو سخت تنقید کا نشانہ بھی بنایا ہے یہ ابھی تضادات کا آغاز ہے جو مستقبل میں گہرے ہو گئے۔

ترکی نے جب کردستان کی تحریک اور انکی تنظیم پی کے کے کو غیر قانونی اور دہشت گرد قرار دیا تھا تو یورپین یونین نے اسکی حمائت کی تھی۔ آج دہشت گردی کا لفظ کوئی عجیب اور پریشان کن نہیں رہ گیا جسکی وجہ امریکی سامراج ہے۔ جو کوئی بھی انکے خلاف اور انکے مفادات کے خلاف ہے وہ آج دہشت گرد ہی نہیں بلکہ آزادی، امن اور جمہوریت کے لیے خطرناک بھی ہے اس کی تقلید آج اسکے تمام پیٹھو اور اسکی گماشتہ حکومتیں کر رہی ہیں۔ اس لیے جو آج استحصالی نظام کے خلاف ہے وہ دہشت گرد اور

انسان دشمن قرار پاتا ہے۔ اور پش منظر میں قومی اور علاقائی استحصال کے خلاف لڑنے والوں کو ترکی اور ترقی وتہذیب کے وارث یورپین یونین نے دہشت گرد قرار دے کر فرار کی راہ لی کیونکہ یہ استحصال کو توختم نہیں کرسکتے تھے کیونکہ یہ توان کے نظام کا ایک اٹوٹ طریقہ کار ہے اس لیے انہوں نے اس تحریک کو دہشت گرد کہہ کر اپنی جان بچانے کی کوشیش کی ہے۔ لیکن یہ اتنا آسان نہیں ہے جب تک بھوک ہوگی, امن ہونہیں سکتا اور ظلم کے خلاف مذاحمت ہوگی۔ اس لیے امن کے لیے بھوک اور ظلم ختم کرنا پڑے گا جو عالمی مالیاتی نظام کے بس سے باہر ہوچکا ہے۔ اس لیے پی کے کے یا کردستان کی آزادی کی تحریک اتنی آسانی سے ختم نہیں ہوگئ کیونکہ یہ بھی بھوک کے خلاف ہی جنگ کا ایک نام ہے۔

کردستان کی آزادی کی جدوجہد جتنی لمبی ہے اس سے کہیں زیادہ جرات مند، بہادر اور دلیرانہ ہے لیکن سوال یہ ہے کہ اتنی جرات اور قرنانیوں کے باوجود یہ تحریک اب تک کامیاب کیوں نہیں ہورہی؟ بلکہ آہستہ آہستہ تضادات اور ٹوٹ پھوٹ کا شکار ہورہی ہے آج اسکی عوامی بنیادیں پہلے جیسی مضبوط اور طاقت ور بھی نہیں رہیں۔ جسکی بنیادی وجہ انکی نظریاتی کمزوری اور عالمی طبقاتی تحریک سے علیحدگی ہے جو انکی پارٹی کی ٹوٹ پھوٹ اور گروپینگ میں واضح ہے۔ انکی لیدرشپ شاید آج بھی ماو اور سٹالن کے ناکام اور مسترد شدہ نظریات میں کچھ خوش فہمیاں رکھتے ہیں اور عالمی سوشلزم پر مکمل اعتماد نہیں کرتے جس بنا پر یہ گوریلا جنگ پر یقین رکھتے ہیں جو انکو عالمی مزدوروں کے طبقاتی اتحاد سے توڑ دیتی ہے اور خاص طور پر ترقی یافتہ ممالک کے محنت کشوں سے جو عوامی تحریکوں اور طبقاتی جدوجہد پر تو یقین رکھتے ہیں لیکن گوریلا کاروائیوں کو ناپسند کرتے ہیں اور انکی کبھی حمائت نہیں کریں گئے۔

کسی بھی استحصال کے خلاف عوامی تحریک کے دفاع کی تائید توکی جاسکتی ہے لیکن اگر یہ قومی استحصال کی تحریک اپنے گرد ایک مضبوط جال بنالے اور طبقاتی تحریک سے الگ ہوجائے تو یہ بھی ایک تعصب بن جاتا ہے جو حکمران طبقے کو معمولی نقصان پہنچانے کے علاوہ طبقاتی شکست دینے میں کبھی بھی کامیاب نہیں

ہو پاتی بلکہ اس کے الٹ حکمران ان قومی تعصب پسند تحریکوں کو اپنے استحصالی مفادات کے لیے مختلف اوقات میں مختلف انداز میں بھرپور استعمال کرتے ہیں۔ جواب تک کردستان کی تحریک سے ہوتا آیا ہے آج بھی ترکی اور امریکی ویورپین حکمران عالمی عوام کے طبقاتی حق میں اپنا فیصلہ نہیں دیں گئے اور نہ ہی کبھی کردستان کے عوام کے حق میں ہوں گئے بلکہ مالیاتی اور استحصالی نظام کے تحفظ اور سامراجی مفادات کے لیے آج کے کردستان کے بحران پر اپنا فیصلہ مسلط کریں گیے اس سے چاہے یہ بحران خونی شکل اختیار کر جاے یہ عوام کی بجاے سرمایے کا دفاع کریں گئے۔ ہم کردستان کی آزادی اور مکمل خودمختاری کی حمائت کرتے ہیں لیکن یہ کبھی بھی سرمایہ داری اور عالمی سامراج کے زیر سیایہ ممکن نہیں ہو سکتی ہے یہ صرف اور صرف سرمایہ داری نظام سے مکمل نجات حاصل کر کے ہی ممکن ہو گا۔ اس کے لیے پہلے کردستان کے عوام کو عالمی مزدور تحریک کا حصہ بنا ہو گا پہلے ترکی، عراق، ایران، شام کے مزدوروں کی اپنے حکمرانوں کے خلاف عوامی جدوجہد میں برابر شریک ہونا ہو گا جو آج نہ صرف قومی علاقائی استحصال قائم کیے ہوے ہیں بلکہ طبقاتی سماجی، معاشی اور سیاسی استحصال کی وجہ ہیں اور کردستان کی آزادی میں بڑی روکاوٹ ہیں انکے خاتمے کے بغیر کردستان کی تحریک کبھی کامیاب نہیں ہو سکتی یہ انسانی خون سے سرخ تو ہو سکتی ہے لیکن اپنی منزل سے ہم کنار نہیں ہو گئی۔ اس کو اپنی مکمل فتح کے لیے عالمی حقیقی مارکسزم لیینن ازم ٹراٹسکی ازم کو مشعل راہ بنانا ہو گا یا پھر افسوس کہ اسے مسلسل خون میں نہاتے رہنا ہو گا۔

یکم نومبر دو ہزار سات

اناج کی بلند قیمتوں سے عالمی قحط کے دور کا آغاز

حالیہ خورونوش کی اشیا کے عالمی بحران نے سنگین شکل اختیار کر لی ہے۔ ہٹی میں میں فاقہ کشی سے تنگ لوگ لوٹ مار اور پورے ملک میں توڑ پھوڑ کرنے پر اتر آئے ہیں۔ یہاں انا کی اور لاقانونیت اپنی انتہا پر پہنچ چکی ہے۔ مصر میں پچھلے ہفتے مہنگائی کے خلاف ایک بڑی عوامی زبردست ہڑتال ہوئی جو عرب میں بغاوت کا درجہ رکھتی ہے دیکھنے میں آئی ہے جو مستقبل میں بڑی بغاوتوں اور تحریکوں کا پیش منظر ہیں۔

پاکستان میں دوسرے بحرانوں کے ساتھ ساتھ آٹے کا شدید بحران ایک بار پھر امڈ آیا ہے۔ انڈیا میں اپنی تاریخ کا آج بلند ترین افراط زر پیدا ہو چکا ہے جس کی شرح سات اعشاریہ اکتالیس فیصد سے زیادہ ہے جس نے روزمرہ کی اشیا میں ریکارڈ اضافہ کر دیا ہے۔ افریقہ اور ایشا کے علاوہ یورپ اور امریکہ میں افراط زر اور روزمرہ کی بنیادی چیزوں میں ریکارڈ اضافہ ہو چکا ہے۔ جرمنی میں سولہ سال میں پہلی بار آج تین فیصد سے زیادہ افراط زر پھیل چکا ہے اور زندگی کی بنیادی اشیا جس میں گندم، چاول تیل، بل، کرائے وغیرہ شامل ہیں ان میں تقریبا دوگناہ کا اضافہ ہو چکا ہے۔ عالمی مالیاتی نظام کے بحرانوں سے جنم لینے والی عالمی مصنوعی قلت تشویش ناک صوتحال پیدا کر چکی ہے جو مسلسل بڑھ رہی ہے۔

عالمی حکمران اور انکے عالمی مالیاتی اداروں کے سربراہاں اور ماہرین معاشیات بوکھلا اٹھے ہیں جو ابھی چند عرصہ قبل سرمایہ داری کو انسانی معراج اور انسانیت کا آخیری نظام قرار دے چکے تھے وہ ترقی یافتہ ممالک کے حکمرانوں اور حکومتوں کو اس بحران سے نکلنے کی بھرپور اپیلیں کر رہے ہیں۔ بین الاقوامی مالیاتی

ادارے آئی ایم ایف نے خبر دار کیا ہے کہ اگر خوراک کی قیمتوں میں اضافہ جاری رہا تو لاکھوں لوگ فاقہ کشی پر مجبور ہو جائیں گے۔ واشنگٹن میں ادارے کے اجلاس کے بعد آئی ایم ایف کے سربراہ ڈومینک سٹراؤس کاہن کا کہنا تھا کہ اشیائے خوردونوش کی قیمتوں میں مسلسل اضافے سے معاشرتی بے چینی جنم لے رہی ہے جو کسی انسانی بحران کا پیش خیمہ بھی ثابت ہو سکتی ہے۔ یاد رہے کہ گزشتہ چند ماہ میں خوراک کی کمی کی وجہ سے ہیٹی، فلپائن اور مصر جیسے ممالک کے کچھ علاقوں میں فسادات بھی ہوئے ہیں۔ انہوں نے کہا کہ دنیا میں خوراک کی بڑھتی قیمتوں اور بین الاقوامی مالیاتی بحران کے بارے میں ٹھوس اقدامات اٹھائے جانے بہت ضروری ہیں۔ سٹراؤس کاہن نے کہا کہ ’ ہزاروں بلکہ لاکھوں افراد فاقہ کشی پر مجبور ہو جائیں گے۔ بچے خوراک کی کمی کا شکار ہوں گے جس کے نتائج ان کی پوری زندگی پر پڑیں گے‘۔ انہوں نے یہ بھی کہا کہ یہ مسئلہ تجارتی عدم توازن بھی پیدا کر سکتا ہے جس سے بالاخر ترقی یافتہ ممالک بھی متاثر ہو سکتے ہیں اس لیے یہ صرف ’انسانیت کا مسئلہ ہی نہیں ہے‘۔

حالیہ ماہ میں دنیا بھر میں اشیائے خوردونوش کی قیمتوں میں تیزی سے اضافہ دیکھنے میں آیا ہے جس کی وجہ طلب میں اضافہ، کچھ ممالک میں خراب موسم اور زیادہ زمین کا ٹرانسپورٹ ایندھن کے لیے اگائی جانے والی فصلوں میں استعمال کو قرار دیا جا رہا ہے عالمی بنک کے سربراہ رابرٹ زوئلک کا کہنا ہے کہ دنیا بھر میں اشیائے خوردونوش کی بڑھتی ہوئی قیمتیں دس کروڑ غریب افراد کو مزید غربت کی گہرائیوں میں دھکیل سکتی ہیں۔ ان کا یہ بیان بین الاقوامی مالیاتی ادارے آئی ایم ایف کی اس تنبیہ کے بعد سامنے آیا ہے جس میں خبر دار کیا گیا ہے کہ اگر کھانے پینے کی اشیاء کی قیمتوں میں اضافہ جاری رہا تو لاکھوں لوگ فاقہ کشی پر مجبور ہو جائیں گے اور یہی نہیں بلکہ اشیائے خوردونوش کی قیمتوں میں مسلسل اضافے سے پیدا ہونے والی معاشرتی بے چینی کسی تنازعہ کا پیش خیمہ بھی ثابت ہو سکتی ہے۔ رابرٹ زوئلک کا کہنا تھا کہ ’ ایک محتاط اندازے کے مطابق گزشتہ تین برس میں اشیائے خوردونوش کی قیمتوں کے دوگنا ہونے سے ممکنہ طور پر

کم آمدن والے ممالک کے دس کروڑ افراد مزید غربت کا شکار ہو سکتے ہیں'۔ انہوں نے کہا کہ خوراک کے اس عالمی بحران سے نمٹنے کے لیے نئے اقدامات کی ضرورت ہے۔ انہوں نے امیر ممالک پر زور دیا کہ وہ نہ صرف عالمی خوراک پروگرام کے لیے پانچ سو ملین ڈالر کی امداد کا بھی انتظام کریں بلکہ بنیادی خوراک اور فصلوں کی پیداوار کے لیے فنڈ فراہم کریں۔ ادھر عالمی بنک سے جڑی مختلف ایجنسیوں کی حال ہی میں جاری ہونے والی رپورٹ میں پاکستان کو بھی ان چھتیس ممالک کی فہرست میں شامل کیا گیا ہے جہاں خوراک کے شدید بحران کا خطرہ موجود ہے اور جنہیں مزید ابتر صورتحال سے بچانے کے لیے بیرونی مدد درکار ہے۔ دنیا بھر میں حالیہ مہینوں میں اشیائے خوردونوش کی قیمتوں میں تیزی سے اضافہ ہوا ہے جبکہ عالمی بنک کے مطابق گندم، چاول اور مکئی کی قیمتوں میں اضافے سے گزشتہ تین برس میں دنیا میں کھانے پینے کی اشیاء کی قیمتیں تراسّی فیصد بڑھ گئی ہیں جس سے زرعی اجناس کی عالمی اجارادایوں نے بے شمار منافع کمایا ہے۔ قیمتوں میں اس ہوشربا اضافے کے بعد مصر، آئیوری کوسٹ، ایتھوپیا اور فلپائن سمیت متعدد ممالک میں مظاہرے اور فسادات بھی ہوئے ہیں۔ ایسے ہی ایک واقعے میں گزشتہ ہفتے ہیٹی میں اشیائے خوردونوش کی کمیابی کے خلاف مظاہرے کے دوران تشدد سے پانچ افراد مارے گئے تھے۔

قیمتوں میں اضافوں کے بعد بھارت، چین، ویت نام اور مصر میں چاول کی برآمد پر پابندی بھی عائد کی گئی ہے جس کا اثر بنگلہ دیش، فلپائن اور افغانستان جیسے ممالک پر پڑا ہے جو کہ چاول کے درآمد کنندگان ہیں۔ یہ ابھی آغاز ہے اور شروعات ہیں سرمایہ داری کے تحت بحرانوں کی جو بھیانک مستقبل کا پیش نامہ ہے۔

لینن نے اسی سرمایہ داری نظام کو نہ ختم ہونے والی وحشت قرار دیا تھا۔ اور جو آج ہمیں بحران نظر آرہا ہے یہ بحران زائد پیداوار کا بحران ہے اور یہ کیسی عجیب بات ہے کہ زائد پیداوار دنیا میں قلت کو جنم دے رہی ہے۔ اس لیے کہ سرمایہ داری یا منڈی کی معیشت کے نظام میں منافع اول اہمیت اور حثیت رکھتا ہے اور تمام زندگی کے کاروبار صرف اور صرف منافع اور شرح منافع کے لیے کیے جاتے ہیں۔ اس

لیے زیادہ سے زیادہ منافع کمانے کے لیے جہاں ایک طرف پیداوار کی اندھی یلغار کی جاتی ہے جس سے غیر منصوبہ بند معیشت کی وجہ سے پیداوار کی بہات منافعوں کو گرادیتی ہے جبکہ تمام سرمایہ کار پیداوار کی رسد کو طلب کے مقابلے میں کم رکھ کر زیادہ سے زیادہ پیسے کمانے کے چکر میں ہوتے ہیں لیکن آزاد منڈی کی موجودگی میں یہ طلب و رسد کا توازن بر قرار نہیں رہ سکتا اور یہی طلب و سد کا غیر متوازن سرمایہ داری میں مسلسل بحرانوں کی بنیادی وجہ ہے۔

سرمایہ داری نظام میں رسد سکڑنے سے طلب جتنی زیادہ بڑھ گئی اشیا کی قیمتیں اتنی ہی بلند ہوں گئی اور منافعوں کی شرح میں اضافہ ہو گا اس لیے اکثر اوقات اس سلسلہ میں وہ سطح آجاتی ہے کہ رسد کی کمی سے طلب بڑھتے بڑھتے انسانوں کی قوت خرید سے آگے نکل جاتی ہے جس سے رسد کو مزید کم کیا جاتا ہے اور سماج میں قلت کا بحران امڈ آتا ہے جو آج ہر طرف پھیل چکا ہے جو نہ صرف انسانیت کی تذلیل ہے بلکہ بے رحیمی اور سفاکی کی انتہا بھی ہے کہ سب کچھ ہونے کے باوجود اور وافر مقدار میں ہونے کے باوجود انسان ہر چیز کو ترسے رہے ہیں اور بنیادی انسانی اشیا بھی میسر نہیں ہیں یہ سب اس سے پہلے تمام انسانی تاریخ میں کبھی نہیں ہوا کہ پیداوار کی موجودگی میں قلت ہو۔

آج کے عالمی بحران کا مطلب یہ نہیں کہ پیداوار کم ہے یا پیداوار بڑھائی نہیں جاسکتی۔ کوئی عام سا شخص بھی جو خبروں پر نظر رکھتا ہے اس کو یہ معلوم ہے کہ ہر سال جاپان، امریکہ اور یورپ میں لاکھوں ٹن گندم، چاول، مکھن، دوھ، ڈیری اور زرعی اجناس کو سمندروں میں ضائع کیا جاتا ہے تاکہ طلب کے مقابلے میں رسد بڑھنے نہ پائے اور بازار میں قیمتوں کو بر قرار رکھا جاسکے یا پھر بازاری قیمتوں کو بلند کر کے زیادہ سے زیادہ منافعے حاصل کیے جائیں۔ آج دنیا کے زرائع پیداوار انتہائی ترقی یافتہ ہیں اور یہ چند دنوں اور ہفتوں میں دنیا کے تمام انسانوں کے بنیادی مسائل حل کر سکتے ہیں۔ لیکن سوال یہ ہے کہ ایسا کرنے سے عالمی اجارہ داریوں اور سرمایہ داروں کو کیا ملے گا؟ ان کو تو صرف پیسے سے غرض ہے اور عالمی

انسانیت کے پاس اتنا پیسہ نہیں ہے کہ وہ ان کے سرمایے کی لالچ ہوس کو پورا کر سکیں۔ آج دنیا میں ایک 183 اجارہ دایوں کے پاس دنیا کی 90 نوئے فیصد معیشت ہے جبکہ اسی کی دہائی میں 500 پانچ سو عالمی اجارہ داریوں کے پاس 82 باسی فیصد سے کم سرمایہ تھا۔ اور آج یہ سکڑ کر 183 ایک سو تراسی ہو چکی ہیں اور ان کے کنٹرول میں پہلے سے زیادہ سرمایہ ہے اور یہ مزید سرمایہ حاصل کرنا چاہتی ہیں۔

آج کے عالمی مالیاتی نظام میں سرمایہ داروں فرموں اور ملکان میں مزید سرمایہ جمع کرنے کی نہ ختم ہونے والی ایک وحشی اور پاگل پن کی دوڑ ہے جس کا موجودہ نظام میں کوئی انت نہیں جس سے تمام دنیا میں عام آدمی روندہ جارہا ہے۔ موجودعالمی بحران جس میں اب روٹی کی شدید قلت کا بحران بھی شامل ہو چکا موجودہ عالمی سرمایہ دارانہ نظام کے وجود کی بنیادوں کو چیلنج کر کے اس کے خاتمے کا برملا اعلان ہے اور ساتھ ہی ایک نئے نظام کی پکار جو آزاد منڈی کا نہیں بلکہ منصوبہ بند معیشت کا تقاضہ ہے۔ اور جو نظام انسان کو روٹی بھی نہ دے سکے اسکو قائم رہنے کا کوئی حق نہیں۔۔۔

پندرہ زپریل دو ہزار آٹھ

ایران پر سامراجی جارحیت کا خطرہ

آج میڈیے کے مطابق ایران پر سامراجی جارحیت کا خطرہ منڈارہا ہے۔ لیکن عالمی حکمران آج موقعہ کی تلاش میں نہیں بلکہ حالات وواقعات کو جنگ کی طرف دھکیل رہے ہیں اور ایسی صوتحال تعمیر کرنے کی کوشیش کر رہے ہیں کہ حالات اس کیفیت اور شدید میں آجائیں کہ سب کو یہ احساس ہو جائے کہ ایران سے جنگ ناگزید ہو چکی ہے اور عوامی رائے عامہ ان کے حق میں ہو جائے جواب تک ان کے سخت خلاف ہے، یہ کبھی بھی عام حالات میں لبنان کے ہاتھوں اسرائیل کی شکست کو برداشت نہیں کرسکتے۔ اور نہ ہی مشرق وسطی میں ایران کی بڑھتی طاقت کو جس سے مستقبل میں اسرائیل اور امریکی حماتیوں کو خطرہ لاحق ہو اور امریکی مفادات کو اس خطہ میں زد پہنچے۔ اس لیے ہر روز ایران پر سامراجی اشتعال انگیزی اور دباو بلاجواز ہی بڑی تیزی سے بڑھ رہا ہے۔ جس سے وہ ایرانی حکمرانوں کو جنگ کے لیے ابھار رہا ہے۔ تمام سامراجیوں کو علم ہے کہ ایران کے پاس کوئی ایٹمی ہتھیار نہیں ہی اور نہ ہی ایرانی ریاست سامراجی حملے کی سکت رکھتی ہے شائداب یقین کر لینے کے بعد وہ جنگ میں مزید دیر کرنا نہیں چاہتے جس کو صرف اب عالمی عوام کا اپنے حکمرانوں پر دباو اور ایران میں رجعتی حکمرانوں کے خلاف عوام کی انقلابی تحریک ہی اس جنگ کو روک سکے گی۔

احمدی نژاد بھی آج عالمی سطح پر پائی جانے والی امریکہ کے خلاف نفرت کو اپنے اقتدار کی طوالت اور مضبوطی کے لیے بھرپور استعمال کر رہا ہے کیونکہ آج اس کے پاس ایرانی اسلامی لیبل کی سرمایہ دارانہ

معیشت میں اتنی صلاحیت نہیں ہے کہ اکثریتی عوام کا کوئی ایک بنیادی مسئلہ بھی حل کر سکے اس کے پاس صرف امریکہ کے خلاف نعرہ بازی ہے جس سے وہ عوام کی اصل اور حقیقی مسائل سے توجہ ہٹا کر ان کی حمائت حاصل کر رہا ہے تا کہ اس کا اقتدار اور بنیاد پرست ریاست مزید چل سکے اور اس کے خلاف کوئی عوامی تحریک جنم نہ لے سکے لیکن جھوٹ کے پاوں نہیں ہوتے اس وجہ سے یہ لمبا عرصہ نہیں چلتا۔

بیرونی سطح پر ایرانی حکومت امریکہ اور یورپ کے مخالف قوتوں کو مضبوط کر رہی ہے پہلے لیبان میں حزب اللہ کی مدد اور اب عراق میں مقتدار الصدر کا دوبارہ ابھرنا اور امریکہ کے خلاف جنگ کا اعادہ کرنا بھی اسی چیز کی غمازی ہے کہ ایران امریکہ کو اپنے گریبان تک آنے میں روکاوٹیں ڈال رہا ہے یہ حرکات جہاں سامراج کو زخمی کرے گی وہاں اشتعال بھی دلائی گئی ایران کو اس چیز کا احساس اور یقین ہو چکا ہے کہ سامراج نے اس پر حملہ کا فیصلہ کر لیا ہے اب وہ موقعہ کی تلاش میں ہے ۔

احمدی نژاد اپنا دفاع،، حملہ کرنے،، کی حکمت عملی کے تحت بڑی چالاکی سے کر رہا ہے۔ ایرانی ریاست بے شک سامراج کی طاقت کا مقابلہ زیادہ دیر نہ کر سکے گی ایرانی حکمرانوں کو بھی اس کا علم ہے اس لیے امریکی پراپیگنڈے کے مقابلے میں وہ جارحانہ پراپیگنڈہ تیز کر کے اپنے حق میں عالمی رائے عامہ ہموار کر رہے ہیں تا کہ امریکہ ایران پر اپنی جارجیت کو ٹال دے۔ لیکن اگر یہ جنگ ہوئی جو مشکل ہے تو پھر یہ عراق سے بھی زیادہ خوفناک ہو گی جس میں سامراج کو فتح کبھی نصیب نہ ہو گی اس لیے امریکہ اس جنگ سے خوف زدہ ہے اور مولاجٹ کی بڑھکیں مار رہا ہے۔ کیونکہ جنگ ایرانی ریاست سے زیادہ ایرانی عوام لڑے گی جس کی 60 ساٹھ فیصد آبادی 25 پچیس سال سے کم عمر نوجوانوں پر مشتمل ہے اور یہی اٹیم بم سے زیادہ طاقت ور اور خطرناک بارود ہے اس جنگ میں شام اور لبنان کی حزب اللہ اور مصر بھی شام بھی مجبوراً شامل ہو جائیں گئے جس کا امریکہ کو احساس ہے اس لیے ابھی تک اس نے ایران پر فوجی جارحیت نہیں کی بلکہ یہ صرف اب تک جارحانہ بیانات ہیں اور قوی امید ہے کہ یہ اخباری بیانات ہی رہے گئے۔

اگر یہ جنگ ہوئی تو ایران تک کسی صورت بھی محدود نہیں رہے گی بلکہ پورے مشرق وسطی کو اپنی لپیٹ میں لے گئی عرب حکومتیں جس میں سعودی عرب سرفہرست ہو گا سامراجیوں کی مکمل حمائت کرے گا جس سے عرب شہنشاہوں کے خلاف بھی بغاوتیں ہوں گی پورے مڈل ایسٹ کا امن تباہ ہو جاے گا عدم استحکام اور خونی انتشار بڑھے گا اور اس رد انقلابی صورت حال میں انقلابی تحریکیں اور انقلابی حالات بھی جنم لیں گئے جس سے انقلابی قیادت کی موجودگی میں انقلاب برپا بھی ہو سکتا ہے وگرنہ رد انقلاب کا خون بڑھے گا۔

یہ جنگ جہاں بہت سارے اسلامی حکمرانوں کی مقدس، خوبصورت اور پاکیزہ پوشاکوں کو اتار کر انکا اسلام ننگا کر دے گی وہاں پاکستان کے حکمران بھی برہنہ ہو جائیں گئے اور امریکہ کی حمائت اور جعلی اعتدال پسندی سے پاکستان میں بھی عوامی طوفان ابھرے گا۔ ایران پر امریکی اور یورپی حکمرانوں کی حالیہ پابندیاں سامراجی دہشت گردی اور غنڈہ گردی کا واضح اظہار ہے جو پوری دنیا کو اپنے کنٹرول اور زیر عتاب کرنا چاہتے ہیں یہ جدید دور میں دور وحشت کی یاد دلاتے ہیں جب طاقتور کمزوروں کو اپنا غلام بنا لیتے تھے یا مار دیتے تھے، عراق کو انہوں نے طاقت سے کچل دیا ہے جبکہ اب ایران کو معاشی پابندیوں سے اپنا غلام بنانا چاہتے ہیں۔

ایران پر یہ پابندیاں جہاں ایک طرف سامراجی مالیاتی جارحیت ہے تو دوسری طرف ان کی اپنی کمزوری اور بحران ہیں جو ان کو مالی اور فوجی حملوں پر مجبور کرتے ہیں جسکی وجہ آج عالمی مالیاتی نظام اپنے اندر سماجی ترقی کی تمام صلاحیت اور اہلیت کھو چکا ہے۔ اسکا مقامی اور عالمی استحصال ہر روز پہلے سے زیادہ ننگا اور بھیانک ہوتا جا رہا ہے جس پر اس کی زندگی کی احساس ہے۔

ایران پر موجودہ پابندیاں ایرانی حکمرانوں پر نہیں بلکہ براہ راست عوام پر ہیں کیونکہ ان عالمی معاشی

پابندیوں کا تمام تر بوجھ یہاں کی ملا حکومت عوام پر لاد دے گی، ریاستی کٹوتیوں، ٹیکسوں میں اضافے، برطرفیوں وغیرہ سے جو ایرانی عوام کے معیار زندگی پر شدید اور بے رحیم حملے ہوں گئے جبکہ حکمرانوں کی پر تعاش زندگیوں پر اس سے کوئی فرق نہیں پڑے گا ملا حکمرانوں کی کرتوتوں کا خمیازہ اب ایرانی عوام کو بھگتنا ہو گا۔ مشرق وسطی میں ایران آج عراق کے بعد بڑی طاقت ہے جو لازمی اس خطے میں اپنے منڈی کے مفادات کے اثر ورسوخ کے لیے متحرک ہو گا جو شام حکومت کو پہلے ہی اپنے ساتھ ملا چکا ہے اور لبنان میں حزب اللہ کو مضبوط کر چکا ہے جس وجہ سے اسرائیل کو بری شکست ہوئی آنے والے وقتوں میں ایرانی حکمران اپنے سرمایہ دارانہ مفادات کے حصول کے لیے مڈل ایسٹ کے وسائل کی لوٹ کریں گئے جس سے ایرانی حکمران اپنے سامراجی کردار کو وسعت دیں گئے اور یہ نہ صرف یورپی بلکہ امریکہ کے لیے بھی ہرگز قابل قبول نہیں ہو گا کہ ان کی لوٹ مار میں کمی آئے یا کوئی اور اس عالمی لوٹ مار میں نیا حصہ دار بنے یا کوئی اور ان کے مقابلے میں اپنی طاقت میں اضافہ کرے جو مغربی حکمرانوں کو سخت ناگوار ہے۔

یہ آج ایرانی اور سامراجی حکمرانوں کی اپنی لڑائی ہے جو حکمرانوں کی اپنے قبضے، اپنے مالیاتی اور سامراجی مفادات کی لڑائی ہے جس سے عوام کا کوئی تعلق نہیں بلکہ ہر طرح سے عوام کا ہی استحصال ہو گا، عوام کو اس کے خلاف اپنا طبقاتی اتحاد مضبوط کر کے ناقابل مصلحت بنیادوں پر لڑنا ہو گا۔ عالمی عوام کو اس پابندیوں کے خلاف عالمی سامراجی حکمرانوں اور ایرانی حکمرانوں کی لوٹ مار کی اس لڑائی میں دونوں کی مخالفت کرتے ہوئے ایرانی عوام کا ساتھ دینا چاہیے تاکہ ظلم اور استحصال کی حکمرانی کا عوامی جنگ کے ذریعے خاتمہ کیا جاسکے جو واحد راستہ ہے۔

ایران، عراق کے بعد سامراجی جارحیت کے ایجنڈے پر سر فہرست ہے جو عراق پر جنگ سے پہلے ہی طے پا چکا تھا لیکن اب تک ایران پر حملہ نہ کرنا مغربی حکمرانوں کے آپسی تضادات، معاشی اور شدید سیاسی

بحران تھے یہ عراق کی جنگ میں اپنی عوامی حمائت بھی کھو چکے تھے اور ایک دم دوسری جنگ یورپ اور امریکہ کو بہت بھاری پڑ سکتی تھی۔ ایران کے خلاف سامراجی جنگ آسان اب بھی نہیں ہے اور خاص طور پر امریکہ اکیلے کے لیے، یہ اب عراق جیسی غلطی نہیں دوہرائے گا کیونکہ کہ اب یہ اس کا متحمل بھی نہیں ہو سکتا اس لیے اس نے اس بار یورپی حکمرانوں کو آگے لگایا ہوا ہے جو یہ جنگ شروع کرنے کے ہر وقت حلے بہانے تلاش کرتے رہتے ہیں یا بنانے کی کوشیش کرتے ہیں۔ ٹونی بلیئر کو جنگ کی سب سے زیادہ جلدی ہے کیونکہ یہ بش کا خاص ام خاص چمچہ ہے اس لیے اس نے اپنے چند فوجی بھی ایران کے سمندر میں بھیج کر گرفتار کرائے تا کہ ایران پر دباو بڑھایا جا سکے اور جنگ کے لیے جواز ملے لیکن یہ اتنا موثر ثابت نہیں رہا بلکہ اس شطرنج کے کھیل میں تو ٹونی بلیر کو مات ہی ہو گی ہے اور ایران پر جنگ کے لیے عوامی رائے عامہ کو تیار کرنا مزید مشکل ہوتا جا رہا ہے اور اب تک یورپی اور امریکی حکمران عوامی رائے عامہ اپنے حق میں نہیں کر پا رہے کیونکہ عوام جانتے ہیں کہ ان کی مالی زندگی کا دائرہ پہلے ہی کافی تنگ ہو چکا ہے اور جنگ کا بوجھ بھی پھر حکمران انہی پر لاد دیں گئے پہلے ہی جاری جنگیں ختم نہیں ہو رہیں اور ان کی وجہ سے عالمی عدم استحکام اور انتشار اپنے عروج پر ہے اور دنیا کا ہر ملک غیر محفوظ ہوتا جا رہا ہے۔

جنگوں اور سامراجی حکمرانوں کے خلاف آج عالمی عوام میں انتہائی نفرت موجود ہے اور یہ ان کا خاتمہ چاہتے ہیں، امن آزادی خوشحال دنیا کے خواہش مند ہیں لیکن ان کو راستہ دیکھانے والی اور منظم کرنے والی انقلابی پارٹی اور قیادت کا فقدان ان کی ایک بڑی عوامی تحریک میں بڑی روکاوٹ ہے۔ دنیا کی تمام عوام کو ہر جگہ اور ہر وقت اپنے مفادات عزیز ہونے چاہیں جس طرح عالمی اجارہ داریاں، سرمایہ دار، جاگیر دار، اپنے سرمایے اور منافع کے مفادات کے لیے سرگرم ہوتے ہیں اور اپنے سرمایہ میں اضافے کی حواص میں یہ اندھے، گھونگے، بہرے اور وحشی ہو چکے ہیں۔ اور ہمارے استحصال پر اپنی

امارات کے قعلے تعمیر کرتے ہیں اسی طرح اس کے مقابلے میں ہمیں کبھی بھی اپنے طبقاتی مفادات سے غفلت نہیں برتی چاہیے، ایران پر پابندیاں ہوں یا مشرف کے خلاف چیف جسٹیس کی بحالی کی لڑائی ہو عوامی پروگرام سر اول ہونا ضرروی ہے ورنہ ہر تحریک اور عوامی جدوجہد کو حکمران بڑی آسانی سے استعمال کر کے اپنے مفادات کے لیے کارآمد بنالیتے ہیں جو محنت کشوں کے ساتھ غداری اور ان پر مزید استحصال پر مبنی ہوتی ہے۔

آج ہم کو ایرانی عوام کی سامراج کے خلاف اور رجعتی استحصالی ملا حکمرانوں کے خلاف مکمل طبقاتی یک جہتی کا مظاہرہ کرتے ہوے ان کا ساتھ دینا ہے ان کی حمائت کرنی ہے۔ حکمرانوں کے خلاف انقلابی جنگ کا حصہ بنا ہے تاکہ تمام دینا سے ظلم اور استحصال کا خاتمہ ہو سکے۔ ہمیں آج یہ کہنا ہو گا کے۔ سامراجی جنگ نامنظور۔ ملا حکومت نامنظور۔ ہمیں اشتراکی لڑائی کو قائم کر کے جیتنا ہے جو تاریخ اور وقت کا فیصلہ ہے۔

جرمنی۔ مدرسوں کی فرقہ پرستی کو سرکاری سرپرستی کیوں

جرمنی کے نیشنل اخبارات میں ہماری جرمنی میں بنیاد پرستی کے خلاف تحریک کی نیوز کے بعد مجھے جرمنی سمیت تقریبا تمام یورپ سے بے شمار فونز، ای میلز اور ایس ایم ایس آئیں جن میں کئی پیار و محبت سے دھمکیاں تھیں اور دبانے کی کوششیں تھیں اور کہیں اس کی حمائت تھی۔ کچھ چنگاری ڈاٹ کام کے چند مضامین پر چیلا رہے تھے اور کچھ آئی ایم ٹی،، انٹر نیشنل مارکسی رجحان،، کے تمام کام کو سراہا رہے تھے اور اپنی حمائت کا یقین دلا رہے تھے میرے پچھلے چند دن بہت دل چسب گرزارے کیونکہ جرمنی میں بائیں بازو کے کام سے تمام یورپ میں پاکستانی تارکین وطن متاثر ہوئے ہیں اور مقامی سیاست میں دل چسبی لینے لگے ہیں جس سے یہاں کی ترقی پسند قیادتیں بہت خوش ہیں جبکہ مذہبی اور روائیتی سیاسی رہنما بالکل ناخوش ہیں کیونکہ انکی کی حاکمیت کو چیلنج ہو چکا ہے اور وہ سیاسی پردہ سکرین سے چلے گئے ہیں یا جانے والے ہیں اور کچھ نئے سامنے آگئے ہیں لیکن یہ مارکسٹوں کی پرانی تاریخ ہے کہ انہوں نے ہر چیلنج کو ہمیشہ خوش آمدید کہا ہے۔ یورپ میں پاکستانی عام محنت کش وہ کسی بھی سیاسی پارٹی یا جماعت سے ہوں انقلابی کام پر خوش ہیں لیکن قیادتیں ناراض ہیں جو ہمارے عوامی کام کی حقیقی جیت ہے۔

سترہ دسمبر کو جرمنی کی ریاست ہیسن کے شہر ریڈشٹاڈ جو گروس گیراو میں فرینکفرٹ کے قریب ہی واقع ہے میں جماعت احمدیہ کے وسطی یورپ میں پہلے اور بڑے مدرسے کا افتتاح ہوا جس میں مقامی ریاست

کے حکمران پارٹی ایس پی ڈی اور ایف ڈی پی کے وزیروں نے شرکت کی اور جماعت احمدیت کو سراہا۔
اس مذہبی مدرسے میں احمدی جماعت اپنے امام یا مربی تیار کرے گئی یعنی یہاں احمدی نوجوانوں کو احمدیت کی مکمل تعلیم وتربیت دی جائے گئی جس کے بعد ان تیار شدہ مربی صاحبان کو تمام دنیا میں احمدی مذہب کی تبلغ کے لیے اور جرمن کے سرکاری سکولوں میں بھجا جائے گا۔ اور اس کے آگے ہی،، چنگاری فورم جرمنی اور ڈی لنکے پارٹی کے رہنما دانیال رضا کا اس مذہبی مدرسے کی سرکاری سرپرستی کے خلاف سخت ترین بیان ہے کہ وہ مذہبی فرقہ پرور مدرسوں کی سیاست کی مکمل مذمت کرتے ہیں جو فرقہ واریت اور تعصب کو ہوا دیتے ہیں یہ غیر جمہوری اور بنیاد پرستی کی فسطائیت کو ابھارنا ہے جو نا قابل قبول ہے۔
جماعت احمدیہ کا یہ مدرسہ غریب اور محنت کش احمدیوں کی خون پسنے کی کمائی کو نچوڑ کر احمدیت کی فرقہ واریت کو پھیلنے کے لیے بنایا گیا ہے یہ سرمایہ معصوم احمدیوں پر مختلف خاندانی، ذاتی اور سماجی دباو سے مجبور کر کے چندہ کی شکل میں حاصل کیا جاتا ہے۔ ہم ہر مذہب کی شخصی آزدی کے حمائتی ضرور ہیں لیکن کسی بھی مذہب کی سرکاری سرپرستی کو مکمل مسترد کرتے ہیں۔ ہم برطانیہ، یورپ، امریکہ اور پاکستان سمیت تمام دنیا میں کسی بھی مذہب اور اس کے فرقوں کے مدرسوں یا تربیتی اداروں کے قیام اور تعمیر کو مکمل مسترد اور مخالفت کرتے ہیں وہ کسی بھی مسلم فرقے اہل سنت، اہل تشعہ، اہل احدیث یا عیسائی، ہندو، سکھ، پارسی، یا پھر کوئی بھی ہو یہ تمام ماسوائے مذہبی منافرت اور چندے اکٹھے کر کے عوام کی اجتماعی طاقت کو تقسیم کرنے کے کوئی پیداواری اور تعمیری کام نہیں کرتے جو معاشرے کے زوال اور تخریب کا باعث ہے۔،،

مارکسسٹ ہمیشہ شخصی آزادیوں کے جہاں سب سے زیادہ طرف دار ہیں وہیں پر ذاتی اور شاونسٹ معملات کی سماج میں مداخلت کے مکمل مخالف بھی ہیں۔ کیونکہ ذات اور سماج کے درمیان صرف گھر کا ایک دروازہ ہوتا ہے جب کوئی شخص اپنے گھر کے دروازے سے باہر آتا ہے تو وہ سماج کی اجتماعتی کی ایک اکائی

بن جاتا ہے اسی لیے جب آواز یا پھر اس کے گھر میں کیے گئے اعمال کے اثرات جب گھر کی چوکھٹ کراس کرتے ہیں تو پھر یہ ذات سے بلند ہو کر سماج کے پابند ہو جاتے ہیں۔ جہاں انکو ذاتی نہیں بلکہ سماجی حقوق و فرائض کا لازمی پابند ہونا چاہیے۔

عمومی طور پر پسماندہ اور خصوصی طور پر رجعتی اور مذہبی افراد گروہ یا تنظمیں اور جماعتیں ذات اور سماج کو آپس میں مکس ہی نہیں کرتے بلکہ ذات کو سماج پر فوقیت دے کر سماجی جرائم کے مرتکب ہوتے ہیں۔ یہ سماج سے زیادہ ذات کو بلند کرنے کی بات کرتے ہیں اس لیے یہ لوگوں کے انفرادی معملات اور انکے درمیان ذاتی تعلقات میں سب سے زیادہ شدید ترین مداخلت کر کے سماج میں فتور پیدا کرتے ہیں یہاں تک کے میاں بیوی کے رشتے اور بال بچوں تک میں مداخلت کرتے ہیں۔ اس سے جہاں یہ انسانوں کی ذاتی زندگیوں کو عذاب بنا دیتے ہیں وہاں یہ منافرتوں اور سماجی خلفشار کی آگ کو بھی بھڑکتے ہیں۔ جو نہ صرف ایک ذہنی بلکہ خطرناک سماجی بیماری ہے بلکہ معاشرتی تباہ و بربادی بھی ہے۔

لوگوں کی ذاتیات میں مداخلت شعور اور سوچ کی پستگی کا بلند ترین اظہار ہے۔ تمام مذہبی اور فرقہ وارانہ جماعتوں کا وجود اس کا ثبوت ہے کہ اس زمینی کرہ ارض سے ابھی تک مکمل جہالت اور وحشت کا خاتمہ نہیں ہوا۔ تمام مذاہب کا تعلق اور انکے فرائض کی ادائیگی ہر شخص کا آزادانہ مکمل نجی معاملہ ہے، کہ اسکا کون سا مذہب ہے کون سا فرقہ ہے اس کا مذہب ہے بھی کہ نہیں ہے۔ کسی دوسرے شخص اور سماج کو اس سے قطعی کوئی سروکار نہیں ہونا چاہیے اور نہ ہی اس میں کسی کو ٹانگ آڑانے کی اجازت ہونی چاہیے۔ کیونکہ انسانی سماج کو ضرورت سائنس اور ٹیکنیک کی ہے جو سماجی ترقی اور انسانوں کی زندگی اور موت کا مسئلہ ہے۔ ہمیں وافر مقدار اور تعداد میں میں انجینئرز، ڈاکٹرز، سائنسدان، جدید سکول، کالج، یونیورسٹیاں، ہسپتال، صاف اور صحت مند خوراک وعلاج، جدید اور ترقی یافتہ سماجی ڈھانچہ، پیار و محبت دوستی، بلاغرض رشتے، بلند اور معیاری ادب و فن اور ثقافت اور خوشحال انسانوں کی ضرورت ہے ناکہ

نفرت، تعصب، اور تباہی پھیلانے والے مذہبی اداروں اور انکے ملاوں کی۔ حقیقی انسانی آزادی اور خود مختیاری صرف اور صرف تمام شاونزم کی نفرتوں سے بالا اور غیر طبقاتی سماج میں ہی حاصل ہو سکتی ہے۔ تعصبات اور فرقہ واریت پر مبنی گروہ، تنظمیں اور جماعتیں ہر ترقی میں نا قابل برداشت روکاوٹیں ہیں جن کو گرائے بغیر کسی شخصی اور معاشرتی ارتقا کو آگے نہیں بڑھا جا سکتا۔ فرسودہ سوچیں، پسماندہ نظریات، تعصبی جماعتیں اور ناکام نظام جب کسی بھی سماجی ترقی وار تقا کا باعث بننے سے قاصر ہو جاتے ہیں تو پھر یہ سماجی تعمیر و ترقی میں روکاوٹیں ڈالتے ہیں جدید سماجوں کو ماضی کی وحشت اور بربریت میں دھکیلنے کی کوشش کرتے ہیں۔ جس سے یہ سماجیات کا نصاب بند کر دیتے ہیں ذاتیات، تعصبات اور فرقہ واریت کی تلاوت کرنا اور کروانا شروع کر دیتے ہیں۔ تاکہ عوام سماجی زخموں کے درد بھول جائیں اور کسی روحانی نشے میں بدمست ہر سماجی اذیت اور دکھ کو بغیر تکلیف کے برداشت کر لیں جو ممکن نہیں ہے۔ یہ ظلم اور سفاقی نہیں تو اور کیا ہے۔ جو موجودہ نظام اسکے حکمرانوں اور انکے رکھوالوں کی مقدس کتابوں کے بنیادی اصول ہیں۔

عالمی جدید ترین ترقی کی بنیادوں میں دنیا کی بڑے اور خدانما پادریوں اور ملاوں کے خونی قبرستان دفن ہیں اور آج جب یہی جمہوریت اور امن کے دیوتا یورپ کی مزید سماجی ترقی سے معذرت خواہ ہی نہیں ہیں بلکہ ماضی والی ترقی اور انسانی معیار زندگی کو قائم رکھنے کی اہلیت بھی کھو چکے ہیں تو یہ ماضی کے خداوں کو اپنی بقا کے لیے قبروں سے اکھاڑ لائے ہیں عوام کو ان ماضی کے مزاروں کی پرستیش پر مجبور کرتے ہیں۔ ملاوں کی سرکاری سرپرستی کا یہی ایک مطلب ہے۔ جب سرمایہ دارانہ یورپی یونین کی بربادی کا آغاز یونان سے ہو چکا ہے جس کے پیچھے نہ ختم ہونے والی لائن بھی لگ چکی ہے تو یہ عوام کے خلاف اپنے مالیاتی ظلم و استحصال کے حمائتی، ہمدرد اور گماشتوں کو حکومتی اور ریاستی تحفظ دے رہے ہیں ان کی حوصلہ افزائی کر رہے ہیں۔ موجودہ حکمرانوں کے وفاداروں میں یقیناً سرفہرست فرقہ پرست اور منافرتوں کے بھگوان ہی

ہیں۔ جو استحصالی طاقتوں کے خلاف عوامی نفرت کو خدا کے نام پر دباتے ہیں اور اسکا رخ اصل سماجی، معاشی مسائل سے غیر حقیقی اور فروہی مسائل کی طرف مبذول کرتے ہیں انکو جنت اور دوزخ کے گورکھ دھندے میں الجھا کر پریشان اور منتشر کرتے ہیں۔ مذہب اپنے آخیر تجزیے میں جنت کا کاروبار ہے جسکی بنیاد موت کے خوف پر ہے۔ جو عوامی اتحاد اور طبقاتی جدوجہد کے لیے زہر قاتل ہے جو ظلم کی فتح ہے اور یہ فرقہ پرست خدا، پیغمبروں اور خلیفوں کے نام پر ظلم کے سب سے بڑے درباری اور بیوپاری ہیں۔

امریکہ اور یورپی حکمرانوں نے ہی چند دہائیوں قبل پاکستان اور افغانستان میں مذہبی فرقہ پرستوں کے اپنے سامراجی مفادات کے لیے مدرسے بنائے تھے اور انکو مضبوط کیا اور انکی مکمل سرپرستی کی۔ لیکن جب تک یہ طالبان، القاعدہ، وغیرہ کمزور تھے بڑے اطاعت گزار اور فرمابردار تھے۔ انہوں نے ماضی میں سامراج کے کہنے پر اور آج نام نہاد اسلام کے لیے دونوں ملکوں کو خون میں ڈبو دیا ہے۔ یہ انسانی سماج کے دوست نہیں اس کے دشمن ہیں کیونکہ یہ نفرتوں اور جہالتوں کے پالے ہیں۔ یہ جہاں بھی گئے جس نام سے بھی گئے انہوں نے زندہ سماجوں کو اجاڑ کر خاکستر کر دیا۔ یہی انکا ماضی ہے یہی حال اور یہی مستقبل ہے۔ غزہ میں حماس بھی اسرائیل اور امریکہ کی ہی پیداوار ہے۔ یہ تمام فرقہ پرست جتنے بھی معصوم اور شریف نظر آئیں انکی حقیقت طاقت ور اور مضبوط ہونے پر نظر آتی ہے چودہ سو سال سے قبل آج تک انکا ماضی انکی گواہی ہے۔

ہٹلر نسلی فرقہ پرست تھا اس کی خونی انسانی تاریخ کبھی خاموش نہیں رہے گی۔ انقلاب ایران کی قتل گری ہمیشہ تاریخ میں خون کے آنسو بہاتی رہے گی۔ ضیا آمریت کے دور میں جماعت اسلامی اور ایم کیو ایم کی بھیانک فرقہ وارانہ قتل وغارت تاریخ میں ان مٹ رقم ہے۔ انڈین گجرات میں ہندو فرقہ پرستی کی جنونیت سے بہنے والا بے گناہ انسانی لہو آج بھی انصاف کا طلب گار ہے۔ حالیہ سندھ میں ہندوؤں کے خلاف اسلامی فرقہ واریت کی زیادتیاں انسانی حدوں کو پھلانگ چکی ہیں۔ طالبان اور القاعدہ کی فرقہ

واریت کے جنون کا خونی بازار ابھی گرم ہے آج تمام دنیا میں مختلف مذاہب پر قائم سینکڑوں فاشسٹ رجحانات کی حامل تنظیمیں زندہ انسانوں کو آپس میں کاٹنے، نفرتوں کو بڑھانے، مالیاتی جبر کو قائم رکھنے، اور اپنی دوکانداریاں چمکنے کے علاوہ انکا کوئی مقصد اور منشور نہیں ہے۔ یہ تمام فرقہ پرست تنظیمیں طبقاتی ظلم و جبر کے دیوتاوں کی داشتائیں ہیں۔

منڈی کے نظام میں ہر دوکانداری وہ انسانی ہو یا غیر انسانی عزت و احترام کے قابل ہے اور اسکا بڑا مقدس مقام ہے۔ اسی لیے تو آج دنیا کا 80 اسی فیصد سرمایہ سیکس کی منڈی سے حاصل ہوتا ہے اور یہ جائز ہے جس پر یورپ میں باقاعدہ ٹیکس عائد ہوتا ہے اور بے روزگار ہونے کی صورت میں بے روگاری الاونس بھی دیا جاتا ہے۔ سرمایہ داری میں آج ایک نیا ابھرتا اور بڑا نفع بخش کاروبار عام ہو رہا ہے چائلڈ سیکس اس پر لکھنے کی میرے قلم میں طاقت اور سکت نہیں لیکن موجودہ مالیاتی نظام میں یہ بہت فائدہ مند کاروبار ہے اور خوب ترقی کر رہا ہے۔ آج جب عالمی منڈی میں قوت خرید کے گرنے سے سرد بازاری ہے۔ تو جذبات احساسات اور مقدس رشتوں کا کاروبار چمک اٹھا ہے۔ جسم فروشی، ضمیر فروشی اور مذہب فروشی کا دھندہ اپنے عروج پر ہے۔ اور یہ کیسے ہو سکتا ہے کہ موجودہ نظام کے حکمران ان نفع آوار دھندوں کو خوش آمدید نہ کہیں اور انکو لمبی عمر کا آشی باد یا دعائیں نہ دیں۔ اسی لیے تو سرکار بھی ان مذہبی بیوپاریوں کی سرکاری سرپرستی میں پیش پیش ہیں۔ جماعت اسلامی، منہاج القران اور جماعت احمدیہ کی مرکزی قیادتیں یورپ میں عالمی حکمرانوں سے کم عیاشیوں کی زندگی نہیں گزار رہے جبکہ یہ عوام کو قناعت، صبر ،امتحان اور مرنے کے بعد سرخرو ہونے کے جعلی اور سطحی الفاظی سے غربت کی ذلت آمیز زندگی سے بدتر موت گزارنے کی ترغیب دیتے ہیں۔

یورپ میں بھی ان مذہبی جماعتوں کے عام ممبر محروموں اور غلاموں جیسی زندگی گزار رہے ہیں۔ ادھار لے کر اپنی بیویوں کے زیور بیچ کر بچوں کی خوراک اور انکی تعلیم و تربیت کے پیسے ان پیٹ خور مذہبی

قیادتوں اور تنظیموں کو چندے اور نظرانوں کی شکل میں دیتے ہیں۔

جماعت احمدیہ جو پاکستان میں ایک مظلوم مذہبی اقلیت کا درجہ رکھتی۔ ملک سے باہر اپنی مذہبی سرگرمیوں میں سرگرم ہے۔ کسی بھی سماج میں چند لوگوں کو کسی بھی بنیاد پر اقلیت کا درجہ دینا انسانی سماج کی توہین ہے اور خاص طور پر مذہنی، جنسی، علاقائی یا کسی بھی تعصب پر عوامی اور انسانی تفریق مجرمانہ فعل ہے جو ناقابل معافی ہے۔ پاکستان میں بڑھتی جنونیت اور قتل وغارت میں انہی آئینی شاونسٹ قوانین کا بڑا عمل دخل ہے جو مذہبی منافرات کو بھڑکتے ہیں اور خون کے جنوں کو ہوا دیتے ہیں۔

جرمنی میں جماعت احمدیہ کے اس نئے مدرسے میں امام یا مربی بنائے جائیں گئے اور مربی وہ ہوتا ہے جس کو اس کے والدین پیدائش سے پہلے ہی جماعت کے لیے واقف کر دیتے ہیں۔ یا پھر پیدائش سے ہی اس پر جماعت کا حق ہوتا ہے اس کو خاص سخت جماعتی ماحول میں مذہبی تعلیم و تربیت دی جاتی ہے اور بالغ ہونے پر ان کو جماعت احمدیہ کے مدرسوں میں جمع کروادیا جاتا ہے اور پھر یہ تمام زندگی جماعت کی دن رات خدمت کر کے چندوں اور خیرات پر بھیکاریوں کی زندگی گزارتا ہے۔ جماعت احمدیہ میں بچوں کے ساتھ یہ زیادتی کا عمل آج یورپ جیسے ترقی یافتہ ممالک میں بھی جاری ہے۔ جہاں بچوں کی مرضی کے خلاف کوئی فیصلہ نہیں کیا جاتا۔ اسے آزادانہ اور خودمختار ماحول قانونی طور پر دیا جانا چاہیے تاکہ بچوں میں خوداعتمادی پیدا ہو اسکے انکی ذہنی اور جسمانی صلاحیتیں نکھریں اور ترقی کریں، اسکی شخصیت مضبوط ہو اور زندگی میں یہ اپنے فیصلے خود کرنے کے قابل ہو سکے لیکن افسوس جماعت احمدیہ کے مربعیوں میں ایسی کوئی بات نہیں ہوتی بلکہ ان کی پرورش سماجی صحت مند اصولوں کے خلاف نفسیاتی بیمار ماحول میں ہوتی ہے جس سے یہ ذہنی طور پر کمزور اور محکوم ہوتے ہیں ایک طالبان، مربی یا پھر کسی بھی مذہبی کٹر ملا میں کوئی زیادہ فرق نہیں ہے۔ طالبان کو حملہ آورانہ تربیت دی جاتی ہے جبکہ ایک مربی کو پسپائی کی لیکن مذہبی جنونیت دونوں میں برابر ہے۔ جس کو ہر ذی شعور شخص مسترد کرتا ہے۔

تمام مذہبی جماعتوں میں بنیادی طور پر کوئی فرق نہیں ہے صرف طریقہ کار اور انداز کا فرق ہے۔ جماعت احمدیہ نے بھی دوسرے رجعتی تنظیموں کی طرح یورپی حکمرانوں کے دل میں اپنی اطاعت گزاری اور غلامی سے جگہ بنائی ہے انہوں نے ذرا زیادہ جگہ بنالی ہے دوسری وجہ یہ جماعت یورپ میں مذہبی سرمایہ کاری کی منہاج القران کی طرح ایک بڑی اجارہ داری ہے جس کے پاس احمدیہ محنت کشوں سے ہتھایا گیا بڑا موٹا سرمایہ ہے جس کو کاروبار میں لگا کر بڑی سرمایہ کار کمپنی بھی بن گئی ہے۔

جماعت احمدیہ کی قیادت، پاکستان میں اقلیت قرار دیئے جانے کو یورپ اور مغرب میں خوب بیچ رہی ہے اپنے ممبران کو یہاں سیاسی پناہ دلوا کر ان پر بے شمار قسم کے چندے زبردستی، ذاتی اور سماجی دباو سے عائد کر کے لوٹا جاتا ہے۔ جن کو یہ رضاکارانہ کہتے ہیں۔ چندہ نہ دینے والے ممبران کی خوب ہر جگہ تذلیل کی جاتی ہے۔ ان سے اپنے اجلاسوں عبادتوں اور شادی بیاہ تک کی تقریبات میں اچھوتوں جیسا رویہ روا رکھا جاتا ہے۔ بہت سوں کو تو جماعت سے بھی نکل دیا جاتا ہے نظام جماعت سے اخراج کے بعد اس سے سوشل بائیکاٹ کیا جاتا ہے اسکے بھائیوں بہنوں دوستوں، بیوی اور بچوں تک کو اس سے ملنے کی اجازت نہیں ہوتی ورنہ انکو بھی جماعت سے نکل دیا جاتا ہے۔ نظام جماعت سے نکلنے کا خوف احمدیہ جماعت میں خدا کے عذاب سے بڑا خوف ہے کیونکہ جماعت کے عام ممبران کا جماعت کے باہر کوئی تعلق اور رشتہ نہیں ہوتا جس کو قیادت نے ہی مسلط کیا ہے کیونکہ دنیا میں سوشل بائیکاٹ عذاب الہی سے بڑا ہے۔

جماعت میں اموارعامہ خفیہ پولیس کا ادارہ ہے جو براہ راست مرکزی قیادت کے انڈر ہے جس کے افراد کا کسی عام احمدی کو علم نہیں ہوتا اور یہ اموارعامہ کا ادارہ مرکزی قیادت کے بعد سب سے زیادہ اختیارات اور طاقت رکھتا ہے۔ جماعت کی اپنی باقاعدہ مقامی۔ قومی اور عالمی عدالتیں ہیں جن کے احکام کی پاسداری ہر احمدی کا اول فریضہ ہے اور وہ اپنے تمام مسائل اور لڑائی جھگڑے کے کیس اسی میں پیش کرتا ہے۔ جماعت احمدیہ میں کوئی ممبر بھی غیر جماعت سے جماعت، مذہب، تضادات پر کسی قسم کی بات

نہیں کر سکتا۔ میڈیے میں خاص طور پر نہیں جا سکتا اور نہ ہی کسی مسئلے پر اپنی رائے کا اظہار کر سکتا ہے۔

جماعت احمدیہ نے اپنے ہر شعبے کے لیے لوگ مخصوص کر رکھے ہیں جنکو تمام اختیارات حاصل ہوتے ہیں اور وہی جماعت کا ہر مسئلے پر نقطہ نظر پیش کرتے ہیں۔ باقاعدگی سے چندے دینے والے یا زیادہ چندے دینے والوں کو جماعت کے عہدوں پر فائز کیا جاتا ہے۔ مرکزی قیادت کو ہر شعبے میں مکمل مداخلت اور فیصلہ کن رائے کا حق حاصل ہے۔ تمام جماعت کے ممبران کے لیے جماعت کا ہر حکم لازمی اور ضروری ہے جس کی خلاف ورزی کی جماعت میں قطعی کوئی گنجائش نہیں ہے۔ اسی بنیادوں پر جماعت احمدیہ کو دوسری مذہبی جماعتوں کی طرح ایک ریاست کے اندر ریاست اور ایک فاشسٹ رجحان رکھنے والی جماعت کہا جا سکتا ہے جسکے سیاہ آمرانہ قوانین ہیں۔ جس طرح جماعت اسلامی، سنی تحریک، ایم کیو ایم، یا پھر اسلامی اور غیر اسلامی مذہبی تعصب پر متحرک فاشیسٹ تنظیمیں ہیں۔ جبکہ جماعت احمدیہ اسلام کو ماڈران بنانے کے چکر میں ایک نئی فرسودگی، اور فاشزم کو ابھار رہی ہیں۔ جماعت کے ہاتھوں ستائے اور ڈسے ہوئے کئی افراد مجھ سے مسلسل رابطہ کرتے ہیں اور رونا روتے ہوئے تمام انفارمیشن دیتے ہیں۔ ذاتی نوعیت کی معملات کو میں زیر بحث نہیں لانا چاہتا و گرنہ بات بہت آگے تک نکل جائے گئی اور مرکزی قیادت کے گریبان تک ہاتھ پہنچ جائے گا جبکہ ہمارا مقصد ہر جگہ ظلم و زیادتی اور ناانصافی کو بے نقاب کرنا اور اس کے خلاف مذاحمت ہے محنت کش عوام کو فرقہ واریت کے جنون اور خون سے باہر نکلنا اور ان میں طبقاتی اتحاد پیدا کر کے مقامی اور عالمی استحصال کے خلاف ایک فیصلہ کن طاقت بنا ہے اور اس زمینی کرہ ارض پر بسنے والے انسانوں کو خوشحال، پرامن، آزاد اور خود مختیار بنانا ہے تا کہ انسان اپنے جنم کے اصل مقصد تسخیر کائنات کی طرف بڑھ سکے۔

جماعت احمدیہ کے اندر فاشسٹ رجحان اور ملوکیت کو سمجھنے کے لیے حال ہی میں دوسری بہت سی کتابوں کے ساتھ جماعت احمدیہ کے ایکس قائدین کی لکھی کتاب رابوہ کا راسپوٹین پڑھنے کو ملی۔ خاص طور پر

جس کے آخر میں جماعت کے ڈھانچے کو پڑھنے اور سمجھنے کا موقع ملا اس کے علاوہ عبدل غفار جمبہ جو پہلے مرکزی قیادت کی آنکھ کا تارے تھے آج کانٹا ہے اور اب وہ اس سے نفرت کرتے ہیں کیونکہ انہوں نے بھی ایک دعوا کر کے اپنی نئی دوکان کھل لی ہے اس لیے کہ جماعت کے نظریے میں اس کی بہت گنجائش تھی اور ہے لیکن مرکزی قیادت کے سخت ڈسپلن میں اسکی کوئی گنجائش نہیں ہے۔

جماعت احمدیہ کی سماجی اور افرادی کمزوری کا برملا اظہار اس سے بھی ہوتا ہے کہ اس کی مرکزی قیادت کا ایک بڑا نعرہ ہے کہ حکمرانوں کے وفادار رہو ویسے تو تمام مذہبی جماعتوں کا آف دی ریکارڈ یہی ایمان ہے لیکن وہ ریاستی اداروں میں اپنی طاقت کی بنا پر حکمرانوں کی لوٹ میں زیادہ حصہ لینے کے لیے انہیں بلیک میل اور چیلنج بھی کرتے ہیں جبکہ جماعت احمدیہ میں یہ صلاحیت ابھی نہیں ہے۔

بیس فروری دو ہزار بارہ

جرمنی میں فرقہ واریت کے خلاف تحریک اور ملائیت کا اکھٹ

فرینکفرٹ میں مقیم پاکستانی لیفٹ جو ،،چنگاری فورم جرمنی،، کے نام سے جانا جاتا ہے، کی جرمنی میں بنیاد پرستی اور فرقہ واریت کے خلاف ریاست ہیسن میں شاندار تحریک جاری ہے جو جرمنی میں ہی نہیں بلکہ تمام یورپ اور دنیا بھر میں پاکستانی کیمونٹی میں خاص اہمیت اختیار کرتی جا رہی ہے اور اسے بڑے غور اور توجہ سے دیکھا جا رہا ہے چنگاری فورم کے کامریڈز نے یہ تحریک جرمن سکولوں میں پاکستان کی جماعت احمدیہ اور ترکی دینیات کی با قاعدہ مذہبی تعلیم کی سرکاری اجازت کے بعد شروع کی کیونکہ ہمارے مطابق کسی مذہب اور فرقے کو سرکاری پشت پناہی نہیں ہونی چاہیے۔ مذہب ہر شخص کا ذاتی مسئلہ ہے جس میں اس کو مکمل آزادی کا حق ضرور ہے لیکن ریاستی یا سیاسی سرپرستی قطعی کسی صورت کسی ایک مذہب یا فرقے کو حاصل نہیں ہونا چاہیے کیونکہ اس سے سماج میں مذہبی نفرت کا زہر بڑے اعتماد سے پھلتا اور فرقہ واریت بڑھتی ہے۔ جو ظالم حکمرانوں اور استحصالی قوتوں کی طاقت کا باعث بنتا ہے جبکہ عوام کے اتحاد اور تحریک کی تقسیم سے ان پر مالیاتی اور سماجی جبر کی کوئی بھی ذی شعور اجازت نہیں دے سکتا جو نہ صرف عوام بلکہ سماج کی بھی بربادی بنتا ہے۔ پاکستانی سماج بھی آج اسی مذہبی جنونیت کا شکار ہے جہاں مذہبی اور فراقہ وانہ قتل گری اپنے عروج پر ہے اور ہر روز بے شمار معصوم شہری اس آگ کا ایندھن بنتے ہیں۔ عراق اور افغانستان کو بھی مذہبی تفرقہ بازی نے جہنم بنا دیا ہے۔ جس کی راہ پر اب جرمن ریاست ہیسن کی حکومت چل نکلی ہے۔

ایک طرف تو جرمنی کی حکومت نے سرکاری سکولوں کا بجٹ کم کر دیا ہے۔ بہت سے علاقوں میں جہاں سکولوں کی مزید ضرورت ہے وہاں بجٹ خسارے کی وجہ سے مزید سکول نہیں بنائے جا رہے جیسے صوبہ شلیس ویک ہولسٹین وغیرہ میں۔ بے شمار سکولوں میں نئے اساتذہ کی اشد ضرورت ہے لیکن انکی بھرتی پر پابندی عائد ہے۔ تعلیم کے بعد تربیتی سکولوں کی بھی نہایت کمی ہے اور خاص طور پر جدید شعبوں میں ہنر کے لیے مقامی نوجوانوں اور طلباوطالبات کو کم مواقع میسر ہیں جس وجہ سے ماہر افراد کو غیر ممالک سے درآمد کر کے مقامی آبادی کی بے روزگاری میں اضافہ کیا جا رہا ہے۔ جبکہ دوسری طرف ان حالات میں سرکاری سکولوں میں مذہبی تعلیم کے لیے سالانہ لاکھوں یورو کا سرکاری بجٹ سماج میں پسماندگی اور نفرت کی آگ کو بھڑکانے کے علاوہ اور کچھ نہیں کرے گا۔ جو ایک طرف موجودہ سی ڈی یو، ایف ڈی پی اور ہیسن میں ایس پی ڈی کی عوام دشمن پالیسیوں کی غماز ہے تو دوسری طرف ڈی لنکے پارٹی کی کمزور پالیسیوں کی اعکاسی کرتی ہے۔ اس لیے چنگاری فورم جو ڈی لنکے پارٹی میں پاکستانی لنکے،، پاکستانی لیفٹ،، کے نام سے جانا جاتا ہے ہم نے جرمنی میں اس مذہبی فسطائی رجحان جس کو حکومتی اور چند سیاسی رہنماؤں کی پشت پناہی حاصل ہے کے خلاف انقلابی سیاسی کمپین کا آغاز کیا ہے تاکہ ڈی لنکے پارٹی کے اندر اور عام جرمن عوام کو اس سے آگاہی اور شعور دیا جاسکے تاکہ جرمنی کی متحدہ عوامی اور مزدور تحریک میں مذہبی تفریق کے خلاف مارکسی انقلابی بنیادوں پر لڑا کر محنت کشوں کی تحریک کو متحد اور مضبوط کیا جائے تاکہ استحصالی اور انکی ایجنٹ قوتوں کو شکست دی جاسکے۔

پاکستانی لیفٹ کی یہ مذہبی منافرت کے خلاف مہم آج جرمن عوام اور میڈیے کی زینت بھی بن چکی ہے جیسے جرمن کی مزدور تحریک، بائیں بازو کی قوتوں اور پارٹی ڈی لنکے میں بہت پذیری مل رہی ہے۔ جس کا نتیجہ ہے کہ جرمنی ہیسن کے بہت سے علاقوں کے مہروں،، بورگرماسٹروں،، اور سیاسی پارٹیوں کے رہمنا اس فسطائیت کی پشت پناہی سے دست بردار ہو چکے ہیں اور اپنے آپ کو اس فرقہ پرور تنظیم سے فاصلہ پر

کر لیا ہے۔ پاکستانی لیفٹ،، چنگاری فورم،، کی اس تحریک نے جہاں احمدی جماعت کے مقدس ایوانوں میں ہل چل مچادی ہے اور قیادت کو پریشان کر دیا ہے وہاں دوسری بنیاد پرست مذہبی جماعتوں اور انکے رکھوالوں کو بھی خوف وہر اس میں مبتلا کر دیا ہے جس سے انکی دوکانداریوں کو خطرہ لاحق ہونے لگا ہے کیونکہ تمام ملائیت کے مذہبی دھندے ایک دوسرے کے وجود کے مرہون منت ہیں۔ مذہب اور فرقوں کا وجود دوسرے مذاہب اور فرقوں کی زندگی پر ہے یعنی ہر فرقہ اور مذہب ایک دوسرے کی بقاکے لیے ناگزیر ہیں۔ جن کی مخالفت پر یہ اپنی مذہبی دوکاندریوں کو چمکاتے ہیں۔ اس لیے یہ آج اپنے مذہبی دھندوں کو بچانے کے لیے متحد ہو گئے ہیں۔ مذہبی جماعتیں اور انکے عظیم مولوی، نمائشی نمازی پرہزگار ،حاجی اور الحاج سبھی جو جماعت احمدیہ کی مخالفت میں پیش پیش تھے اپنے مذہبی کاروبار کے لیے انہیں کافر اور ناجانے کیا کیا کہتے تھے، ہر جگہ انکی شکست کے لیے لمبی لمبی دعائیں کراتے تھے اور احمدیت کے خلاف بڑی بڑی تقاریریں اور نفرت آمیز نعرہ بازی کرتے تھے اور انکی سرکاری سکولوں میں تعلیم کے خلاف بظاہر بڑے سرگرم نظر آتے تھے، آج یہ سب مفاد پرستی کی بھینٹ چڑھ چکے ہیں ان میں سے کوئی بھی آج احمدیت کی سرکاری سکولوں میں تعلیم کے خلاف عملی جدوجہد میں چنگاری فورم کے ساتھیوں کے ساتھ نہیں کھڑا بلکہ پس پشت مخالفت کر رہے ہیں کیونکہ اس انقلابی تحریک سے تمام مذہبی سوداگر بھی بے نقاب ہو رہے ہیں جو کہ ہماری جیت ہے۔

یہ احمدیوں کے نام نہاد اسلامی مخالفین حقیقی معنوں میں اور اپنے عملی کردار میں احمدیت کی فسطائیت کو تحفظ دے رہے ہیں جو شاید ان کی اپنی فسطائیت کو تحفظ دیتی ہے اسی لیے یہ تمام ملائیت ملکر جرمنی میں احمدیت کے فسطائیت رجحان کے خلاف پاکستانی لیفٹ،، چنگاری فورم،، کوناکام کرنے کی کوشش کر رہے ہیں اور ہمارے خلاف مسجدیوں میں اجلاس بھی کرائے جارہے ہیں۔ یہاں تک کہ اردو کے سرکاری متراجم نے ہمارے چند ڈاکومنٹ کا جرمن میں ترجمہ کرنے سے بھی انکار کر دیا ہے۔ ہم نے یہ کام تمام

رات سخت محنت کے بعد کر تو کر لیا اور عین وقت پر ڈی لنکے پارٹی میں بچوں کی پیدائش سے پہلے ان کو جماعت احمدیہ میں وقف کرنے کے غیر انسانی اصول کے خلاف اندراج بھی کرا دیا۔ لیکن ان نام نہاد انٹی احمدی منافقین کی اصلیت سامنے ضرور آگئی۔ ہم ایک بار پھر بڑے واضح انداز میں یہ باور کرانا چاہتے ہیں کہ ہمارا مقصد قطعی کسی مذہب اور فرقے کے خلاف نہیں ہے بلکہ انکے اندر پنپنے والی ناانصافی، ظلم و زیادتی، دوسروں کے خلاف نفرت، حقارت، عوامی اور طبقاتی حقوق کی تحریک کو منقسیم کرنے کے خلاف ہماری عوامی جدوجہد ہے۔

بنیاد پرستی کی فسطائیت کے خلاف اس عملی جدوجہد میں بہت کچھ واضح، صاف اور ثابت ہو چکا ہے کہ یہ سب رجعت پرست ایک ہی ہیں انکے نام، مذہب، فرقے مختلف ضرور ہیں لیکن ان کی ایک دوسرے کے خلاف مخالفتیں اور نام نہاد مذہبی لڑائیاں جعلی اور سطحی ہیں۔ اس لیے کہ انکے بنیادی نظریات، سوچیں، عبادت گاہیں اور ان پر پھلتے و پھولتے کاروبار ذہنی منافرتیں ایک ہی ہیں جن پر ایک ہی مال مختلف رنگوں اور ٹریڈ مارکوں کے لیبلوں سے فروخت ہوتا ہے جس سے یہ ایک عام آدمی کو دھوکہ دیتے ہیں۔ اور یہی آج فرینکفرٹ میں ثابت ہوا ہے۔

جماعت کی سفاک خفیہ پولیس، امور عامہ اور شعبہ عمومی کے افراد مسلسل چند دنوں سے چنگاری فورم کے رہنماوں کی نگرانی کر رہے ہیں۔ جن کو ہم جان اور پہچان چکے ہیں اس لیے جماعت کو چاہیے کہ اب وہ ان بندوں کو تبدیل کر دیں کیونکہ مسلسل کئی دنوں سے ہم انکو اپنے پیچھے دیکھ رہے ہیں۔ لیکن ایسے اوچھے ہتھکنڈوں سے ہمیں کوئی فرق نہیں پڑتا۔ کیونکہ کس کے روکے رکا ہے سویرا۔

بنگلہ دیش میں فوجی بغاوت نے دنیا کو ہلا دیا

بنگلہ دیش میں دو دن کی سرحدی فوج،، رائفلز،، کی بغاوت نے ریاست کو لرزہ دیا اور دنیا کو حیران و پریشان کر دیا۔ بدھ 25 فروری سے شروع ہونے والی بنگلہ دیش کے درالحکومت ڈھاکہ میں رائفلز فورس،، سرحدی فوج،، کی اپنی تنخواہوں اور نامناسب ترین حالات کے خلاف بغاوت 26 فروری بروز جمرات شام کو اس وقت ختم ہوئی جب ڈھاکہ میں رائفلز فورس کے ہیڈ کواٹر کو بنگلہ دیش کی فوج نے ٹینکوں سے گھیر لیا اور فوجیوں نے اندھا دھند گولیاں چلائیں جس میں ساٹھ سے زائد رائفلز فورس کے فوجی ہلاک ہوئے اور ساتھ ہی بنگلہ دیش کی وزیر اعظم شیخ حسینہ کے اس بیان جس میں اس نے کہا،، کہ ہتھیار ڈالنے والے باغی فوجیوں کو عام معافی دی جائے گئی،، جو بعد میں اس بغاوت کو روکنے کے لیے صرف ایک مکارانہ حکومتی چال ثابت ہوئی۔ کیونکہ اس کے بعد 200 سے زائد باغی فوجیوں نے ہتھیار ڈال دیئے جنہیں معافی نہیں دی گئی بلکہ انہیں گرفتار کر لیا گیا ہے اور اب ان کے خلاف اقدام قتل کا کیس درج کیا جا چکا ہے اور ریاستی پریس کے مطابق انکو پھانسی بھی دی جاسکتی ہے اب فوج نے بقیہ باغی فوجیوں کو پکڑنے کے لیے جگہ جگہ چیک پوسٹیں قائم کر دیں ہیں اور شہروں میں تمام بسوں اور ریل گاڑیوں کی تلاشی لی جارہی ہے۔۔۔۔

رائفلز فورس کے غریب سپاہیوں کی یہ بغاوت نہایت شدید اور اپنے افسران کے خلاف نفرت بھری تھی جس وجہ سے اس بغاوت میں رائفلز فورس کے سپاہیوں نے صرف اپنے افسران اعلی کو ہی مارا۔ ان مرنے

والے 140 افسران میں رائفلز فورس کے سربراہ میجر جنرل شکیل احمد کی لاش بھی ملی ہے۔ اپنے افسران کے خلاف اس سرحدی غریب فوجیوں میں نفرت اور غصہ اپنے سماجی اور معاشی تکلیف دہ حالات کی وجہ سے اس حد تک بلند تھا کہ انہوں نے اپنے افسران کی لاشوں کو کھاڑے کھود کر اجتماعی طور پر اس میں دبا دیا یا پھر انکو ہیڈ کواٹر اور شہروں کے کٹروں میں پھنک دیا۔

بنگلہ فوج کے سرابراہ جنرل معین کے مطابق اب تک 140 افسر ہلاک ہوئے ہیں جبکہ بنگلہ فوج کے بریگیڈئیر نعیم شاہد کے مطابق ابھی لاشیں بر آمد ہو رہی ہیں اسلیئے ہلاکتوں کی کل درست تعداد ابھی نہیں بتائی جاسکتی۔ یہ رائفلز فوجیوں کی بغاوت نہ صرف شدید ترین تھی بلکہ ٹھوس وجوہات اور فوج میں وسیع سماجی بنیادیں بھی رکھتی تھیں اس لیے یہ کسی جنگل میں آگ کی طرح بھڑک اٹھی۔ ڈھاکہ سے شروع ہونے والی یہ بغاوت چند ہی گھنٹوں میں تقریبا تمام ملک میں پھیل گئی۔ بی بی سی کے مطابق یہ بغاوت کچھ ہی دیر بعد ڈھاکہ سے بنگلہ دیش کی اہم ترین بندرگاہ چٹاگونگ تک پھیل چکی تھی اس کے علاوہ شمال مغرب کے علاقوں راج شاہی، شمال میں سلہٹ اضلاح میں شدید لڑائی اور گولیاں چلنے کی خبریں آئی ہیں۔ جنوب میں کھلانہ علاقے میں باغی سپاہیوں نے سڑکوں کو بلاک کر دیا ہے۔ شمال اور مشرقی ضلع مولوی بازار کے پولیس چیف نے اے ایف پی نیوز ایجنسی کو بتایا کہ وہاں باغی سپاہیوں نے اندھادھند فائرنگ کی ہے جبکہ رائفلز فورس کے ایک باغی سپاہی کے مطابق فوج رائفلز کیمپ میں زبردستی گھوسنے کی کوشیش کر رہی تھی جس پر باغیوں نے فائرنگ کی۔ بنگلہ دیش میں اس وقت تقریبا رائفلز فورس کے 70 ہزار سپاہی ہیں جو 42 کیمپوں یا بیرکوں میں تقسیم ہیں اور ان میں سے 40 ہزار سرحدوں پر ہیں۔ انڈیا نے بغاوت کے خوف سے بنگلہ دیش سے منسلک سرحد فوار بند کر دی۔۔۔۔۔۔

یہ رائفلز فورس کی فوجی بغاوت کوئی اچانک واقعہ نہیں ہے بلکہ پچھلے لمبے عرصے سے ان سپاہیوں کی خستہ سماجی حالت اور تباہ شدہ معاشی زندگیاں ہیں۔ جن کے خلاف انہوں نے کئی بار پہلے بھی پر امن طریقے

سے اپنے عیاش افسران سے مطالبات کیے تھے کہ انکی تنخواہوں میں اضافہ کیا جائے اور فوجی افسر شاہی ہمیشہ انکو جھوٹی اور جعلی تسلیاں دیتی رہی اس بار بھی جب فوجی افسران نے عوامی لیگ کی حکومت سے ملکر اپنی بے شمار مراعات اور تنخواہوں میں اضافہ کروالیا اور رائفلز کے عام فوجیوں کو پھر مکمل نظر طور پر انداز کر دیا لیکن اس بار فوج میں ایک عرصے سے دبی طبقاتی نفرت بھڑک اٹھی اور جس سے یہ بغاوت سامنے آئی۔ کیونکہ ان سپاہیوں کی ماہوار تنخواہیں 70 ڈالر سے زیادہ نہیں ہیں جو ایک عام غیر ہنر مند مزدور کے برابر ہے یہ رائفلز فورس کے سپاہی غربت کی عالمی مقرر کردہ لائن پر زندگی گزار رہے ہیں۔ انکی رہائش کی بیروں کی حالت بھی نہایت ناقص اور شکستہ ہے۔ انکو بیروں میں ملنے والا کھانا بھی دو نمبر نہیں بلکہ دس نمبر اور صحت کے اصولوں کے بالکل مطابق نہیں ہوتا۔ انکی صحت اور علاج کی سہولتوں کا کوئی خاص بندوبست بھی نہیں ہے۔ اجرتیں اور چھٹیاں نہایت کم جبکہ ان سے کام بہت زیادہ لیا جاتا ہے۔ اوپر سے افسران کا ظلم وجبر اور فوج کا وحشی ڈسپلن جس نے ان بغاوت کے حالات کو پیدا کیا ہے اور ان سپاہیوں نے معاشی اور سماجی بدحالی سے نجات کے لیے یہ انتہائی باغیانہ قدم اٹھایا۔ جس نے نہ صرف بنگلہ دیش کی ریاست بلکہ پاکستان، انڈیا سمیت تمام جنوبی ایشا کے اور دنیا کی سرمایہ درانہ ریاستوں اور انکی منظم طاقت، فوج کو ہلا کر رکھ دیا ہے۔ جس سے فوجی افسران کو جان کے لالے پڑ گئے اسی لیے تو پاکستان کے فوجی افسران نے اس بغاوت کی مذمت کی ہے۔۔۔۔

یہ بغاوت ایک مہم جوئی تھی جس کی ذمہ دار بنگالی فوجی اور ریاستی افسر شاہی ہے۔ کیونکہ بنگلہ دیش میں عوامی لیگ جس سے عوام کو بہت سی بہتری کی توقعات اور امیدیں تھیں اور یہ امیدیں آج جب مایوسی اور بدگمانی میں بدل رہی ہیں تو ایسے حالات کا رونما ہونا کوئی عجب نہیں ہے۔

اس سے ثابت ہوتا ہے کہ آج تمام دنیا میں عوامی انقلاب کے لیے حالات کتنے تیار ہو چکے ہیں لیکن اس عالمی انقلاب کا فقدان آج عالمی انقلابی قیادت میں سمٹ گیا ہے۔ اگر بنگلہ دیش میں ایک انقلابی پارٹی

موجود ہوتی تو رائفلز فورس کی یہ بغاوت دو دن نہ چلتی بلکہ ایک ہی دن میں انقلاب برپا کیا جا سکتا ہے۔ کیونکہ ہر انقلاب میں آخیری فیصلہ فوجی طاقت ہی کرتی ہے سماجی طاقت اگر صنعتی مزدور طبقے کے پاس ہے تو ریاستی طاقت اسکی فوج کے پاس۔ اور جب یہ دو طاقتیں مل جائیں تو انقلاب ہفتوں دنوں کا نہیں بلکہ گھنٹوں اور منٹوں کی بات ہو جاتی ہے۔ یہ بنگلہ دیش کی فوجی بغاوت بے شک اپنے مقاصد حاصل کیے بغیر ہی ختم ہو گئی لیکن یہ سماج پر اپنے گہرے اثرات اور مزدور تحریک پر اپنا پر انقلابی اثر و تاثر اور تجربہ چھوڑ گئی ہے جو مستقبل میں پھر دوہرایا جائے گا لیکن آج سے کہیں بلند سطح پر۔

حکمران، موجودہ روائتی لیڈر اور اصلاح پسند جو یہ کہتے ہیں کہ فوج ناقابل تسخیر اور ایک لازول طاقت ہے اور یہ جو عوام کو فوج سے ڈراتے تھے انکا اور فوج کا حقیقی پول کھل چکا ہے۔ جو نہایت کھوکھلا ہے اور یہ ریاستی فوجی طاقت کا خوف جعلی طور پر حکمرانوں کا مسلط کردہ ہے۔ فوج میں بھی طبقاتی تضاد اور تفریق نہ صرف اعلی سطح پر موجودہ ہے بلکہ سرمایہ داری کا بڑھتا بحران اس میں مزید اضافہ کر رہا ہے۔ جس سے ریاست کے تمام اداروں کی طرح اس میں بھی ٹوٹ پھوٹ ہو رہی ہے جو آئندہ مزید ہو گئی اور اگر ایک انقلابی پارٹی موجود ہو تو اس فوج کی اصل اور حقیقی، سپاہیوں کی طبقاتی طاقت کو اس میں منظم کر کے اشتراکی انقلاب کے سچ کو ایک قطرہ خون بہائے بغیر بھی ثابت کیا جا سکتا ہے وگرنہ سرمایہ داری میں انسانوں کا ایک ناختم ہونے والی خون ریزی مستقبل رہے گی۔

دو مارچ دو ہزار نو

فرقہ وارانہ فلموں کے پیچھے فلمیں

یہ مضمون انٹرنیٹ پر دیکھی جانے والی دردناک اور بے رحمانہ فرقہ وارانہ قتل وغارت پر مبنی فلموں پر ہے۔ جو حکمرانوں اور انکے ایجنٹوں یا پھر ریاست خود یوٹیوب پر پیش کر کے مذہبی فرقہ واریت اور نسلی جنوں پیدا کر کے سرمایہ کے جبر کو قائم رکھنا چاہتی ہے۔ جو انڈین اور پاکستانی عوامی اتحاد کے خلاف ایک بھیانک سازش ہے۔۔۔۔

ایسی ویڈیو کو دیکھ کر دل دہلا جاتا ہے اور تہذیب یافتہ سماج کے لئے بے حد شرمناک ہے جس میں ممبئی اسٹیشن پر بے گناہ عوام پر دہشت گردوں کی فائرنگ یا ہوٹلوں میں قتل وغارت کا وحشیانہ کھیل کھیلا گیا۔ لیکن اس گھناونے کام کو انجام دینے والے تو صرف مٹھی بھر ہیں لیکن ان لوگوں کو اس کام کے لئے آمادہ کرنے والے پورے منظر عام سے غائب ہیں۔ جس طرح ممبئی پر ہوئے دہشت گردانہ حملہ کا فائدہ ہندو فرقہ پرستوں کو پہنچا ہے ویسے ہی ایسی ویڈیوز سب کو دکھائے جانے سے مسلم فرقہ پرست تنظیموں کو پہنچے گا اگرچہ اس ویڈیو میں حملہ کا شکار مسلمان بنے ہیں۔ کیونکہ ویڈیو سے یہ واضح نہیں ہو رہا کہ مارنے والے ہندو ہیں یا عیسائی؟ ویڈیو میں جو زبان لکھی نظر آرہی ہے وہ شمال ہند کی لگتی ہے جہاں عیسائیوں پر بھی ہندو فرقہ پرستوں نے حملے کئے ہیں۔ اگر یہ ممبئی پر ہوئے دہشت گردانہ حملہ کے بعد مسلمانوں پر کیے گئے حملے ہیں تو مجھے بتانا ہے کہ یہ کہاں کا واقعہ ہے؟۔

لیکن یہ کہیں کا بھی واقعہ ہو اور اسکا کوئی بھی شکار کیوں نہ ہو اہو سخت قابل مذمت ہے۔ سرمائیدارانہ نظام

کے پیروکار، عوامی یکجہتی توڑنے کے لئے فرقہ واریت اور نسلی تعصبات کا سہارا لیتے ہیں۔ عوام کے اندر جو اس نظام کے خلاف غم و غصّہ ہوتا ہے اسے وہ آپس میں لڑا کر نکال دیتے ہیں اور خود کو محفوظ کرنے کی کوشیش کرتے ہیں۔ ویڈیو میں بھیڑیا ہجوم کے لوگ دو نوجوانوں کو جس بے رحمی سے پیٹ رہے ہیں وہ بے شک سفاکیت ہے لیکن یہ بے رحمی حقیقی اور مستقل نہیں ہے بلکہ بھیڑ کا لگاتار اشتعال انگیز پروپیگنڈے کے ذریعے جو ذہین عارضی طور پر بنایا گیا ہے وہ کسی طور پر بھی ان افراد سے مختلف ہے جن کا مستقل طور پر برین واش کیا گیا ہوتا ہے۔ بھیڑ میں جو جنون نظر آرہا ہے یہی جنون ہم پاک بھارت بٹوارے کے وقت دیکھ چکے ہیں۔ اس وقت ہندوستانی عوام کا غصہ برٹش سامراج کے خلاف تھا لیکن انھوں نے بڑی چالاکی سے ہندو اور مسلم فرقہ پرستوں کی مدد سے اس غصہ کو آپس میں لڑا کر اسکا رخ اپنی طرف سے یعنی برطانوی سامراج اور نظام کی تبدیلی سے موڑ دیا۔ یہی جنون ہم پاکستان میں مفلسی اور غربت کا شکار سندھیوں، مہاجروں اور پٹھانوں کے تصادم میں دیکھتے ہیں اور یہی افغانستان سے سوویت فوجوں کی واپسی کے بعد قبیلوں کی آپسی لڑائی کی شکل میں سامنے آتا ہے جو اپنی بھوک کے خلاف کوئی راستہ اور منزل نہ ہونے پر اندھیر میں ہاتھ پاوں مارتے ہیں۔

بھارت میں جب امریکی سامراج 90 نوئے کی دہائی میں گلوبلائزیشن کا ہتھیار لیکر داخل ہوتا ہے۔ ٹھیک اسکے بعد سے ہم فرقہ واریت میں تیزی کو دیکھتے ہیں اور اسی دور میں اچانک رام جنم بھومی بابری مسجد تنازعہ اٹھ کھڑا ہوتا ہے اور بابری مسجد ٹوٹنے سے پہلے اور بعد میں دنگے بھڑک اُٹھتے ہیں اس میں بھی عوامی یکجہتی جو امریکی سامراج کے خلاف تھی اسے فرقہ واریت کے ہتھیار سے توڑ دیا جاتا ہے پھر ایسا ہی جنون ہم فرقہ وارانہ دنگوں کے دوران ایک دوسرے کے خلاف دیکھتے ہیں۔ یہی جنون گودھرا اور اسکے بعد کے دنگوں میں اور کرناٹک اور اڑیسہ میں عیساوں کے خلاف دیکھتے ہیں سن 1984 میں یہی جنون سکھوں کے خلاف دیکھا جاسکتا ہے۔ لیکن جیسا کہ میں نے پہلے کہا کہ یہ جنون بھارت اور پاکستانی عوام کی

فطرت کے خلاف ہے کیوں کہ آزادی کے بعد فرقہ پرست جماعتوں نے بھارت کے عوام کو بھڑکانے کے لئے ایڑی چوٹی کا زور لگا دیا تھا اور اس وقت کانگریس پر ملک کے بٹوارے کا بھی الزام تھا لیکن عوام نے ہندو مہاسبھا اور جن سنگھ جیسی ہندو فرقہ پرست سیاسی پارٹیوں کو ووٹ دینے کی بجائے کانگریس کو ہی ووٹ دیا۔ ہندوستانی عوام میں لگاتار نفرت کا زہر گھولنے اور دنگے کرانے کی کوشش کے بعد کہیں 1998 میں جا کر ہندو فرقہ پرست سیاسی جماعت بھاجپا کو کافی تکڑم کے بعد اقتدار حاصل ہوا لیکن چھ سال میں ہی ہندوستانی عوام نے اسے کوڑے کے ڈھیر پر پھینک دیا۔ آج بھی اکثریت حاصل کرنا اسکے لئے ممکن نہیں ہے۔ بھارت اور پاکستانی عوام جب بھی ایک دوسرے کے قریب آنے کی کوشش کرتے ہیں۔ دہشت گردی کی کوئی نہ کوئی واردات کرا دی جاتیں ہیں لیکن حقیقت یہ ہے کہ اس خطہ کے لوگوں کو انکا تمدّن جوڑتا ہے۔ برصغیر کی عوام غلام علی، مہندی حسن عابدہ پروین، نصرت فتح علی کی آواز پر اسی طرح جھومتے ہیں جیسے محمد رفی، لتا منگیشکر، مہندر کپور اور مکیش یا کشور کمار کی آواز پر۔ آج بھی پاکستانی لوکل بسوں میں ہندستانی گیت گونجتے ہیں اور عمر شریف کے مزاحیہ پروگرام کو اسی طرح بھارت میں پسند کیا جاتا ہے جیسے بھارت کے سیریل اور فلمیں پاکستان میں پسندیدہ ہیں۔ فرقہ واریت کا ہر جنون سرمایہ داری نظام کو فائدہ پہنچاتا ہے اسلامی جہاد کے نام پر ممبئی پر کئے گئے دہشتگردانہ حملہ نے سب سے زیادہ فائدہ ہندو فرقہ پرستوں کو پہنچایا ہے اور اسکا سب سے زیادہ نقصان مسلمانوں کو پہنچا ہے۔ عین اس وقت جب تمام توجہ جو ہندو دہشتگردی پر مرکوز تھی وہ پھر سے مسلم دہشت گردی پر آگئی ہے۔ اور جو عوامی توجہ سرمائیداری نظام کی وجہ سے ہونے والے اقتصادی بحران اور استحصال پر فوکس تھی وہ وہاں سے ہٹ کر پھر سے دہشت گردی پر لائی گئی ہے۔

ویڈیو میں دکھائے گئے ہجوم کے جنون پر واپس آتے ہیں۔ اگر لوگوں کے غصہ کا پیمانہ دوسرے لوگوں کی موت سے پورا ہوتا ہو تو ابتک دہشتگردانہ حملوں میں 10000 دس ہزار لوگ اپنی جان گنوا چکے

ہونگے لیکن 1991 کے بعد امریکا کی اقتصادی پالیسیوں کو عمل میں لانے کی وجہ سے 1997 کے بعد سے اب تک بھارت میں 190000 ایک لاکھ نوے ہزار کسان خودکشی کر چکے ہیں، لوگوں کا غصہ ان کسانوں کی موت کے لئے ذمہ دار لوگوں کے خلاف ہونا چاہئے تھا لیکن اس دہشتگردانہ حملے نے اسے ہندوں مسلم عوام کے خلاف موڑ دیا ہے۔ اسکا مطلب یہ نہیں ہے کہ دہشت گردی کے سدباب سے انکار کیا جائے اور انکے خلاف کوئی کاروائی نہ کی جائے۔ لیکن ایک لاکھ 90 ہزار کسانوں کو خودکشی کے لئے مجبور کرنے والے اور اس کے لئے ذمہ دار حکمرانوں کے خلاف بھی دہشتگردوں جیسا ہی سلوک کیا جانا چاہئے۔

سولہ جنوری دو ہزار نو

بمبئ میں دہشت گردی، ذمہ دار کون

بمبئ یا ممبئ دہشت گردی بھی عالمی سطح پر ہونے والی انفرادی دہشت گردیوں کا ہی ایک تسلسل ہیں اور انکوان سے الگ کر کے کبھی بھی ایک درست نتیجے پر نہیں پہنچا جاسکتا۔ جبکہ میڈیے اور حکمرانوں کی کوشیش ہے کہ انکو ایک ہی تسلسل میں نہ دیکھا جائے کیونکہ اس طرح سے موجودہ رواں نظام پر حرف آئے گا جو وہ نہیں چاہتے۔ جس میں نہ صرف چند تنظیمیں شامل ہیں بلکہ کئی ممالک کے ریاستی ادارے اور حکمرانوں خود بھی مکمل طور پر ملوث ہیں۔ پاکستانی ایجنسیاں ہی نہیں بلکہ انڈین ایجنسیاں بھی اس میں شامل جرم ہیں وہ مانے یا نہ مانے اس سے کوئی فرق نہیں پڑتا۔ پہلے کبھی آج تک کسی اہم واقعہ کی انکوئری یا حقیقت سامنے آئی جو اس کی آئی گئی اس واقعہ کو صرف دونوں ممالک کے حکمران اپنے داخلی مسائل دبانے کے لیے اکثر اوقات استعمال کریں گئے جس کو انہوں نے خود تخلیق کیا ہے۔

بمبئ کے اس واقعہ سے انڈین اور پاکستانی حکمرانوں کو سکھ کا سانس بھی نصیب ہوا ہے۔ کیونکہ موجودہ معاشی بحران عوام کو تحریکوں اور حکمرانوں کے خلاف مذاحمت کی طرف مائل کر رہے تھے۔ جس سے موجودہ نظام کے خلاف عوامی مذاحمت بڑھ رہی تھی اور حکمران بوکھلا چکے تھے اب وہ بمبئ کی دہشت گردی میں عوامی رجحان کو موڑ کر ان تحریکوں کو دبانے کی کوشیش کر رہے ہیں۔ یہ سب جان چکے ہیں کہ مقامی اور عالمی سرمایہ داری جو وقت اور تاریخ کے ہاتھوں مات کھا چکی ہے، اس موجودہ استحصالی نظام کو

محنت کش عوام پر مزید مسلط رکھنے کے لیے، طریقہ حکمرانی پر حکمرانوں کے اپنے اختلافات ہیں۔ جن میں ہزاروں اور لاکھوں بے گناہ اور معصوم عوام دنیا بھر میں ہر روز مارے جا رہے ہیں۔

یہ بہت آسان اور سادہ ہے کہ حکمرانوں کے پیدا کردہ سنگین واقعات، انسانیت سوز حالات یا پھر کسی دہشت گردی کو کسی دوسرے فرد ملک یا تنظیم پر ڈال کر اپنے آپ کو بچانے کا یہ طریقہ واردات بہت پرانا ہے جو اب بہت فرسودہ بھی ہو چکا ہے۔ انڈیا کے حکمرانوں نے بھی بمبئی کی دہشت گردی میں اپنی کمزریاں کوتاہیاں اور نااہلیت کو چھپانے کے لیے اس کا پاکستان کو ذمہ دار ٹھہرا کر یہی کچھ کرنے کی کوشیش کی ہے،، جبکہ پاکستان بھی کچھ ایسا ہی کرتا ہے،، تاکہ بھارت کے عوام اپنے حکمرانوں کا دامن پکڑنے نہ چل پڑیں۔ بھارتی حکمرانوں نے بمبئی کا ملبہ پاکستان پر ڈال کر اصل میں اپنی عوام سے اپنی جان بچائی ہے یا کم از کم اس کی کوشیش کر رہے ہیں۔ جبکہ اگر انڈین سماج اور عوام کی معاشی، سماجی، سیاسی صورتحال دیکھی جائے تو وہ بمبئی کی اس خونی ریزی سے کہیں زیادہ خون ریز ہے۔ جس پر بھارتی حکمران کوئی ایک لفظ کہنا بھی پسند نہیں کرتے۔ بھارت کی موجودہ خستہ حالی اور بڑی طبقاتی خلیج کے باوجود عالمی حکمرانوں کا انڈیا کی ترقی کے گیت گانا نہایت بے ہودہ اور نفرت آمیز ہے کیونکہ یہ یہاں کی غربت اور افلاس نہیں دیکھ رہے بلکہ اپنے سامراجی اور مالیاتی مفادات کو لالچی نظروں سے دیکھ رہے ہیں۔
ہندوستان آج نہایت اذیت ناک طبقاتی معاشرے میں تقسیم ہو چکا ہے۔ امیر اور غریب کے درمیان فرق عرش اور فرش کے مترادف ہے۔ یہاں اکثر غریب مائیں صرف اس لیے بچے پیدا کرتی ہیں کہ انکے پیدا ہونے کے بعد اس کے جسمانی اعضا کو عالمی منڈی میں فروخت کر کے اپنے پیٹ کے جہنم کو ٹھنڈا کر سکیں۔ یا پھر وہ انکو پیدائش کے فوار بعد ہی فروخت کر دیتیں ہیں۔ جو عرب کے نیک ترین پرہیز گار اور امت مسلماں کے رہنما عرب بادشاہوں کی پسندیدہ اونٹوں کی دوڑ میں یہ بچے استعمال ہوتے ہیں۔ انڈیا میں ہی آج سب سے بڑی بچوں کی خرید و فروخت کی منڈی موجودہ ہے۔ تہذیب اور انسانیت پر

شرم ناک ترین کلنک، جسم فروشی میں انڈیا عالمی سطح پر خاص اہمیت کا حامل ہے ہی لیکن اب بچوں کے سیکس میں بھی اول نمبر ملک ہے۔ آج بھی انڈیا کے اس فنانس سٹی یا میٹرو پول شہر بمبئے میں جہاں امارت کے عالیشان نمونے ہیں، دولت کی چمک دمک ہے، بولی وڈ فلم انڈسٹری کی رنگیاں ہیں، دنیا کے مہنگے ترین فائیو سٹار ہوٹلز ہیں وہیں پر بہت سے غریب لوگ یہاں کے کوڑے کرکٹ میں سے اپنی روٹی تلاش کر کے زندہ ہیں۔ اور یہی شہری غلاظتیں آج انڈیا کے بڑے شہروں کے بہت سے غریبوں کی زندگیوں کا واحد سہارہ ہیں۔ انڈین عوام کو تو اس کا علم ہے لیکن اگر کبھی آپ انڈیا گئے ہیں تو دیکھیں گئے کہ ریلوئے اسٹیشنوں اور فٹ پاتھوں پر رات کو کتنے لوگ سوتے ہیں یہ ریلوئے اسٹیشن اور فٹ پاتھ دن سے زیادہ رات کو غریبوں کے سونے سے کچا کچ بھرے ہوتے ہیں۔ اور صبح صفائی والا آ کر ان پر سردیوں میں بھی ٹھنڈا پانی ڈال کر ان ذلتوں کے مارے لوگوں کو جگاتا ہے۔ بھارت میں آج 70 ستر ہ فیصد سے زیادہ افراط زر پھیل چکا ہے اور ایک بڑی سرمایے کی کالی منڈی ہے۔ اشیا صرف کی قیمتیں آسمانوں سے باتیں کر رہی ہیں اور مہنگائی قیامت خیز ہو چکی۔ اور پھر بھارتی حکمرانوں اس غربت اور عوام کی بدحالی پر ناز کیسے کرتے ہیں؟ ترقی کا، معاشی عروج کا۔ شرم مگر تم کو نہیں آتی۔

پاکستانی حکمرانوں کی تو کیا ہی بات ہے۔ یہ تو انڈین حکمرانوں سے کئی قدم آگے ہیں جھوٹ بڑی بے غیرتی سے بولتے ہیں۔ فراڈ اور لوٹ مار بڑی فراخ دلی اور کھلے عام کرتے ہیں۔ دنیا میں عزت کچھ نہیں لیکن فخر کمال کا رکھتے ہیں۔ ہر برائی انکی ماں ہے اور ہر جرم کے یہ خود باپ ہیں۔ ملک بے روزگاری، بھوک، ننگ، مہنگائی کی آگ میں جھلس رہا ہے اور انکو عالمی دوروں اور عیاشیوں سے فرصت نہیں۔ محمود قریشی صاحب کی پریس کانفرنس بھی جھوٹی اور زرداری کا بیان بھی جعلی ہے۔ جنگ کا خوف عوام کو نہیں بلکہ حکمرانوں کو ہے کیونکہ عوام تو پہلے ہی سماجی، معاشی مسائل کے دوزخ میں بھسم ہو رہے ہیں۔ اور ویسے بھی مسٹر زرداری پہلے یہ بیان دے چکے ہیں کہ ملک حالت جنگ میں ہے۔ امریکہ بہادر بڑی بزدلی سے

اپنے جاسوس طیاروں کے زریعے ہر روز قبائل پر بمباری کرتا ہے۔ خودکش حملے تو اب پاکستان کی ثقافت یا کم از کم معمول کا مزاج تو ضرور لگتے ہیں۔ کیا یہ قتل وغارت، جنگ یا جنگیں نہیں ہیں؟ اب اور کونسی جنگ ہے جو عوام پر مسلط کرنی ہے۔

ممالک کے درمیان جنگ کرنا اتنا آسان اور بچوں کا کھیل نہیں ہے۔ یہ نہ صرف مشکل ترین کام ہے بلکہ دنیا کا مہنگا ترین کاروبار بھی ہے۔ جس کے یہ دونوں ممالک انڈیا اور پاکستان متحمل نہیں ہوسکتے۔ امریکہ جیسی عالمی طاقت اور یورپ جیسے ترقی یافتہ ممالک بھی افغانستان اور عراق کی ان دو جنگوں میں ہی معاشی بیمار ہوچکے ہیں۔ اور اب عراق سے اپنی جان ومال بچاکر بھاگنے کی کوشش میں ہیں۔ تو پھر پاکستان اور بھارت بھلا کیسے ایک جنگ کو فورڈ کر سکیں گئے۔ انڈیا کی فوج دنیا کے تیسرے نمبر پر ہے جبکہ پاکستان کی آٹھوں نمبر پر اگر یہ جنگ ہوئی جس کے آثار بہت ہی کم ہیں بلکہ ناممکن ہیں۔ تو یہ چند گھنٹوں یا دنوں کی ہوگئی جو سب کچھ تباہ کر دے گئی۔ پاکستان کو تو یہ جنگ شاید توڑ ہی دے گئی لیکن انڈیا بھی سلامت نہیں رہے گا اور معاشی طور پر بھی برباد ہوجائے گا۔ جس سے اس کے ٹوٹنے کے آثار نمایاں ہوجائیں گئے۔ پاکستان کے ٹوٹنے سے امریکہ افغانستان کی جنگ ہار جائے گا جیتنے کے آثار ویسے بھی کم ترین ہیں۔ تمام ایشیا عدم استحکام کا شکار ہوجائے گا۔ جو بری طرح مڈل ایسٹ کو متاثر کرئے گا۔ اور دنیا ایک بڑی جنگ کی ہولناکیوں میں نہ چاہتے ہو بھی دھنس جائے گئی۔ کیونکہ اب تک امریکی سامراج پاکستانی ریاست کو جنوبی ایشا میں اپنے سامراجی عزائم کے لیے بھرپور استعمال کر رہا ہے۔ اور وہ اسکو آئندہ بھی استعمال کرنا چاہتا ہے۔ اور کرئے گا۔ پاکستانی حکمرانوں کو اس کا اچھی طرح علم ہے۔ اس لیے وہ بڑے اطمنان سے بیٹھے ہیں اور گاہے بگاہے انڈیا کو دھمکیاں بھی دیتے رہتے ہیں۔ وگرنہ انکی اوقات ہی کیا ہے؟ اس طرح پاکستانی حکمرانوں کا کردار ایک گرئے ہوئے بلیک میلر سے کسی طرح بھی مختلف نہیں ہے۔

موجودہ عالمی مالیاتی نظام کے سنگین بحران میں امریکہ بھی کوئی جنگ شروع کرنا نہیں چاہتا۔ اس واقعے کو

امریکہ اور انڈیا جواز بنا کر پاکستانی ریاست پر اپنا دباو ضرور بڑھیں گئے کہ وہ انڈیا اور امریکہ کے تمام احکام کی مزید پیروی کرے اور قبائل کو فوجی جبر سے مزید دبائے۔ سب جانتے ہیں کہ پاکستانی افواج اب کسی جنگ کے قابل بھی نہیں ہیں۔ کیونکہ انہیں اب ریاستی حکمرانی اور ریاستی لوٹ مار کا لہو لگ چکا ہے یہ سیاسی حکمرانوں سے زیادہ بدکار اور بداعنوان بن چکے ہیں۔ یہ سرحدوں سے زیادہ اسلام آباد میں بیٹھنا پسند کرتے ہیں۔ انکی ریاستی اور عوامی لوٹ کھسوٹ کے قصے اور کہانیاں مشہور نہیں بلکہ موٹی موٹی کتابیں چھپ چکی ہیں۔ یہ عوام میں جنگ کا خوف ہراس پیدا کر کے اپنے سرمایہ دارانہ نظام اور عوام کی غربت کو قائم رکھنا چاہتے ہیں۔ عوام کی موجودہ حالات کے خلاف آواز کو خاموش کرنا چاہتے ہیں۔ حکمرانوں کو بھلا جنگ سے کیا خطرہ ہو سکتا ہے کیونکہ جنگ سے پہلے ہی انکے طیارے یورپ اور امریکہ کی طرف پرواز کر جائیں گئے۔ جبکہ فوجی حکمران خود جنگ سے ایسے ڈرتے ہیں جیسے چوہا کسی بلی سے۔ لیکن بمبئی میں بم دھماکے نہایت افسوس ناک ہیں۔ جو صرف بھارتی عوام کے لیے ہی نہیں بلکہ پاکستانی عوام اور عالمی عوام کے لیے بھی تشویش ناک ہیں۔ یہ بالکل اسی طرح قابل مذمت ہے جس طرح پاکستان میں ایک لمبے عرصے سے خودکش حملے ہو رہے ہیں۔ اور امریکہ پاکستان پر آئے دن بمباری یا ڈرون حملے کر رہا ہے۔ ان خودکش حملوں اور دہشت گردیوں سے نجات آج نہ صرف انڈین عوام بلکہ پاکستانی عوام کے ساتھ ساتھ مڈل ایسٹ اور یورپی عوام کا بھی سنجیدہ مسئلہ ہے۔ اسی مسئلہ سے معاشی اور سماجی مسائل اٹوٹ منسلک ہیں۔ سماجی تباہی اور معاشی ناہمواری نے عالمی محنت کش عوام کا جینا محال کر دیا ہے۔ اور آج کی عالمی سطح پر موجودہ دہشت گردیاں بھی اسی حالات کی پیداوار ہیں جس کو موجودہ عالمی مالیاتی نظام نے جنم دیا ہے۔ اور انکو کنٹرول کرنے یا ان پر قابو پانے سے مکمل قاصر ہے۔ یہ عالمی حالات کو مزید بگڑ رہیں ہیں۔ اور یہ شاید انسانی تاریخ میں پہلی بار نہیں ہو رہا کہ مرتا نظام اپنے ساتھ زندہ انسانی سماج کو بھی مار ڈالنے کے درپے ہو چکا ہو۔ انہی حالات وواقعات سے ہی قیامت کے قریب تر ہونے کے فلسفے نے بھی

جنم لے لیا ہے یا پھر موجودہ نظام کی حواری ملائیت اسے شعوری طور پر مضبوط کر کے اپنی کمائی کے لیے جواز بنا رہی ہے۔ تمام بنیاد پرستیاں جس میں مسلم، ہندو، یہودی، عیسائی، بودھ مت وغیرہ شامل ہیں انکی زندگیاں اور مفادات موجودہ طبقاتی نظام سے منسلک ہیں اس لیے نظام کے خاتمے سے انکے مفادات اور عیاشیاں بھی اختتام پذیر ہو جائیں گئ جس وجہ سے یہ موجودہ استحصالی نظام کے خاتمے کو قیامت سے تشبیہ دیتے ہیں جبکہ حقیقت میں ایسی کوئی بات نہیں ہے۔ آج کے حالات محنت کش عوام کے لیے کیا کسی قیامت سے کم ہیں۔ ہاں لیکن جب عوامی انقلاب سے سرمایہ داری کا خاتمہ ہو گا تب ایک غیر طبقاتی معاشرہ تعمیر ہو گا جو یقیناً ان سب کے لیے قیامت ہو گئی جو آج عوام کے استحصال پر عیاشیاں کرتے ہیں۔۔

تین دسمبر دو ہزار آٹھ

انڈیا پر سامراجی گدوں کا حملہ

آج بھارت تمام مغرب کی آنکھوں کا تارہ بنا ہوا ہے یہاں کے عالمی حکمران اکثر سرکاری دورے کرتے ہیں بھارت کے وزیر اعظم کو اپنے ممالک میں دوروں کی سرکاری دعوت دیتے ہیں اور کئی معاہدے کر رہے ہیں۔ اور پاکستان شاید انہی آنکھوں کا آج کانٹا بن چکا ہے جو کبھی انکا تارا ہوا کرتا تھا۔ یہ ان ماضی کے دنوں کی بات ہے جب افغانستان میں روسی فوجی ثور انقلاب کو بچانے کے نام پر اسے کچلنے اور اپنا قبضہ جمانے آئے تھے۔ جس سے امریکہ سمیت تمام سامراجی طاقتیں خوف زدہ تھیں اور انہوں نے اس روسی فوجوں سے جنگ پاکستان کے کندھوں پر بندوق رکھ کر لڑی تھی تب سامراج نے اپنے مفادات کے لیے پاکستان کو بھرپور استعمال کیا تھا۔ آج تو یہ سب پاکستان میں جمہوریت کی بات کرتے ہیں تب تو پاکستان کی ظلم ترین ضیا آمریت بھی انکی پسندیدہ اور لاڈلی تھی۔ آج بھی مشرف آمریت انہی کے دم سے اب تک قائم ودائم ہے اور اسی مشرف آمریت سے ملک میں منافقانہ جمہوریت کے احیا کا وعدہ لے رہے ہیں اور آج اسی آمریت کے حمائتی تبدیل شدہ عالمی حالات میں ضیا آمریت کی نفی کر رہے ہیں۔ کیونکہ ضیا آمریت نے پورے پاکستان کو امریکی حکمرانوں کے احکامات کے مطابق جماعت اسلامی، ایم کیو ایم کی دہشت گردی کا مدرسہ بنا دیا تھا۔ فوج میں آئی ایس آئی کو حکمرانی سونپ کر ریاستی جبر کے تسلسل کو فروغ دیا ملک میں خونی فرقہ واریت اور شدید عوامی استحصال پر اپنی حکمرانی کو قائم رکھا۔ جس نے

پورے پاکستان کو امریکی مفاد اور پاکستانی حکمرانوں کی کمائی مفادات کے لیے دہشت گردی کے کیمپوں میں بدل دیا۔ آج جو خود کش حملے پاکستان کا مقدر بن چکے ہیں وہ ضیا آمریت کے طریقہ سیاست اور اسکی باقیات کا طریقہ واردات ہے جس کو ختم کرنے کے لیے جو قوتیں پہلے امریکہ کے تحفظ اور دفاع کے لیے انہیں کے وسائل سے تعمیر کیے جاتے تھے۔ آج امریکی مفاد نکل جانے کے بعد وہی کل کے بنیاد پرست امریکی ایجنٹ اور رفیق آج دشمن بن گئے ہیں اور کسی اور کے دوست۔ جن کے خلاف آج پھر امریکی ہی مفادات کے لیے مشرف آمریت کا استعمال کیا جارہا ہے لیکن ان امریکی فرائض کی ادائیگی میں مشرف بری طرح ناکام ونامراد ہوچکا ہے۔ کیونکہ ہر قسم کی برائی آج پاکستانی ریاست کی تمام رگوں میں سرائیت کر چکی ہے جو اب نظام کی تبدیلی کے بغیر ختم نہیں ہوسکتی جس وجہ سے پاکستان میں یہی اسلامی بنیاد پرستی جو امریکہ کے دودھ اور مکھن پر جوان ہوئی ہے، وبال جان بن چکی ہے۔

اسلامی رجعتی مدرسے پاکستان میں آج بھی قائم ہیں اسلامی اور جہادی جماعتیں آج بھی متحریک ہیں اور بہت ساری تو سرکاری یا رجسٹرڈ ہیں۔ اس صورتحال پر مشرف نے خود اقرار کیا ہے کہ امریکہ نے اس دہشت گردی کے خلاف جو نو ارب ڈالر دیے تھے وہ تمام دہشت گردی کے خلاف استعمال نہ ہوسکے اور زیادہ تر بدعنوانی یا آمریت کو قائم رکھنے کے لیے خرچ ہوئے جس سے عالمی حکمران اپنے ان مقامی ایجنٹوں سے نالاں ہیں اور اب یہ آنکھوں کے تارے کی بجائے آنکھوں کا ناسور بن گیا ہے اور ویسے بھی دیوالیہ معیشت میں کس کو کیا دلچسپی ہوگئی۔ اب تو ملکی صنعت کار بھی باہر جارہے ہیں۔ بھارت جہاں آج ایک بڑا مڈل کلاس موجود ہے جس کے پاس قوت خرید بھی ہے اور ایک ملیاڈرن سے زیادہ عوام کی بڑی ترین منڈی بھی موجود ہے یہ تو عالمی مالیاتی نظام کے لیے سونے کی چڑیا ہے جو یہاں کی مڈل کلاس کو ہی نہیں چوسیں گئے بلکہ یہاں کی سستی لیبر کو بھی بھرپور نچوڑیں کریں گئے۔

امریکہ اور یورپ کچھ عرصے کے لیے بھارت کو بالی کا بکرا بنانا چاہتے ہیں تاکہ سامراجی مالک اپنے معاشی

بحرانوں سے نکلنے کے لیے یہاں کی عوام کو بے دریغ کچلیں سکیں اور چین کی بڑھتی عالمی طاقت جس نے نہ صرف مغرب کی معیشتوں کو روند کر رکھ دیا ہے بلکہ بڑی فوجی طاقت بھی بن چکا ہے جو مغرب کے لیے پریشان کن ہے۔ اس لیے اب یہ سامراجی طاقتیں چین کے خلاف بھارت کو استعمال بھی کرنا چاہتے ہیں جس سے اب یہ بھارت کا رخ کر رہے ہیں تاکہ اس خطے میں طاقت کا توازن جو چین کے طرف جھک چکا ہے کو بیلنس کیا جائے بھارت کیونکہ چین سے جنگ بھی کر چکا ہے اور تاریخی طور پر مضنوعی دشمنی کے جذبات ظاہر کیے جاتے ہیں جس کو استعمال کیا جائے گا یعنی ایک تیر سے دو شکار ایک تو بھارت سے منافعے کمائے جائیں یا دوسرے الفاظ میں انڈین منڈی پر قبضہ کیا جائے اور دوسرا چین دشمنی عزائم کی تکمیل بھی ہو سکے گی اس لیے مغرب آج ہندوستان کو اپنے مفادات کے لیے آگے لا رہا ہے برطانیہ کی تو یہ مجبوری ہے کیونکہ برطانیہ میں دوسرا بڑا سرمایہ کار بھارت ہے اور برطانیہ کی تجارت کا انڈیا چھوتھا بڑا ملک ہے جس سے برطانیہ کو اپنے معاشی مفادات کے لیے بھارت سے اچھے مراسم بنانا ضروری ہے اور انڈیا کی اپنی مالی مجبوری ہے کہ وہ اپنے ملکی بحرانوں سے اکیلا نکل نہیں پا رہا۔ دنیا میں اس سال چین کے بعد بہترین معاشی ترقی کے باوجود ہندوستان میں ترقی صرف چند افراد (سرمایہ داروں) کی ترقی تو بنی لیکن عوامی خوش حالی کی بجائے عوامی بدحالی میں اضافہ ہوا۔

آج بھی عظیم تر اور بڑی ترین جمہوریت اور سیکولرازم کے نیچے عالمی ابھرتی معیشت کے ملک بھارت میں دو کروڑ بیس لاکھ بچے جبری مشقت کرنے پر مجبور ہیں انڈیا جنوبی ایشیا کی سب سے بڑی سیکس کی منڈی ہے۔ آج کے جدید دور میں بھی ستی کی رسم قائم ہے جس میں بیوی کو اپنے مرد کی وفات کے بعد اس کے ساتھ آگ میں جلنا پڑتا ہے۔ فرقہ وارانہ فسادات میں آج سب سے زیادہ لوگ انڈیا میں مارے جاتے ہیں۔ ایڈ کی بیماری میں انڈا دنیا کا بڑا ملک ہے بچوں کے سیکس میں جس کو بیان کرتے ہوئے اور لکھتے ہوئے ہاتھ کانپ جاتے ہیں انڈایا کا شمار بڑے ملکوں میں ہوتا ہے اور یہ عالمی سلامتی کونسل کا مستقل ممبر بنے جا

رہا ہے جو انڈیا کے نہیں بلکہ سلامتی کونسل کے معیار کو ظاہر کرتا ہے جو بددیانت ٹھگوں کا ادارہ ہے جو عالمی عوام کی لوٹ مار کو عین انصاف قرار دیتے ہیں ہیں اور دنیا بھر کے عدل اور سلامتی کو خطرے میں ڈالتے ہیں۔ اقوام متحدہ کی تعریف لینن نے اس طرح کی کہ یہ عالمی چوروں کا باورچی خانہ ہے۔ تمام سامراجی حکمران آج جس من موہن سنگھ کے گیت گا رہے ہیں وہ سب سے زیادہ انڈین ماو تحریک سے خوف زدہ ہے اور یہ کیسی حیرانی کی بات ہے کہ انڈیا کی بڑی ترین کیمونسٹ پارٹی آف انڈیا اور کیمونسٹ پارٹی آف انڈیا مارکسسٹ جو آج بھارت کے کئی صوبوں میں حکومت بھی کرتی ہیں من موہن سنگھ سن ان سے پریشان نہیں ہے۔ جو ان پارٹیوں کا مارکسزم سے غداری اور نظریاتی دیوالیہ کو ثابت کرتا ہے لیکن اس کے ساتھ یہ بھی حقیقت ہے کہ انڈیا سرمایہ دارانہ سیاست اور معیشت میں پاکستان سے سبقت لے گیا ہے انڈیا آج سلامتی کونسل کا ممبر بنے جا رہا ہے جبکہ پاکستان کو تو سارک ممالک کی تنظیم سے بھی باہر نکل دیا گیا ہے۔ لیکن انڈیا کا سلامتی کونسل کا ممبر بنے سے انڈیا کا کوئی ایک بھی سماجی مسئلہ حل نہیں ہو گا ماسوئے اس کے کہ وہ آئندہ پاکستان کو مزید تڑریاں لگائے گا اور اسکے اپنے مسائل مزید بڑھیں گئے سامراجی حکمران انڈیا کو خوش آمدید اسکی معاشی ترقی کے لیے نہیں بلکہ اسے لوٹنے کے لیے کر رہے ہیں عوام کی خوشحالی کے لیے نہیں بلکہ مزید استحصال کے لیے انڈیا کی حمد و ثنا کر رہے ہیں۔ انڈیا کی سامراجی لوٹ اور عالمی مالیاتی بحران انڈین سماج کو مزید برباد کر دیں گئے انڈیا کا مستقبل بھی دیر یا بادیر پاکستان سے مختلف نہیں ہے بلکہ ان دونوں کا مستقبل ایک دوسرے سے اٹوٹ منسلک ہے لیکن سرمایہ داری کے تحت نہیں بلکہ اشتراکی انقلاب سے ایک فیڈریشن میں ہے اور یہی ان دوملکوں کو انکے بھیانک خونی فرقہ واریت اور ٹوٹ پھوٹ اور بھیانک استحصال کے مستقبل سے محفوظ بنا سکتی ہے وگرنہ مالیاتی نظام کی تباہی انکو برباد کر دے گی فیصلہ کا وقت قریب آن پہنچا ہے ہمیں بربریت یا سوشلزم میں سے کی ایک کا انتخاب کرنا ہے

چوبیس جنوری دو ہزار آٹھ

انڈیا، ابھرتی معیشت میں بلکتے بچے

آج عالمی سطح پر انڈیا کی ابھرتی معیشت کا بہت شور ہے یورپ اور امریکہ کے ماہرین معاشیات نے یہ سطحی دعوے کیے ہیں کہ آئندہ چین اور انڈیا کے بغیر دنیا نہیں چل سکے گی اور آنے والا وقت یورپ امریکہ کا نہیں بلکہ انڈیا، برازیل، اور چین کا ہے اس سال انڈیا میں ترقی کی شرح چین کے بعد بظاہر بلند ترین رہی ہے۔ انڈیا آبادی کے لحاظ سے بھی دنیا کا دوسرا بڑا ملک ہے جس کی آبادی ایک ارب سے تجاوز کر چکی ہے اور یہاں جدید ترین آئیٹ ٹیکنولوجی کا بھی بہت چرچا ہے جس کو ترقی یافتہ ممالک بڑی للچائی ہوئی نظروں سے دیکھ رہے ہیں اور اسے اپنے ممالک میں نہایت شرمناک سستی لیبر کی سطح پر درآمد کر رہے ہیں عالمی میڈے پر ممبئی کے عالیشان ہوٹل ریسٹورنٹ اور بلند خوبصورت پلازے اور عمارتیں تو دیکھائی جاتی ہیں لیکن ان کے پیچھے گندگی اور غلاظت سے اٹی کچی آبادیاں اور ان میں بے روزگار، بیمار اور زندگی سے تنگ آے ہوے باسی نہیں دیکھاے جاتے۔ عظیم ترقی کی بات تو کی جاتی ہے لیکن انڈیا میں ان بے کسوں کی زندگی کو کس طرح تبدیل کیا جا سکتا ہے اور کرنا چاہیے جن کی زندگی موت سے بھی بدتر ہو چکی ہے پر مکمل خاموشی اختیار کی جاتی ہے۔

ٹراٹسکی نے کہا تھا کہ کسی معاشرے کا تجزیہ کرنے کے لیے وہاں کی عورت اور بچوں کی حالت دیکھی

جاے جو اس معاشرے کے معیار کی آگاہی دیتے ہیں۔ سب نے میڈے کے بلند بانگ دعوے تو سنے ہی ہوں گئے اور آج ہم بھی انہیں بلند بانگ دعووں کا ہی ذکر کریں گئے جو نیچے سے شروع ہوتے ہیں یعنی اکثریتی عوام سے شروع ہوتے ہیں۔ انڈین حکومت نے ایک سال قبل بچوں کی مزدوری یا چائلڈ لیبر کے خلاف ایک قانون بنایا تھا کہ چودہ سال سے کم عمر کے بچے کام نہیں کرسکتے اگر کوئی شخص ان کم عمر بچوں سے مشقت کرائے گا اسکو دو ماہ سے تین سال تک کی قید اور 2000 روپے سے 20000 روپے تک جرمانہ ہو سکتا ہے اس سرکاری قانون کے باوجود سرکاری ہی رپورٹ کے مطابق اب بھی ہندوستان میں 20200000 دو کڑور بیس لاکھ بچے چائلڈ لیبر پر مجبور کئے جاتے ہیں درالحکومت نئ دلی میں، بچوں کی لیبر میں 99 ننانوے فیصد لڑکیاں ہیں جو 15 پندرہ گھنٹے سے زائد کام کرتیں ہیں جن کے ساتھ جنسی زیاتی عام اور کھلے عام ہیں 200000 دو کڑور بچے ہوٹلوں، کھوکھوں اور گھروں میں کام کرتے ہیں اور ہر تین میں سے دوسرا بچہ زیادتی کا شکار ہے جس میں جسمانی اور جنسی دونوں زیادتیاں شامل ہیں اور بھی بہت عام ہے کہ پولیس انکی رپورٹ درج نہیں کرتی 1000000 ایک ارب سے زیادہ آبادی والے ملک میں 93 ترانوے فیصد بچے صرف سکنڈری تک تعلیم بمشکل حاصل کرپاتے ہیں۔ بہار میں غربت کی وجہ سے گند کے ڈھیروں پر سے نوزئیدہ بچوں کا ملنا اب کوئی عجب اور پریشان کن نہیں رہا کیونکہ یہ اب روز کا معمول بن چکا ہے۔ اور بہت عام ہو چکا ہے انڈیا کے بڑے شہروں میں بھی حاملہ عورتیں بچوں کی پیدائش سے پہلے اپنا چیک اپ کرا کر دیکھتی ہیں اگر لڑکی ہو تو اسکو ضائع کرا دیتی ہیں کیونکہ لڑکیوں کو خاندان کے لیے مزید معاشی بوجھ سمجھا جاتا ہے اور یہ سب کچھ قانون ہونے کے باوجود اور حکومت کو معلوم ہونے کے باوجود ہو رہا ہے کیونکہ یہ سب آن دی ریکارڈ ہے۔

اس کے علاوہ آج انڈیا میں غریب عورتیں بچے پیدا ہونے سے پہلے ہی ان کے جسمانی اعضا فروخت کر دیتی اور انڈیا کو اس پوزیشن میں عالمی دنیا میں اول حثیت حاصل ہے جسم فروشی کے بازاروں میں بھی

کم عمر لڑکیوں کی اکثریت ہے اور آج انڈیا عالمی منڈی میں شرمناک طور پر نہ صرف بچوں کی سمگلنگ میں بلکہ بچوں کی پورن یا جنسی تصویریں اور فلمیں بنانے اور سیل کرنے میں اور انٹرنیٹ پر اس کی نمائش میں ایک خاص بلند اعلی مقام کا حامل ہے یہ وہ صرف چند سرکاری اعداوشمار ہیں جو اسکی عالمی ترقی کی بھیانک بنیادوں کو ننگا کرنے کے لیے کافی ہیں۔ حکومت اپنی اپاہجی اور کمزوری کی وجہ سے قانون لاگو نہ کروانے کی صلاحیت کے باوجود صرف قانون سازی ہی کرتی ہے کیونکہ یہ صرف یہی کر سکتی ہے لیکن سماج کی حقیقتوں کو بدل نہیں سکتی اور یہ قانوں بھی صرف دیکھاوے کے ہی ہوتے ہیں کیونکہ انکی اصل قانون سازی تو سرمایہ اور ان کے مالکان کا تحفظ ہے جس پر سختی اور اور ہر طرح سے عمل کیا اور کرایا جاتا ہے۔ یہ درست ہے کہ طبقاتی معاشرے میں حکمران طبقے کی ترقی عوام کی تنزلی سے ہی ممکن ہو سکتی ہے سرمایہ دار دنیا میں ایک کی عزت دوسرے کی ذلت پر تعمیر ہوتی ہے بوژوا طبقے کی خانہ آبادی پرولتاریہ کی خانہ بربادی ہوتی ہے۔ آج کا انڈیا یا کسی بھی سرمایہ دارانہ نظام کے بحرانوں میں ترقی عوام کی غربت، بیماری، سہولتوں میں کمی کا باعث ہوتی ہے اس ترقی پر حکمران تو خوش ہو سکتے ہیں لیکن عوام نہیں کیونکہ عوام کی ترقی خوشحالی سرمایہ دارنہ نظام کے خاتمے اور اشتراکی نظام کی استواری سے شروع ہو گی۔

سولہ اکتوبر دوہزار سات

عرب کے صحراوں میں بہار

تم بھی دیکھو غور سے دیکھو عرب کے صحراوں کا بھڑکتا، بپھرتا، انقلاب اس بہار کی تپش کو دیکھو، اس کے تیور دیکھو، اگر دیکھ سکتے ہو تو اس کے فخر اور غرور کو دیکھو جو کمال کا ہے جس میں دائیوں کا جبر، استحصال، بداعنوانی، دولت کی رعونت، بازار کی رنگینی، بنیاد پرستی کی دیوی سب جل رہا ہے اور سرمایے کا گھمنڈ ٹوٹ رہا ہے ان انقلابی شعلوں کو دیکھوں جو تیونس سے اٹھے اور کسی جنگل کی آگ کی طرح تمام عرب میں پھیلتے جا رہے ہیں۔ الجزائر، یمن اور اب مصر تک جا پہنچا ہے اس انقلاب نے اپنی روایات اور فطرت کو زندہ کر دیا سرحدوں کے تقدس کو پامال کر کے راک کر ڈالا جو عرب کی ایک قوم ایک طبقے کے احساس کو زندہ کر رہا ہے عرب میں کھنچی گئی سامراج اور مقامی حکمرانوں کی جعلی سرحدی لائنوں کو مٹا رہا ہے۔ جس کی آگ میں عرب کے ظلم اور بداعنوان ترین جلاد آمر حکمران جھولس رہے ہیں اور مغربی حکمران اس کی تپش سے پسینے میں شرابور ہیں۔ صدیوں سے شہنشاہوں کے محلوں، دولت کے ایوانوں، سرمایے کی پارلیمانوں اور ریاستی ادروں کی قید میں جکڑی طاقت آج گلیوں، بازاوروں، محلوں، کچی آبادیوں، شاہراروں میں، غریب اور محنت کش عوام کے ہاتھوں میں ہے آج عرب کی طاقت اپنے اصلی اور حقیقی وارثوں تک پہنچنا چاہتی ہے۔ جعلی اور بزدل حکمران بھاگ رہے ہیں اور عوام آگے بڑھ رہے

ہیں۔

جب ہم کہتے تھے کہ آج دنیا کے پاس ماسوائے ایک حقیقی عوامی تبدیلی کے کوئی حل کوئی متبادل نہیں ہے اس لیے عوام اٹھیں گئے بغاوت کریں گئے ہر شے سے ہر رسم اور رواج کو روند دیں گئے اپنی موجودہ اذیتی زندگی کی تبدیلی کے لیے، روٹی کپڑے مکان کے لیے، قانونی طریقوں سے نہیں، عدالتوں سے نہیں، آئین اور پارلیمنٹوں سے نہیں، وکیلوں سے نہیں، وزیروں سے نہیں، روائتی سیاسی پارٹیوں اور انکی قیادتوں سے نہیں کسی سے بھی کچھ نہیں مانگے گئے بلکہ چھین لیں گئے ہر شے ہر طاقت ہر غرور ہر تاج وتخت یہاں تک کہ حکمرانوں کے نیچے سے زمین تک کھینچ لیں گئے۔ اور ایسا ہی ہوا تیونس کا تائیس سالہ آمر اپنے آقا اور ظلمت کی ماں سعودی عرب کی پناہ میں جا گھسا۔ ہم اس سے کیا سمجھیں یہ اسلام کا قلعہ ہے یا بدا عنوانوں اور ظلموں کا قلعہ جو عوام دشمنوں چوروں اور لیٹروں کو پناہ دیتا ہے؟

کچھ عرصہ پہلے جب ہم عرب اور اس کرہ ارض پر تحریکوں اور انقلاب کی بات کرتے تھے جس طرح آج ہم پاکستان میں انقلاب کی بات کرتے ہیں تو ہمارا تمسخر اڑایا جاتا تھا۔ ہمارے انقلابی نظریات کا مذاق بنایا جاتا تھا ہمارے طبقاتی دشمن ہی نہیں ہمارے بائیں بازو کے سٹالنسٹ ساتھی بھی ہنستے تھے۔ کہتے تھے کون سا اور کیسا انقلاب؟ سب کہتے تھے انسانی تاریخ ختم ہو چکی اب سرمایہ داری ہی انسانیت کا واحد مقدر رہے اور اب اس کے خلاف کوئی بغاوت نہیں ہو سکتی۔ ہم نے اس کا انکار کر دیا اور کرتے تھے اور کرتے ہیں۔ سچ ہمیشہ ٹھوس ہوتا۔ اسی مارکسی سچ پر ہمیں یقین محکم تھا جو اب ہمارا فخر ہے۔ اب تم بھی دیکھو وہ سب بھی دیکھیں، غور سے دیکھو، عوام دشمن، جھوٹے اور عیار نظریات کا، سوچوں کا، عرب عوام نے بھی انکار کر دیا اور اب یقیناً پاکستان کی عوام بھی دیر یا بدیر یہ تیونسی اور مصری کفر کرے گئی۔ لیکن کب یہ ابھی ایک سوال ہے لیکن کرے گئی ضرور جس میں اب زیادہ دیر بھی نہیں ہے۔ وگرنہ سب کچھ برباد ہو جائے گا۔

امریکہ اور اسلام کے ٹھیکے دار سوشلزم کو ہمیشہ غیر اسلامی کہتے رہے ہیں تم نے 1971 انیس سو اکہتر میں بھی سوشلزم کو کفر ازم کہا، جو عوام نے کیا جیسے عوام نے شعوری طور پر کیا، اور پھر ہو گا۔ جب انسانوں کی زندگیاں مشکل ہوں گیں جب بھوک، ننگ، افلاس، بے روزگاری، مہنگائی، معاشی، سیاسی، سماجی جبر بڑھے گا تو عوام ہر کفر کرے گئی وہ ہر قانون، ریت ورواج سے منکر ہو جائے گئی جو حکمرانوں، کے حق میں ہو اور عوام کے خلاف ہو، ہر اس ایک روحانی اور غیر روحانی حکم کو مسترد کر دیں گئے جو حکمرانوں کو سکھ اور عوام کو دکھ دیتا ہو گا۔

خطہ عرب جہاں انقلاب اور بغاوت کا نام تک کسی ڈکشنری میں نہیں تھا۔ جہاں انقلاب خدا کا انکار تھا۔ وہاں بھی انقلاب ہوا۔ آپ بھی تو یہی کہتے تھے کہ ہر جگہ انقلاب آسکتا ہے مگر عرب میں نہیں، جیسے اب آپ پاکستان میں یہی کہہ رہے ہیں۔ آپ کے مطابق عرب میں اسلام کی بہت گہری چھاپ ہے۔ عربی بہت بڑے بنیاد پرست ہیں لیکن آپ نے دیکھا کہ عرب میں صدیوں کی بنیاد پرستی کو تحیل ہونے میں آج کتنی دیر لگی حقیقت میں چند دن بھی نہیں بلکہ چند گھنٹے لگے ہاں بنیاد پرستی کی یہی اصل ویلو اور حقیقت ہے اور اس کا مقام جس کو آپ نے ایک بڑا جن بنایا ہوا ہے۔

عوامی انقلابات کی فطرت ہے کہ وہ ماضی کی تمام غلاظتوں، پسماندگیوں، ذلتوں، اور جہالتوں کے ہر طوق کو اپنے گلے سے اتار پھینکتے ہیں۔ انقلاب سے حکمران ہی نہیں بلکہ بنیاد پرستی بھی تھر تھر کانپتی ہے یہی مصر میں بھی ہوا اخوان مسلمین نے جمعہ کے خطابات میں عوام کو مظاہروں سے منع کیا ریاست کے احکام ماننے کا اسلامی درس بھی دیا لیکن عوام جمعہ مبارک کو بھی استعمال کر گئے جبکہ جمعہ عوام کو استعمال نہ کر سکا ہر بزدلی، ہر خوف اور ہر در انقلاب کو ٹھکرادیا اور عوام نے اسی نماز جمعہ کے بعد اپنی بھر طاقت کا انقلابی اظہار کیا۔ انقلاب کا راستہ دنیا کی کوئی طاقت نہیں روک سکتی ماسوائے اسکی اپنی نظریاتی اور تنظیمی کمزوری کے جو یہاں ابھی تک نمایاں ہے۔

ہم نے تب انقلاب کی بات کی تھی جب کوئی نہیں کرتا تھا۔ ہم نے تب انقلاب کی بات کی تھی جب انقلاب نہیں تھا، انقلاب خاموش تھا۔ اور آج انقلاب جب خود بول رہا ہے تب ہمیں انقلاب سے آگے کی بات کرنی ہے۔ اب انقلاب کی وہ باتیں کریں جو واقعات پرست ہیں جو سماجی تبدیلی اور ارتقا کی سمجھ بوجھ سے ناسمجھ ہیں۔ ہم نے اب اس سے آگے کی بات کرنی ہے مکمل عوامی قبضے کی بات کرنی ہے۔

تیونس اور مصر میں عوام کو چاہیے کہ تمام بڑی جائیدادوں، صنعتوں اور بینکوں کو اپنی تحویل میں لے لیں، جہاں وہ رہتے ہیں وہ مکان ان کے ہیں مالکان کو کرایے دینے سے انکار کر دیں۔ جس زمین پر جو کام کرتا ہے وہ زمین اسی کی ہے کسی اور کی نہیں۔ تیونس اور مصر میں نوجوانوں کی جو دفاعی کمیٹیاں بن رہی ہیں انکو عوام مزید مضبوط کریں اس میں مزدور بھی شامل ہوں ان کمیٹیوں کو تمام ملک میں قائم کیا جائے جن کو تمام عوام کی سرپرستی حاصل ہو۔ جو تمام ملک کا انتظام سمبھالیں۔ ایک نئ جمہوریت ایک اعلی ترین عوامی اور حقیقی جمہوریت جو سوشلسٹ جمہوریت ہے کو قائم کیا جائے۔ عوام اپنی فوج اپنی پولیس اور اپنی عوامی عدلتیں خود قائم کرے۔ سرمایہ داروں اور دولت مندوں سے ایک ایک پیسہ کا حساب لیا جائے۔ اور عوام کی لوٹی ہوئی تمام دولت واپس لی جائے۔ مجروموں، بداعنوانوں، لیٹروں، اور عوام پر ظلم کرنے والوں کو سرعام سزائیں دی جائیں۔ غیر ممالک سے ملکی دولت کو واپس لایا جائے۔ سرمایہ دارانہ اور سامراجی جبر سے انکار کیا جائے تمام عرب سمیت عالمی عوام سے یک جہتی اور مضبوط تعلق استوار کیا جائے ایک کا درد سب کا درد بنایا جائے۔ ایک انقلابی پارٹی قائم اور تعمیر کی جائے جس کی کمی اس انقلاب کو درپیش سب سے بڑا خطرہ ہے۔ صرف اسی کی کمی سے کامیاب انقلاب ناکام بھی ہو سکتا ہے اور در انقلاب کی جھولی میں بھی گر سکتا ہے جس سے ایک بڑی خون ریزی جنم لے سکتی ہے۔

ابھی عرب انقلاب کا آغاز ہے وہ جوان، تندرست وتوان ہے۔ ہم اس کے ساتھ ہیں۔ ہمیں اس کا ساتھ دینا ہے اسکی کامیابی کے لیے ہر جگہ لڑنا ہے۔ ہمیں اپنے اپنے علاقوں، محلوں، گلی، کوچوں، ملکوں میں

ایک آواز ہونا ہے،، قدم بڑھو عرب ساتھیوں ہم تمھارے ساتھ ہیں،، جس طرح آج ہم عرب میں انقلاب کی کامیابی کی بات کرتے ہیں ایک سوشلسٹ پروگرام اور انقلابی پارٹی کے قیام کی بات کرتے ہیں ۔اسی طرح ہم پاکستان میں بھی ایک طاقت ور انقلاب کے آغاز کی پیش بینی کرتے ہیں کیونکہ پاکستان کا مقدر اشتراکیت کے علاوہ کچھ نہیں اگر ہے تو صرف بربریت جو ہر روز بڑھ رہی ہے۔

آج پاکستانی سماج کے سکوت میں عوامی طوفانوں کی ابتدائی آوازوں کو بھی باآسانی سنا جاتا سکتا ہے اس کے لیے لازمی ہے کہ آپ بہرے نہ ہوں۔ اس کی طاقت کو محسوس کیا جاسکتا ہے اگر آپ بے حس نہیں ہیں اور سائنس کے طالب علم ہیں تو یہ فزکس کی سائنس کا اصول ہے کہ عمل اور اس کا ردعمل ایک ہی طاقت سے ہوتا ہے پاکستان میں آج عوامی زندگی کو جیتا دبایا گیا ہے جیتا کچلا گیا ہے۔ جیتا مارا گیا ہے یا مرا جا رہا ہے جب یہاں انقلاب اٹھے گا تو پھر دنیا تیونس اور مصر کو بھول جائے گئی۔ پاکستانی محنت کش عوام اپنی انقلابی تاریخ 1968 انیس سو آٹھا سٹھ کو پہلے سے بلند اور طاقت ور سطح پر دوہرائے گی اپنی معراج کی بلندی پر، تیونس کا صدر تو پانچ دن بعد بھاگا تھا پاکستان کی پوری ریاست شاید پانچ دن کے بھی قابل نہیں ہو گئی۔ جتنا زیادہ ظلم ہو گا بغاوت اتنی ہی زیادہ طاقت ور ہو گئی یقیناً پاکستان میں بھی ایسا ہی ہو گا۔

شاید کچھ لوگ پھر قہقہہ ماریں ہم پر ہنسیں کہ، انقلاب اور پاکستان میں، یہ تو ممکن نہیں ایسا ہو ہی نہیں سکتا یہ وہی دانشور، قلم کار اور سامراج پیٹھو ہیں جو تیونس انقلاب سے ایک دن قبل لکھ اور کہہ رہے تھے کہ تیونس امن، جمہوریت، خوشحالی، آزادی کا گواہ ہے جو انقلاب کے لفظ سے بھی آشنا نہیں ہیں اور آج یہی علم دان اپنی جہالت اور کم عقلی کو چھپانے کے لیے نئے جھوٹ اور جواز تراش رہے ہیں جن سے ہمیں کوئی سروکار نہیں۔ ہم اس کا دعوا کرتے ہیں کہ یہ چہرے نہیں بلکہ سماج کو تبدیل کرنے کی عرب انقلابی تحریک ہے یہ عرب انقلاب کا آغاز ہے جس میں شک کی کوئی گنجائش نہیں ہے۔ بے شک اس انقلاب کو ابھی کئی منازل طے کرنا ہیں انقلابی پارٹی کی عدم موجودگی میں یہ کچھ عرصے کے لیے در انقلاب کی جھولی

میں گر سکتا ہے لیکن یہ اپنے فیصلہ کن کردار تک جاری رہے گا یعنی اشتراکی تبدیلی یا مکمل رد انقلاب تک

ہمیں ان دانشواروں کی کوئی پرواہ نہیں جو اس کو انقلاب نہیں مانتے کیونکہ ہمارے پاس فضول وقت نہیں ہے ہماری زندگی انکی طرح بے مقصد اور بے کار نہیں ہمارے آگے بہت کام ہیں ہم نے بہت کچھ کرنا ہے ۔ہمارا علم ، ہماری جدوجہد ، ہمارا مقصد ہماری تحریک عیاشی یا فارغ وقت گزرنے کا ذریع نہیں بلکہ ایک حقیقی سماجی تبدیلی کے لیے ایک سائنسی بنیادوں پر عوامی پارٹی کی تعمیر کے لیے نہایت اہم اور ضروری وقت ہے اور ہم بائیں بازو کے پاس جس چیز کی سب سے زیادہ کمی ہے وہ وقت کی ہی ہے۔ کیونکہ ابھی ہم انقلابی طاقت تعمیر کر سکتے ہیں کیڈرز بنا سکتے ہیں لیکن جب انقلاب ہوتا ہے تب ایکشن کی ضرورت ہوتی ہے۔ ایک بڑی عوامی فوجی قیادت درکار ہوتی ہے۔ کبھی بھی کوئی جنگ صرف نظریے پر ہی نہیں لڑی جا سکتی بلکہ کسی بھی جنگ میں ہار جیت کا فیصلہ ایک تربیت یافتہ فوج اور اسکی بہترین پروفیشنل قیادت پر ہوتا ہے جو آج ہمیں تعمیر کرنے کی اشد ضرورت ہے جو آج کا اہم ترین فریضہ ہے اور انقلابی عمل میں اس کا امتحان ہوگا جسکی تیاری ہمیں آج کرنی ہے تب نہیں جب پاکستان میں تیونس اور مصر کی انقلابی روایات کو دوہرایا جا رہا ہو گا تب لازمی یہاں ایک انقلابی قیادت موجود ہونی چاہیے جو اس انقلاب کو اسکا راستہ دیکھائے گی جو انقلاب کی مشعل بنے گئی۔

عرب انقلاب میں عوامی فوج تو موجود ہے جو موجودہ نظام کے خلاف جرات اور بہادری سے لڑ بھی رہی ہے لیکن یہ عوامی فوج اپنے انقلابی جرنیلوں اور کمانڈروں سے محروم ہے جو کسی بھی لڑائی میں بنیادی کردار ادا کرتے ہیں۔ اس لیے کوئی بھی نتیجہ ابھی تک فیصلہ کن نہیں ہے اور یہ صورتحال کبھی بھی کسی طرف جا سکتی ہے یہ بالکل ایسا ہی ہے جیسے کوئی فوج اپنے جرنیلوں کے بغیر لڑ رہی ہو۔ پاکستان میں ایسا نہیں ہونا چاہیے اور یقیناً نہیں ہو گا۔ لاطینی امریکہ کی سرخ آندھی کو عرب میں آتے زیادہ دیر نہیں لگی اسی طرح مڈل ایسٹ پاکستان سے زیادہ دور بھی نہیں اور عرب کی یہ تیز ہوائیں کسی وقت بھی پاکستان کا

رخ کر سکتی ہیں۔ قدم بڑھو ساتھیوں دنیا تمھارے ساتھ ہے۔ عالمی عوامی انقلاب زندہ باد

مصری عوام کی منزل آسان نہیں ہو گئی کیونکہ مصر میں حکمرانوں کی شکست عرب کے تمام حکمرانوں کی شکست بن سکتی ہے یا اس کا آغاز ہو گا۔ حسنی مبارک آسانی سے نہیں جائے گا اس کو تمام عرب، اسرائیل اور مڈل ایسٹ کی براہ راست اور تمام مغربی حکمرانوں کی پوشیدہ مکمل حمائت حاصل ہے اگر مصری عوام اپنے حکمرانوں کے خلاف کامیاب ہوتی ہے تو پھر یہ زیادہ تیزی اور طاقت سے دوسرے عرب اور مشرق وسطی میں آمریتوں کے خلاف پھیلے گئی جو سعودی عرب تک بھی پہنچ سکتی ہے جو عربوں کا بے تاج بادشاہ ہے سعودی عرب اور کسی بھی حکمران کو یہ قابل قبول نہیں ہے کہ یہ عرب عوامی تحریک مزید پھیلے وہ اس تحریک کو یہیں ختم کرنے کی کوشش کریں گئے۔ لیکن اگر عوامی طاقت متحد رہی اور اس میں مزید اضافہ ہوا اور یہ انقلاب مزید ممالک تک پھیلتا ہے تو فتح یقینی ہے اور اگر یہ انقلاب ناکام ہوتا ہے تو اس میں انقلابی پارٹی کا فقدان ہی بنیادی وجہ ہو گا۔ اب تک بنیاد پرستی کے رد انقلاب کے آثار کم ہیں بہت ساری ممکنات ہیں جس کی وجہ اس تحریک کا خود رو ہونا ہے۔ کسی قیادت کے بغیر آنے والے دنوں میں مصر کے پیش منظر کو مزید واضح کریں گئے لیکن یہ نظر آرہا ہے کہ مصری ریاست عوام کے بڑے قتل کی تیاری کر رہی ہے اور اگر ریاست کامیاب ہو گئی تو ایک بھیانک جبر پورے عرب میں عود آئے گا اور عوام کی زندگیاں پہلے سے بھی زیادہ اجیرن ہو جائیں گی۔ اور اگر عوام کامیاب ہو گئے تو پھر حسنی مبارک کو سعودی عرب پناہ دینے سے اجتناب کرے گا اور دوسرے ممالک بھی اپنا منہ پھیر لیں گئے۔ پھر یقینا مغرب جو جمہوریت اور بنیادی انسانی حقوق کا علمبر دار ہے اس آمر کو پناہ دنے کے لیے آگے بڑھ سکتا ہے لیکن یہ بات مسلمہ حقیقت ہے کہ عرب ایک سوشلسٹ انقلاب کے بغیر تڑپتا رہے گا ہمیں آج عرب انقلاب کے دفاع کے ساتھ ساتھ اپنے اپنے ممالک میں انقلاب کی تیاری بھی کرنی ہے جو نہ صرف عرب انقلاب کو مضبوط کرے گا بلکہ اس کی کامیابی کے آثار بھی روشن ہوں گئے۔

تیس جنوری دو ہزار گیارہ

اوسلو میں قتل گری۔ حکومت حقائق اور اپنی کمزوریاں چھپا رہی ہے

ناروے کے انریش بیرنگ بریوک نے ناروے کے دارالحکومت اوسلو میں دن تہاڑے کھلے عام بے گناہ معصوم انسانوں کے خون کی ہولی کھیلی جس میں 100 سو انسانوں کا قتل ہوا۔ ان ہلاک ہونے والے لوگوں میں زیادہ تر تارکین وطن اور انکے بچے شامل ہیں۔ ساکنڈی نیویا میں کھلے عام اس ہولناک دائیں بازو کی دہشت گردی نے مغرب میں جمہوریت، آزادی اور امن کے آگے بہت سے سوالیہ نشان بنا دیئے ہیں۔

انٹرنیٹ پر انریش بیرنگ بریوک کے متعلق جو معلومات ملیں یا جو اس نے لکھا اس سے ثابت ہوتا ہے کہ یہ ایک کٹر نسل پرست اور مذہبی انتہا پسند ہے جو ملٹی کلچر کے خلاف ہے۔ اس کے رابطے دنیا میں کافی ممالک کی فاشیسٹ تنظیموں کے ساتھ تھے اور یہ کئی سالوں سے ایسی شر پسند سرگرمیوں میں سرگرم تھا۔ جس پر ریاست نے کوئی ایکشن نہیں لیا؟ اس کے پاس اسلحہ کیسے آیا؟ اور یہ کس طرح مسلح باآسانی دارالحکومت کے سنٹر تک پہنچا؟۔ اس کو قتل گری کے دوران کیوں نہیں روکا گیا؟۔ پولیس کہاں تھی؟

حکومت اصل حقائق اور اپنی کمزوریوں کو چھپا رہی ہے؟۔ اور تمام ناروے کا قدامت پرست میڈیا بھی حکومتی اور ریاستی خوشنودی میں بڑھ چڑھ کر حصہ لے رہا ہے

انریش بیر نگ بریوک نے اسلحہ بنایایا کہیں سے خرید ااور اسے بڑی آسانی اور اطمینان سے بغیر کسی روک و ٹوک کے ، دراالحکومت کے مرکزی علاقے تک آیا اور اپنا تمام حدف پورا کیا اور پھر بعد میں پولیس کے ہاتھوں پکڑا گیا۔ جس پر وزیر اعظم ناروائے نے بڑے اعتماد اور جوش سے یہ بیان دیا کہ کہ ناروئے کی پولیس نے نہایت شاندار کاروائی کی۔

اس درندے صفت انسان کو اب سرکاری وکیل ذہنی مریض ثابت کر کے کم سے کم سزا دلوانا چاہتا ہے۔ اس واقعہ کے فوار بعد کسی بھی تحقیق سے پہلے ہی ریاستی اداروں نے اپنا نقطہ نظر پیش کر دیا کہ یہ انریش بیر نگ بریوک کا ذاتی فعل ہے اور اس میں کوئی تنظیم یا پارٹی ملوث نہیں ہے جبکہ اس قاتل اور دہشت گرد نے اپنے پہلے بیان میں کہا تھا کہ اس کاروائی میں اس کے ساتھ دو اور گروپ بھی ملوث ہیں اور یہ اس اکیلے کی کاروائی نہیں ہے۔

جبکہ ناروائے میں ڈومسٹیک انٹیلی جنس کی سربراہ جین کرسٹیانیسن نے کہا ہے کہ ابھی تک کوئی شوائد ایسے نہیں ملے اور نہ ہی ایسے ثبوت ہیں جو انریش بیر نگ بریوک کو دائیں بازو کا انتہا یا شدت پسند ثابت کریں۔ جبکہ ساتھ ہی انہوں نے کہا ہے کہ یہ نو سال قبل دائیں بازو کے مختلف شدت پسندوں کے گروپوں سے ملتا تھا۔ یہ تضادات سے بھر ابیاں کسی راز کی اعکاسی کرتا ہے۔

گارڈین نے لکھا ہے کہ انریش بیر نگ بریوک نے 1500 ایک ہزار پانچ سو صفحات پر مشتمل ایک انتہائی دائیں بازو کا نسل پرستانہ منشور بھی انٹرنیٹ پر تحریر کیا ہے اور یوٹیوب پر ایک ویڈیو بھی ہے جو دنیا میں ڈھائی سو افراد کو میل کی گئی۔ جن میں ایک چوتھائی برطانوی نسل پرست تھے جس کا اظہار بلجیم کی دائیں بازو کی پارٹی کے رہنما تانکوئے ویزنے کیا۔ یہ میل برطانوی دائیں بازو کے شدت پسند گرہوں کے علاوہ انریش بیر نگ بریوک نے یہ میل اٹلی، فرانس اور جرمنی کے دائیں بازو کو بھی ارسال کیں۔

اس کا رابطہ ہندوستان میں ہندو انتہا پسند تنظیموں سے بھی تھا۔ ناروئے کی حکومت اور ریاستی اداروں کا دائیں بازو کی اس دہشت گرد کاروائی کو انریش بیرنگ بریوک کا ذاتی اور انفرادی کاروائی بنا کر پیش کرنا ملک میں دائیں بازو کی حمائت اور انکا دفاع کرنا ہے۔ جو عوام کو کسی قدر بھی قابل قبول نہیں۔

پاکستان، افغانستان یا ترقی پذیر ممالک میں جب بھی کوئی ایسی انفرادی دہشت گردی ہوتی ہے تو اس کو یہ سامراجی حکمران تمام عوام کے سر تھوپ دیتے ہیں۔ القاعدہ کی انفرادی دہشت گردی کو جواز بنا کر پوری افغان قوم کو خون میں ڈبو دیا اور ملک کو کھنڈر میں تبدیل کر دیا۔ ڈکٹیٹر صدام حسین کی سزا پوری عراقی عوام کو دی اور ایک ترقی یافتہ ملک کو ترقی پذیر ملک سے بھی بدتر بنا دیا۔ لیکن آج ان کا اپنا مسئلہ ہے؟۔ اس لیے مختلف ہے یہ اس کو یقیناً دوسرے رنگ میں پیش کریں گئے اور کر رہے ہیں یہ اس دہشت گردی کو فرد واحد کا مسئلہ قرار دے رہے ہیں جبکہ یہ ایک سیاسی اور سماجی مسئلہ ہے۔ اور عین ممکن ہے کہ ناروائے کے حکمران انریش بیرنگ بریوک کو ذہنی مریض ثابت کر کے اس کی سزا بھی کم کر دیں۔ اگر ایسا ہوا تو اس سے پورے یورپ میں دائیں بازو کی قوتوں کو طاقت ملے گئی اور وہ مزید بے خطر و بے خوف ہو جائیں گئیں کیونکہ انریش بیرنگ بریوک ایک شخص نہیں بلکہ ایک سوچ اور رحجان کا نمائندہ ہے جس کی حوصلہ افزائی کی بجائے حوصلہ شکنی اور سدباب کی اشد ضرورت ہے۔

ہم مطالبہ کرتے ہیں کہ۔

انریش بیرنگ بریوک کو سخت سے سخت سزا دی جائے اور خاص طور پر اس کے پس پردہ قوتوں کو منظر عام پر لایا جائے اور انہیں بھی سزا دی جائے۔

ناروائے سمیت تمام یورپ میں تمام نسلی، مذہبی، لسانی اور فرقہ وارانہ تنظیموں اور پارٹیوں پر مکمل پابندی عائد کی جائے ان کے تمام اثاثے اور اکاونٹ ضبط کیے جائیں۔

نجکاری بند کی جائے جو بائیں بازو، عوم اور مزدوروں کی طاقت کو کمزور کرنے کا سبب ہے۔ اور یہ نجی مالکان ہی ہیں جو اپنے مفادات کے لیے دائیں بازو کو سرمایہ فراہم کرتے ہیں۔

بنیاد پرست اور فرقہ ورانہ تنظیموں کو کمزور کرنے کے لیے لازمی ہے کہ عوام کی طبقاتی طاقت کو مضبوط کیا جائے۔ جس کے لیے تمام بڑی بڑی صنعتوں کو قومی تحویل میں لے کر مزدوروں کے جمہوری کنٹرول میں دیا جائے۔ تمام مزدوروں کی تنخواہ کم از کم 15 پندرہ یوروفی گھنٹہ مقرر کی جائے۔ کام کے اوقات کار آٹھ گھنٹے سے کم کر کے چھ گھنٹے روزانہ کیا جائے اور ہفتہ وار دو چھٹیاں لازمی دی جائیں۔

روزگار ریاست کی ذمہ داری ہے کوئی رعائت نہیں ہے اس لیے بے روزگاری کی صورت میں ایک معقول بے روزگاری الاونس دیا جائے جو آج ایک عام انسان کے معیار زندگی کو قائم رکھنے کے لیے ناکافی ہے۔

تمام میڈیکل، کنڈر گارڈن، اعلی تعلیم، لوکل ٹرانسپورٹ، بجلی، پانی، تمام بنیادی ضروریات مفت فراہم کی جائیں۔

رجعت پرستی، تعصبات اور انتہا پسندی کے خلاف صرف عوام کا معیار زندگی بلند کر کے اور سماجی ارتقا کو ترقی دینے سے ہی ممکن ہے۔ جس کے لیے انقلابی اور طبقاتی جدوجہد ناگزیر ہے۔

آٹھائیس جولائی دوہزار گیارہ

جرمنی، دہشت گردی کی آڑ میں آزادی پر پہرے

جرمنی میں پچھلے دنوں تین نوجوانوں کو دہشت گردی کے الزام میں گرفتار کیا گیا ہے اور حکومت کے بقول ان کے پاس سے وہ کیمیکل اور مواد ملا ہے جس سے وہ جرمنی میں بم دھماکے کر سکتے تھے اور کرنے والے تھے یہ تین مسلم نوجوان جن میں دو گورے جرمن ہیں جنہوں نے کچھ عرصہ پہلے اسلام قبول کیا تھا اور ایک ترکی مسلم باشندہ ہے یہ کافی دیر سے مشکوک تھے اور خفیہ پولیس ان کی نگرانی کر رہی تھی ان کے بارے میں یہ بھی کہا گیا ہے کہ یہ پاکستان کے اسلامی دہشت گرد کیمپوں سے ٹریننگ حاصل کر کے جرمنی میں دہشت گردی کرنے آئے ہیں اور کرنے والے تھے۔ حکومت کا یہ بیان جس میں انہوں نے ترکی باشندے کو پہلے کسی تحقیق کے بغیر پاکستانی کہا تھا اس سے پاکستان کے عالمی امیج کا احساس ہوتا ہے کہ پاکستان کی بنیاد پرستی اور حکمرانوں نے اس کو کس حد تک تباہ کر دیا ہے اور ہر دہشت گردی میں پاکستان کا سب سے پہلے نام آتا اور آج دنیا میں کوئی ایسی دہشت گردی نہیں ہے جو پاکستان سے جدا ہو۔ پاکستان کے حکمرانوں اور ملاوں نے بے قصور پاکستانی عوام کو بھی عالمی طور پر بھی زلیل و رسوا کر دیا ہے جن کا اس بنیاد پرستی سے نہ کوئی تعلق ہے اور نہ کبھی کوئی تعلق رہا ہے نہ مقامی اور نہ ہی عالمی سطح پر، مذہبی جنونیت سے انکا کوئی سروکار نہیں ہے۔ حکمرانوں کو اس کی کوئی فکر نہیں وہ تو لوٹ مار اور استحصالی نظام کو بچانے کے لیے نئی ڈیلوں میں مصروف ہیں کیونکہ پرانی ڈیلیں قبل عمل نہیں رہی اس لیے نئی ڈیلوں کی

ضرورت ہے جو عوام کے ظلم پر ہی ہو رہی ہیں اور ہو گئی۔۔۔۔۔لیکن کوئی بھی ذی شعور اور تھوڑی سی سمجھ بوجھ رکھنے والا کسی بھی دہشت گردی کی حمائت نہیں کرتا اور یہ جانتا ہے کہ انفرادی دہشت گردی حکمرانوں اور موجودہ نظام کو کمزور نہیں کرتی بلکہ مضبوط کرتی ہے کیونکہ اس دہشت گردی کے خلاف عوام اپنے حکمرانوں کے کتنے بھی خلاف ہوں اس مسئلہ پر عارضی طور پر ان کے ساتھ جوڑ جاتے ہیں۔ یا پھر اس انفرادی دہشت گردیوں کے خلاف انکی حمائت کرنے لگتے ہیں جو عملی طور پر یا پھر خاموشی سے بھی ہو سکتی ہے۔ جبکہ حکمران ان کو استعمال کر کے اپنی کمزوریوں اور بے رحم استحصال کو چھپانے کی کوشیش کرتے ہیں، عوامی تحریکوں کو اور اپنے خلاف محنت کشوں کی نفرت کو دباتے اجاداریوں اور سرمایہ داروں کو مزید رعائیتں دیتے ہیں اور عوام پر استحصال کو وسیع تر کر دیتے ہیں۔ عوامی سہولتوں اور ریاستی سبڈیز کو کم کرتے ہیں اور عوام حکمرانوں کے اس ظلم کو نا چاہتے ہوئے بھی دہشت گردی سے محفوظ رہنے کے لیے اس جبر کو قبول کرتے ہیں۔ اس لیے یہ دہشت گردی اسلامی ہو یا غیر اسلامی ہمیشہ استحصالی حکمرانوں کی حکمرانی کو مضبوط کرتی ہے اور عوام کے دکھوں میں مزید اضافہ ہی کرتی ہے۔

دوسری طرف حکمران اس کے خلاف منظم ریاستی دہشت گردی کو استعمال کرتے ہیں یا نئے سخت ترین قوانین بناتے ہیں۔ جس کا شکار پھر عام عوام ہی ہوتے ہیں۔

دہشت گردی کے واقعات کو تمام مسلمانوں پر نہیں تھوپا جا سکتا کیونکہ مسلم محنت کش عوام بھی بقیہ غیر مسلم عوام کی طرح سکھ چین اور خوشحالی کی زندگی گزارنے کے خواہش مند ہوتے ہیں جو آج مسلم اور غیر مسلم دونوں عوام کو یہ میسر نہیں ہے اس لیے ان میں کوئی بنیادی خاص فرق بھی نہیں ہے تمام ہی پیٹ کے جہنم کی آگ بجھانے کے لیے محنت مزدوری کرتے ہیں یعنی یہ سب عالمی عوام اپنے زر دار حکمرانوں کے لیے اجرتی غلام سے زیادہ کچھ نہیں ہیں پھر یہی حکمران ان میں تعصبات کی آگ جلا کر ان کا مزید استحصال جاری رکھتے ہیں جو ان کی محنت پر اپنی امارت کے بلند قعلے تعمیر کرتے ہیں۔

سرمایہ داری کے بحرانوں سے عوام کی قوت خرید ہر روز کم ہو رہی ہے جبکہ چند اجارہ داریوں کی ہاتھوں میں بے شمار دولت کا ارتکاز ہوتا جا رہا ہے اور مزید ہو رہا ہے انہوں نے ہی پہلے سرد جنگ میں اپنی دولت کو محفوظ رکھنے اور مزید لوٹ مار کے لیے اس اسلامی بنیاد پرستی کو مضبوط کیا اور پھیلایا اور آج اس کو بھر پور استعمال کر لینے کے بعد اس کو ختم کرنا نہیں بلکہ کنٹرول کرنا چاہتے ہیں اس لیے کہ آج یہ ان کے مکمل کنٹرول سے باہر ہو رہی ہے یہ پہلے بھی چند مختصر اور محدود جماعتیں اور افراد تھے اور آج بھی یہی چند ہیں جو پہلے پیسوں کے لیے ان سامراجیوں کے ہاتھوں بکے تھے اور آج بھی انہی پیسوں کے لیے ان سے بظاہر صف آرا ہیں یا پھر دوسروں سے پیسے لے چکے ہیں۔ اگر ان کو آج سامراج مراعات اور انکی عیاشی کا سامان مہیا کر دے تو یہ اگلے دن ہی ان کے پاوں میں پھر لوٹ پوٹ ہو جائیں گے جس طرح سامراج کا کوئی مذہب نہیں ہے اس طرح ان فاشسٹ رجحان رکھنے والی اسلامی تنظیموں کے لیڈروں کا بھی کوئی مذہب نہیں ہے یہ صرف معاشی دکھوں کے مارے لوگوں کے جذبات اور خدا پر بھروسے، زمین یا آسمانوں پر بہتر زندگی کے لالچ کو استعمال کر کے اپنے مالی مفادات کا حصول ممکن بناتے ہیں اس سے زیادہ کچھ حقیقت نہیں ہے۔

آج جتنا عالمی سطح پر اسلامی دہشت گردی کا پراپیگنڈہ ہے اصل میں یہ اتنا ہے نہیں، جتنا یہ شور شرابا ہے جس کی بنیادی وجہ یہ ہے کہ عالمی مالیاتی نظام اپنے سخت ترین بحرانوں کی زد میں ہے اور وہ اپنی ناکامی کو اس شور میں چھپانا چاہتا ہے اور اس کو جواز بنا کر عوام کا مزید خون نچوڑ رہا ہے تا کہ موجودہ نظام کے جمود کو تحریک دی جا سکے لیکن آج انسانی تاریخ میں اسکا وقت پورا ہو چکا ہے جس سے اسکے بحران نہ ختم ہونے والے اور جمود نہ ٹوٹنے والے راستے پر مڑ چکا ہے اور یہ واضح طور پر سماجی ترقی میں روکاوٹ بن کر خود رجعت پرست اور بے کار ہونے کو ثابت کر رہا ہے اب یہ نظام کسی بھی دوسری رجعت پرستی کے خلاف لڑنے کے قابل بھی نہیں رہا اس لیے اسلامی رجعت پرستی کے خلاف کامیاب بھی نہیں ہو رہا اور یہ ہونا

بھی نہیں چاہتا کیونکہ یہ مذہبی درندگی ہی موجودہ نظام کی بقا کی ضامن بن چکی ہے۔ بنیاد پرستی اور سرمایہ داری جہاں یہ ایک دوسرے کے خلاف ہیں وہاں یہ ایک دوسرے کی ضرورت بھی ہیں۔ یہ ایک ہی سکے کے دورخ ہیں ایک طرف سامراج اور دوسری طرف بنیاد پرستی وہ اسلامی ہو یا غیر اسلامی ان دونوں کا دنیا کی کسی بھی عوام یا انکے مفادات سے کوئی تعلق نہیں ہے اگر ہے تو عوام دشمنی اور استحصال کرنے کا۔

جرمنی میں اس واقعہ نے حکمرانواں کو یہ موقعہ دیا ہے کہ وہ یہاں کی عوام کی سہولتوں میں کٹوتیاں کریں اور انکی آزادیوں کو محدود کردیں ایسا کرنا میں وہ بہت تیزی کررہے ہیں اس سے ایسا لگتا ہے کہ وہ اس موقعہ کی تلاش اور تاڑ میں کافی دیر سے تھے جو انکو اب میسر آیا ہے جرمنی کے وزیر داخلہ شوئیبلے نے کہا ہے کہ لوگوں کے تمام کوائف محفوظ کیے جانے سے ہی سیکورٹی ہو سکتی ہے یعنی تمام عوام یا شہریوں کی ہر حرکت کو دیکھا بھالہ جاے اور شوئبلے کے مطابق اسی سے ملک کو دہشت گردی سے محفوظ کیا جاسکتا ہے ہر ایک کا ٹیلی فون ریکارڈ کیا جاے انٹرنیٹ کو کنٹرول کیا جاے اور کسی کی ذاتی زندگی کا خیال نہ رکھا جائے بلکہ ہر شخص کی تمام حرکات وسکنات کا ریاست کو مکمل علم ہو یہ وہی سی ڈی یو پارٹی کا شوئیبلے کہہ رہا ہے جس نے ایس پی ڈی کی حکومت میں 11 گیارہ ستمبر کے بعد کہا تھا کہ جرمنی میں تمام ہوائی اڈوں اور ریلوے اسٹیشنوں اور اہم عمارتوں کو فوج کی نگرانی میں دیا جاے اور لوگوں کو کنٹرول کرنے کے لیے کیمرے نصب کیے جائیں پھر اس نے افغانستان کے بعد عراق میں بھی امریکی فوج کے ساتھ جرمن فوج بھجنے پر زور دیا تھا لیکن بد قسمتی سے یہ بداعنوانی کے سکینڈل میں سی ڈی یو کی جنرل سیکریٹری شپ سے ہی ہاتھ دھو بیٹھا اور انجیلا مائیل اس سیٹ پر آئی جو اب جرمنی کی کانسلر ہے۔ اس نے پھر اسی شوئیبلے کو وزیر داخلہ بنادیا اور لگتا ہے کہ اب یہ اپنے وزارت داخلہ کے عہدے سے بھرپور فائدہ اٹھاے گا اور جو آمرانہ کام یہ ماضی میں نہیں کرسکا اب کرئے گا۔ تمام شہریوں کی آزادی کو مخصوص ومحدود اور محصور

کر دے گا اور یہ ایسی ہی پالیسوں کو لاگو کرنے کی باتیں کر رہا ہے ایسا لگتا ہے یہ بنیاد پرستوں کی گرفتاری کا واقعہ جرمن حکمرانوں لیے عید بن گیا ہو۔

تمباکو نوشی منع ہے صحت پر بیوپار

یکم ستمبر سے جرمنی میں تمباکو نوشی کے خلاف قانوں نافذ ہو گیا ہے اس قانون کی رو سے اب کوئی بھی شخص ریلوے اسٹیشنوں پر، ٹرینوں میں، بسوں، ٹیکسیوں، پولیس کی گاڑیوں، وفاقی اور صوبائی پارلیمنٹ، اور تمام سرکاری عمارتوں، ہوائی جہازوں اور ائیر پورٹوں، ریستوران میں سگریٹ نوشی، سگار یا کسی بھی تمباکو نوشی پر مکمل پابندی عائد ہو گی ہے۔ اور اس کی خلاف ورزی پر 1000 ایک ہزار یورو تک جرمانہ ہو سکتا ہے پہلے 16 سال کے بچے بھی سگریٹ عام دوکانوں سے خرید سکتے تھے لیکن اب 18 اٹھارہ سال سے کم عمر کے بچے کسی بھی دوکان سے کسی قسم کا تمباکو نہیں خرید سکتے اور اگر کوئی دوکاندار ان کم عمر بچوں کو تمباکو فروخت کرے گا تو اس کو 50000 پچاس ہزار یورو کا جرمانہ ہو سکتا ہے ٹرینوں اور بسوں میں تمباکو نوشی پر ان افراد کو ٹرینوں اور بسوں سے اتار دیا جاے گا۔ کا قانوں جاری ہو چکا ہے۔

جرمن حکومت کے مطابق ہر سال ہزاروں لوگ تمباکو نوشی کی وجہ سے پھپھڑوں اور سانس کی بیماریوں کا شکار ہوتے تھے اور کئی ہزار ان میں سے مرتے بھی جاتے ہیں جس سے حکومت کو ہر سال ایک بڑی رقم تمباکو نوشی سے بیماریوں کے علاج کے لیے محکمہ صحت کو سبسڈی کے طور پر دینا پڑتی تھی جو حکومت پر بڑا، معاشی بوجھ ہے۔ تمباکو نوشی کے خلاف ایسے ہی قانون آج تمام یورپ میں نافذ ہو رہے کیونکہ یہ یورپی پارلیمنٹ کا مشترکہ فیصلہ بھی ہے۔ ہم بھی اس قانون کو خوش آمدید کہتے ہیں اور عوام کے لیے

خوش آئند سمجھتے ہیں جو پیسوں اور صحت کا ضائع تھا۔

لیکن سوال یہ ہے کہ یورپ اور جرمنی کو آج ہی یہ خیال اور عقل کیوں آئی کہ تمباکو نوشی صحت کے لیے خطرناک ہے جبکہ تمباکو نوشی تو ہمیشہ سے ہی صحت کے لیے مضر اور زہر قاتل رہی ہے۔ اور پچھلی کئی دہائیوں سے تمباکو نوشی کی وجہ سے پوری دنیا میں ہر سال بے شمار اموات ہو رہی ہیں جس پر یورپ کے تمام حکمرانوں نے قبرستان کی خاموشی اختیار کر کر رکھی تھی۔ اس لیے کہ پہلے تمباکو نوشی سے اجارہ داریوں اور سرمایہ داروں کو بڑے منافع حاصل ہو رہے تھے جبکہ ریاستوں کو بھی ٹیکسوں کی مد میں بڑی بڑی رقموں مل رہی تھیں۔ جس وجہ سے سرمایہ کاروں نے اس موت کے کاروبار میں بڑے پیانے پر سرمایہ کاری کی اور ریاست نے بھی اس صنعت کی خوب حوصلہ افزائی کی جس سے یہ کاروبار خوب زروں پر گیا تب تک کسی حکومت اور سیاسی لیڈر کو یہ خیال نہ آیا کہ اس سے کتنی انسانی اموات ہو رہی ہیں اور کس طرح یہ انسانی زندگی کو گھن کی طرح چٹ رہی ہے لیکن آج ایک دم یہ خیال آگیا کہ یہ انسانی زندگی کے لیے سخت خطرناک ہے۔

جس سے اب تمباکو نوشی کی پبلی سٹی اور اس کی روک تھام کے لیے سخت قانون سازی کی جاری ہے اس کی بنیادی وجہ یہ ہے کہ اب یہ کاروبار یورپ کے لیے منافع بخش نہیں رہا بلکہ گھاٹے کا سودا ہو گیا ہے اس سے مطلوبہ سرمایہ حاصل نہیں ہو رہا جب کہ اس کے مقابلے میں اس کے مضر اثرات کی وجہ سے اخراجات بڑھ گئے ہیں۔ تباک میں مندے کے رجحان کی وجہ یورپ کی مشترکہ منڈی ہے کیونکہ سرحدیں کھلنے سے مشرقی یورپ کے سستے سگریٹ اور تمباکو مغربی یورپ میں آسانی سے سمگل ہو رہا ہے اور اس کی سمگلنگ کو روکا بھی نہیں جا سکتا جس سے مغربی یورپ کی تمباکو مارکیٹ تباہ ہو کر رہ گی ہے اور اس سے سابقہ شرح منافع بھی قائم نہیں رہا بلکہ ان ماضی کے بلند منافع جات میں اب مسلسل گراوٹ کا رجحان ہے ۔ جبکہ اس کے عادی فراد کے علاج پر اخراجات مسلسل بڑھ رہے ہیں جس سے تمباکو نوشی

کے موت کے دھندے میں فائدے سے زیادہ نقصان ہے۔

سرمایہ داریا انکی ریاستیں کبھی گھاٹے کا سودا نہیں کرتیں اسی لیے پہلے انسانی صحت کی تباہی پر یہ اپنے کاروبار چمکاتے تھے اور آج اسی کاروباری سوچ کی وجہ سے ان کو اچانک انسانی صحت کی فکر لاحق ہو گی ہے ماہرین کے مطابق ایک سگریٹ پینے سے جتنا صحت کو نقصان ہوتا ہے اس کے علاج پر اس سگریٹ کی قیمت سے تین گناہ زیادہ خرچ آتا ہے اور اب اس تمبا کو نوشی کے خلاف قانون سے حکومت کو سات ملین یورو کا سالانہ فائدہ ہو گا۔ جبکہ امریکہ اور کئی دوسرے ممالک ابھی تک تمبا کو نوشی سے بڑے منافع کمارہے ہیں اس لیے ان کو ایسے کسی قانون کی ابھی ضرورت درکار نہیں ہے کیونکہ سرمایہ دارانہ نظام میں صرف اور صرف پیسے کمانے کا دھندہ کیا جاتا ہے اس سے زیادہ کچھ نہیں۔ہاں اگر کیا جاتا ہے تو جھوٹا اور منافقانہ پراپیگنڈہ۔ لیکن آج اس قانون کے ساتھ ہی پھر یہی سرمایہ دار ان تمبا کو نوشروں سے پیسہ کمانے کے لیے بھی متحریک ہوگئے ہیں اور یہ کوشیش کر رہے ہیں کہ اب سگریٹ کے عادی افراد کے لیے ان جھگوں پر جہاں تمبا کو نوشی منع ہے وہاں الگ سے کمرے بنائے جائیں جہاں یہ افراد تمبا کو نوشی آسانی سے کر سکیں اور ان سے الگ سے پیسے لیے جائیں اس تجویز اور اس پر عمل درآمد کے لیے سرکاری اداروں اور یونیورسٹیوں تک میں بحث ہو رہی ہے اور معیشت کے طالب علموں کو یہ پڑھایا بھی جارہا ہے۔ جو کہ نہایت منافقانہ اور شرم ناک ہے۔ یہ سرمایہ دارانہ نظام انسان دشمن سوچ کی غمازی کرتا ہے اسی وجہ سے آج کل جسم فروشی، منشیات، بچوں کا شرم ناک ترین سیکس، کا دھندہ عروج پر ہے کیونکہ اس میں بہت زیادہ منافع کمایا جاتا ہے اور آج عالمی سطح پر ان کاروباروں میں بڑے پیمانے سرمایہ کاری ہو رہی ہے آپ کا کیا خیال ہے ؟۔

اگر آپ بھی میری طرح سوچ رہے ہیں تو پھر طبقاتی جدوجہد کا حصہ بن کر سوشلسٹ انقلاب کی جدوجہد میں شامل ہو جائیں تاکہ موجودہ دنیا کو معاشی، سیاسی، اور سماجی جہنم کی آگ سے نکالا جائے۔

فلسطین کا نصیب

جہاں سن 2008 کا اختتام اسرائیل کی صیہونی ریاست کی بے گناہ، بے بس اور نا ہتھی فلسطینی عوام پر وحشیانہ بمباری سے عوامی قتل عام سے ہوا وہاں سن 2009 دو ہزار نو کا آغاز بھی اسرائیلی ریاست کی غزہ پر 1967 سے 2005 دو ہزار پانچ ستمبر تک سامراجی قبضہ کے بعد اب پھر انہی سامراجی روایات کو جاری رکھتے ہوئے غزہ پر دوبارہ قبضہ سے ہو رہا ہے پہلے جہاں آسمان سے بمباری کی گئی آج زمین پر بھی ٹینکوں سے فلسطینی عوام پر تباہ کن بمباری جاری ہے۔ اسرائیل کی اس منہ زوری اور بے لگام خوفناک صہونی دہشت گردی کو تمام دنیا کے حکمران روکنے میں اس لیے ناکام ہیں کہ یہ پس پردہ اسرائیل کی اس عوامی قتل گری کی حمائت کر رہے ہیں۔ اور یہ کسی سے ڈھکا چھپا نہیں ہے کہ اسرائیل یہ سب کچھ امریکہ کی پشت پناہی اور ایما پر ہی کر تا رہا ہے اور آج بھی کر رہا ہے اور امریکی ریاست کے احکام اور مفادات کی ہی تکمیل ہو رہی ہے۔

امریکی سامراج کی تحائف اقوام متحدہ اور سلامتی کونسل بھی ہمیشہ کی طرح اس بار بھی اپنے آقا امریکہ کے خلاف بڑے لاچار اور مجبور ہیں جو اقوام متحدہ کے بے کس اور مظلومانہ بیانوں سے صاف نظر آرہا ہے امریکی صدر جارج بش نے اسرائیل کی اس انسانیت سوز وحشت پر یہ بیان دیا کہ اس کی ذمہ دار حماس ہے۔ دنیا کے تمام حکمرانوں نے اسی کی تقلید میں سر خم تسلیم کر دیا ہے اس حد تک کہ فلسطین میں الفتح

کے رہنما محمود عباس جو سامراجی دلالی میں اس حد تک آگے چلا گیا ہے کہ اس نے بھی اپنی قوم کی اس بے رحمانہ خونی ریزی پر اسی بش کے بیان کو دوہرایا ہے اور اس کی ایک بار بھی مذمت نہیں کی۔ غزہ پر اس اسرائیل کی خونی سامراجی جارحیت کی نہ صرف امریکہ اور یورپ مختلف انداز سے حمائت کر رہے ہیں بلکہ عرب حکمران بھی اسرائیل کی اس بھیانک یہودی جنونیت کے پیچھے کھڑے ہیں۔ جب اسرائیل غزہ پر اندھا دھند بمباری کر رہا تھا تو جان بچانے کے لیے غزہ کے بے شمار باسی جس میں زیادہ تر عورتیں بچے اور بوڑھے شامل تھے مصر کی طرف بھاگے تا کہ اس اسرائیلی درندگی سے بچ سکیں لیکن مصر کے حکمرانوں نے اپنے باڈر یعنی سرحد پر مسلح فوج کھڑی کر دی اور غزہ سے بھاگ کر آنے والوں پر بندوکیں تان لیں جس سے یہ غزہ کی طرف واپس بھاگے جہاں اسرائیل کی بمباری انکے خون کی پیاسی تھی۔

یہ تمام دل دہلنے والے واقعات کو آج امریکی، یورپی اور عرب حکمرانوں نے غزہ اور فلسطین کا مقدر بنا دیا ہے۔ آج تمام جنگی قتل وغارت کا نزلہ حماس پر ڈالا جا رہا ہے جبکہ اگر دیکھا جائے تو حماس بھی وہی ہے جو القاعدہ ہے اور اس حماس کی بنیاد پرستی کو بھی اسرائیل اور امریکہ نے ہی اپنے سامراجی مقاصد اور فلسطینی متحدہ تحریک میں ڈراریں ڈالنے کے لیے پال پوس کر جوان کیا ہے۔ امریکہ نے اپنے عالمی سامراجی حکمرانی کے لیے جہاں روس کے خلاف افغانستان میں جس طرح القاعدہ اور طالبان کو تعمیر کر کے اپنے مالیاتی مفادات کے لیے بھرپور استعمال کیا اسکی مالی، فوجی اور ہر طرح کی مدد کی اور اسے مضبوط کیا یہی عمل اس نے تمام اسلامی دنیا میں اپنے مفادات کے لیے جاری رکھا۔

یہ تمام جو آج کے دہشت گرد ہیں پہلے مجاہدین کہلاتے تھے لیکن آج وہ مطلب نکل جانے یا سامراجی مقاصد پورے ہو جانے پر اپنے ہاتھوں بنانے ہوئے القاعدہ کے ڈھانچے کو امریکہ ختم کرنے کے بظاہر درپے ہو گیا ہے اور تمام دنیا کو جہنم بنا دیا ہے۔ کیونکہ آج سامراجیت استحصال کو قائم رکھنے کے لیے نئے اور دوسرے ٹارگٹ سامنے ہیں جس میں یہ اسلامی بنیاد پرستی شاید پہلے کی طرح فٹ نہیں ہوتی اس لیے

کہ یہ بھی آج حکمرانی میں اپنا بڑا حصہ مانگنے لگے ہیں جس سے امریکہ آج ان کو تباہ کرنے کا ناٹک کر کے اپنے نئے سامراجی ٹارگٹ حاصل کرنے کی کوشیش کر رہا ہے۔ اسی طرح فلسطین میں پہلی انتفادہ،، مذاحمتی تحریک،، جو نہ صرف فلسطین اور تمام عرب بلکہ اسرائیل کے مزدوروں تک پھیل گئی تھی، جس نے نہ صرف عرب حکمرانوں بلکہ اسرائیل کے حکمرانوں کو بھی ایک عرب محنت کش اتحاد اور سوشلسٹ انقلاب کے خوف سے لرزہ دیا تھا۔

یہ پہلی انتفادہ تمام عرب ریاستوں کے جبر اور اپنی داخلی اور نظریاتی کمزریوں کی وجہ سے پسپا ہو گئی لیکن یہ اپنے گہرے اثرات تمام عرب عوام اور حکمرانوں پر ثبت کر گئی عوام ایک فتح اور حکمرانوں میں ایک شکست کے خوف کے اثرات چھوڑ گئی۔ اور تب سے اسرائیلی اور امریکی حکمرانوں نے اس عوامی تحریک کے خلاف ایک قوت کو تعمیر کرنا شروع کیا جس کا نام حماس تھا جو مذہبی بنیادوں پر ایک اسلامی تعصبی تنظیم تھی جس کی پروش فلسطین کے اتحاد کو تباہ کرنے اور آئندہ کسی انتفادہ کو پنپنے سے روکنے کے لیے مضبوط کیا گیا۔ اور آج جب یہ اقتدار اور حکمرانی میں اپنا حصہ مانگنے لگی ہے تو حکمران انکو برداشت نہیں کر پارہے کیونکہ انکو حماس کی بنیاد پرست نظریات کی جنونیت کا علم ہے جو انکے مفادات سے ٹکرا رہا ہے۔ یہ ٹکراو وہ نہیں چاہتے کیونکہ اسرائیلی ریاست اور حکمرانوں کو علم ہے کہ انکی بنیاد بھی یہودی جنونیت ہی پر ہے۔ اور کوئی ایک رجعتی جنونیت کبھی کسی دوسری بنیاد پرست جنونیت کو قبول نہیں کرئے گئی کیونکہ کسی ایک جنونیت کی بنیادوں میں دوسری جنونیت کا لہو ہی ہوتا ہے اس لیے ہر مذہیب یا فرقے کو قائم رہنے کے لیے یا اپنے وجود کے جواز کے لیے کسی دوسرے مذہب یا فرقے کی لازمی ضرورت ہوتی ہے جس کے بغیر کوئی ایک بنیاد پرستی اور جنونیت زندہ نہیں رہ سکتی۔

اس لیے اگر یہ کہا جائے کہ آج غزہ کی جنگ دو جنونیوں کی جنگ ہے جس میں بے شمار بے گناہ اور معصوم عوام مارے جارہے ہیں تو زیادہ غلط نہ ہو گا۔ میڈیا کے مطابق غزہ میں ہلاک ہونے والے 25 پچیس فیصد

سے زیادہ کم سن بچے ہیں۔ اور ابھی پرسوں ہی اسرائیل نے اپنی درندگی کی انتہا کر دی اور معصوم بچوں کے سکول پر بھی حملہ کر کے چنونٹیوں کی طرح سینکڑوں بچے ہلاک کر دیئے ہیں۔ اسرائیل اور امریکہ فلسطین میں موجودہ جارجیت کو اپنے جعلی اور فرقہ وارانہ نظریے کو استعمال کر کے،، تہذیبوں کے تصادم،، جو طبقاتی تحریک کے لیے زہر قتل ہے، کے نظریے یا سوچ کو پس پردہ مضبوط کر رہے ہیں۔ تاکہ عالمی سطح پر محنت کش عوام کی تحریک میں نسلی، مذہبی یا تعصبی پھوٹ ڈال کر اسے کمزور کیا جا سکے موجودہ عالمی مالیاتی بحران سے پھیلنے والی سماجی تباہی کے خلاف عوامی رد عمل کا ابھرنا ناگزیر ہے جو آج عالمی منظرنامے پر نمایاں ہو رہا ہے جس کی کامیابی کی ضمانت صرف تعصبات سے پاک ایک ناقابل مصالحت مڈل ایسٹ کا طبقاتی اتحاد ہی دے سکتا ہے۔

کہیں یہ بکھری ہوئی عوامی تحریکیں متحدہ نہ ہو جائیں جو موجودہ عالمی سامراجی نظام کے لیے خطرہ ثابت ہوں گئیں اس لیے آج فلسطین کے بے گناہ عوام کے خون کو بڑی سفاکی سے استعمال کیا جا رہا ہے۔ موجودہ سرمایہ دارانہ اور عالمی مالیاتی نظام کی سماج کو ترقی دینے کی صلاحیت اور اہلیت ختم ہو چکی ہے جس سے موجودہ عالمی مالیاتی بحرانوں سے تضادات کا امڈ کرنا قابل حل ہونا اور عالمی حکمرانوں کا انکو روکنے میں بے بس ہونا موجودہ سیاسی اور سماجی مسائل کا مسلسل خون ریز ہونے سے ثابت ہوتا ہے ۔ جو عالمی انسانیت کے لیے کسی ھولناک عذاب سے کم نہیں ہے۔

فلسطین کا دردناک مسئلہ کوئی نیا نہیں بلکہ بہت پرانا ہے اور تمام ماضی کے حالات و واقعات اور اب تک کی تاریخ اس کو ثابت کرتی ہے کہ فلسطین کا موجودہ نظام میں حل ممکن نہیں رہا اور حکمران اسکو حل کرنا بھی نہیں چاہتے بلکہ اسکو مختلف اوقات میں اپنے سامراجی عزائم کے لیے استعمال کرتے ہیں اور جب چاہتے ہیں اسے خون میں ڈوبو دیتے ہیں۔ فلسطین کو اور اسکی عوام کو آج اپنی بقا کے لیے پھر ایک انتفادہ،، یعنی پورے عرب کی متحدہ مذاحمتی تحریک کی اشد ضرورت ہے جسکو تمام مشرق وسطی کے عوام کے ساتھ

ساتھ عالمی محنت کش طبقے کی مکمل حمائت حاصل ہو جو صرف ایک طبقاتی تحریک سے ہی ممکن ہے۔ اور کوئی وجہ نہیں ہے کہ اگر فلسطین کے عوام ایک مذاحمتی تحریک کا آغاز کرتے ہیں تو اس کو عالمی مزدوروں کی حمائت حاصل نہ ہو۔ جس طرح آج تمام دنیا کے عوام فلسطینی عوام کی حمائت اور اسرائیل کی جارحیت کے خلاف باہر آ چکے ہیں، سڑکوں بازاروں اور گلی محلوں میں، امریکی ایما پر اسرائیلی دہشت گردی کے خلاف سراپا احتجاج ہیں۔ اور اگر ان حالات میں انتفادہ پھر شروع ہوتی ہے تو پھر دنیا کی کوئی طاقت بھی فلسطین کو اپنا مقدر بدلنے سے نہیں روک سکتی۔

فلسطین کے مسئلے کا حل صرف فلسطینی عوام ہی نہیں بلکہ اسرائیلی عوام سمیت تمام دنیا کے عوام بھی اس انسانیت سوز خونی ریزی کا جلد سدباب چاہتے ہیں۔ آج ضرورت صرف ایک چنگاری کی جو کسی آگ کی طرح تمام مڈل ایسٹ اور دنیا بھر میں پھیل جائے گئ جس کو آگ بنے سے کوئی نہیں روک سکتا اور ہر کوئی جو اس کے مدمقابل آئے گا بھسم ہو جائے گا۔ آج ہمیں فلسطینی عوام کو اسرائیلی حکمرانوں کی بربریت سے ہمیشہ کے لیے بچانے کے لیے۔ ایک عوامی تحریک کو منظم کرنا ہو گا ہے جو اس دنیا کو سرمایہ دارانہ استحصال کی دہکتی بھٹی سے نکلنا سکے۔

اس زمینی جنت کو ایک طرف امریکی سامراج اور سرمایہ دارانہ ریاستوں کی منظم دہشت گردی تباہ کر رہی ہے تو دوسری طرف مذہبی انتہاپسندی وہ چاہے یہودی، اسلامی، عیسائی، بدھ یا پھر ہندو جنونیت ہو موجودہ انسانی سماج کو اجاڑ کر خاکستر کر رہی ہے۔ آئیں ان سب رد انقلابی قوتوں کے خلاف متحد ہو جائیں اور اپنی نجات کے لیے خود لڑیں۔

،،نوٹ،، اس وقت جب میں یہ مضمون لکھ رہا ہوں خبر آئی ہے کہ لبنان نے بھی چند میزائل اسرائیل پر داغے ہیں یہ صورت حال اسرائیل، امریکہ، اور عرب حکمرانوں کے لیے بہت ہی خطرناک ہے۔ جو

موجودہ حکمرانوں کی حکمرانی کے لیے خطرے کے آلام ہیں۔ جو وہ یقیناً کبھی نہیں چاہیں گئے۔ لبنانی ریاست امریکہ اور اسرائیل کے علاوہ عرب حکمران اب کوشیش کریں گئے کہ حزب اللہ کو لازمی طور پر جلد از جلد اس جنگ سے دور کیا جائے۔ اور ساتھ ہی ساتھ اسرائیل بھی اب کوشیش کرئے گا کہ جنگ جلد ختم ہو اس سے پہلے کہ اسرائیل تمام عرب میں تنہا رہ جائے۔ اسرائیل جنگ سے پہلے ہی یہ جنگ ہار چکا ہے لیکن اس نے اپنی کمزوری چھپانے کے لیے بے شک جوابی کاروائی کی ہے اور حزب پر بمباری بھی کی ہے۔ اگر یہ جنگ واقعی شروع ہو جاتی ہے اور کچھ لمبی چلتی ہے تو نیٹو اس میں مداخلت کیے بغیر نہیں رہے گا۔ وہ اسرائیلی صہونی ریاست کو ہر صورت کسی بحران میں داخل نہیں ہونے دے گا۔ اور اس کا ہر ممکن تحفظ کرے گا کیونکہ لبنان کے خلاف اسرائیل یہ جنگ جیت نہیں سکتا۔ لیکن اس میں فیصلہ کن کردار فلسطینی، اسرائیلی اور عرب عوام کا ہو گا کہ وہ کیا چاہتے ہیں اور اس کے لیے کیا کرتے ہیں اور کیا کریں گئے۔

لیکن یہ ایک سماجی سچ ہے کہ بحران اپنے آپ کو زیادہ لمبا عرصہ قائم نہیں رہ سکتا اس نے اپنے اختتام کی طرف آنا ہی ہوتا ہے چاہیے یہ کتنا ہی بھیانک کیون نا ہو یہ اپنا خاتمہ ردانقلاب یا پھر انقلاب پر ہی کرئے گا کیونکہ عبوری ادوار ہمیشہ، مستقل اور ٹھوس نہیں ہوتے البتہ بعض اوقات لمبے ضرور ہو جاتے ہیں۔

تین جنوری دو ہزار نو

اسرائیلی ریاست کی وحشت

صہونی اسرائیلی ریاست کی غزہ میں بھیانک خونی دہشت گردی اور عوامی قتل عام آج ایک بار پھر اپنے عروج پر ہے۔ اب تک 300 تین سو سے زائد مرد، عورتیں، جوان، بوڑھے اور بچے ہلاک کیے جا چکے ہیں۔ یہ امریکہ کی بغل بچہ اسرائیلی ریاست کسی پاگل جانور کی طرح نا ہتھے بے بس اور کمزور عوام پر مسلسل بمباری کر رہی ہے۔ میڈیے کی مطابق غزہ میں کئی کئی ٹن کے بھاری بھر کم بم پھینکے جا رہے ہیں۔ اسرائیل غزہ کے خلاف ایسے جنگ کر رہا ہے جیسے فلسطین کوئی ایک بہت بڑی اور طاقت ور ریاست ہو جس کو مات دینے کے لیے خوفناک بے رحمانہ حملے ضروری ہوں جس کے لیے اس نے غزہ پر اپنے جدید اسلحے کے ڈپوؤں کے منہ کھل دیئے ہیں۔ جبکہ غزہ کے عوام کے پاس کھانے کو روٹی نہیں پہنے کو ڈھنگ کے کپڑے اور رہنے کو گھر تک نہیں ہیں جو لوگ امدادی کیمپوں میں رہتے ہوں اور اقوام متحدہ کی امداد پر زندہ ہیں ان کے پاس اسلحہ کہاں سے ہو گا؟ یہ لوگ اسرائیل کے بم پروف ٹینکوں پر چھوٹے چھوٹے پتھر پھنک کر جنگ کرتے نظر آتے ہیں(جو انکے بلند اور جرات مند حوصلوں کا پتہ دیتے ہیں) جبکہ اسرائیلی فوج اور ریاست امریکہ کی ایک طاقت ور اٹیمی چھاونی ہے جو غزہ پر آج جدید ترین جنگی طیاروں اور اسلحہ سے حملہ آور ہے اس نے اپنے 6000 ریزور فوجی بھی طلب کر لیے ہیں اور زمینی جنگ کی تیاری کرتا نظر آرہا ہے۔ برباد غزہ کو اسرائیلی ریاست ایک بار پھر کھنڈر بنانے پر تل چکی ہے۔

ٹیلی وژن کے نمائندے کو ایک نوجوان نے بتایا کہ ان اسرائیلی حملوں میں، میں کیوں نہیں مرا کیونکہ میرا سب کچھ تباہ ہو گیا ہے اب زندہ رہنے کو کچھ بھی نہیں بچا۔ اس سے اچھا تھا کہ میں بھی مر جاتا۔ یہ نوجوان ان تمام لوگوں کی نمائندگی کر رہا تھا جو موجودہ اسرائیلی حملوں میں بچ گئے ہیں جنکی کی زندگی اب موت سے بھی بدتر ہو چکی ہے۔ لیکن اسرائیل کی جنگی وحشت ابھی جاری ہے۔ جو کسی کو نظر نہیں آرہی۔ سلامتی کونسل اور اقوام متحدہ کا کردار آج ہر عالمی مسئلہ پر ننگا اور واضح ہو چکا ہے کہ یہ امریکہ کی ایک سستی اور گھٹیا داشتہ سے زیادہ کچھ نہیں ہے اس لیے اقوام متحدہ اور سلامتی کونسل جس کا وجود خود سلامتی کے لیے بڑا خطرہ ہے اس پر بات کرنا فضول اور بے کار ہے جبکہ امریکہ اور یورپ سمیت دنیا کی تمام سامراجی ریاستیں اسلامی دہشت گردی کے خلاف تو بہت واویلا کرتیں ہیں اور اس کے خلاف مسلح صف آرا بھی ہیں لیکن مڈل ایسٹ کی سب سے بڑی صہونی ریاست اسرائیل کی یہودی انتہا پسندی اور بھیانک خونی دہشت گردی کا کوئی نام بھی نہیں لیتا۔ اسرائیل کی اس مسلح ریاستی دہشت گردی کے خلاف کوئی نہیں بولتا کیونکہ اسرائیلی ریاست چھوٹا امریکہ ہے جو اپنے باپ کے اشاروں پر کام کرتا ہے۔ اس کے مفادات کو تحفظ دیتا ہے اور مڈل ایسٹ میں اس کے سامراجی مقاصد کو پورا کرتا ہے۔ جس کے خلاف کسی کو بولنے کی اجازت نہیں اور نہ ہی کسی کو کوسنے کی ہمت ہے۔ کیونکہ سب اس کے زر خرید غلام ہیں یا پھر ان حکمرانوں کا تمام استحصال، عیاشیاں، لوٹ مار، ظالم بادشاہتیں اور حکومتیں، امریکی سامراج کی محتاج ہیں۔ یہی وجہ ہے کہ کئی دہائیوں سے اسرائیلی ریاست کا فلسطینی مظلوم عوام کا وحشیانہ کھلے عام، قتل و غارت پر تمام عرب حکومتیں بے حس تماشائی ہیں۔ یہ عرب ریاستیں بھی جنکی سربراہی سعودی عرب کر رہا ہے اسرائیل کی فلسطین میں ہونے والی آج تک کی تمام خونی ریزی میں مکمل طور پر شامل جرم ہے۔ اگر یہ عرب ریاستیں اسرائیل کی اس جانورانہ منہ زوری اور بے لگامی کے خلاف مذاحمت کرتیں تو کوئی وجہ نہیں تھی کہ آج ایسی صورت حال کبھی نہ ہوتی۔ ان عرب حکمرانوں کے برعکس انکی عوام ہمیشہ

سے فلسطینی عوام کے ساتھ ہیں اور انہوں نے ہمیشہ ہر موقعہ پر اسرائیلی صہونیت کے خلاف آواز اٹھائی ہے اور آج پھر تمام عرب عوام اسرائیلی ریاست کی فلسطین میں قتل گری پر سراپا احتجاج ہیں۔ نہ صرف عرب عوام بلکہ یورپی اور ایشین عوام بھی اسرائیل کی غزہ پر ھولناک جارحیت کے خلاف مذاحمت کر رہیں ہیں۔ لیکن تمام دنیا کے حکمرانوں کے کان پر جوں تک نہیں رینگ رہی وہ امریکی غلامی میں بدمست اپنے مالیاتی استحصالی مفادات کی بجا آوری میں دھت ہیں۔ یہ حکمران عوام کے غصیلے تیور دیکھتے ہوئے نہایت منافقانہ، اسرائیل کے خلاف جعلی اخباری بیان بازی کر رہے ہیں جو بالکل نئی نہیں ہے یہ اپنے عمل سے حسب روایت مکمل عاری ہے اور عاری ہی رہے گی۔ جس کی بنیادی وجہ بالادست طبقات کا طبقاتی کردار ہے۔ انکے مفادات عالمی عوام سے نہیں بلکہ عالمی حکمرانوں سے وابسطہ ہیں اور وہ کبھی بھی کہیں بھی عوام کا ساتھ نہیں دیں گئے۔

اس تمام طبقاتی لڑائی میں ملا اور مذہب کا کردار نہ صرف درمیانہ ہے بلکہ ہجڑوں والا ہے۔ جس کو صرف بالادست طبقات اپنے مفادات کے لیے استعمال کرتے ہیں اور یہ استحصالی وجود کو قائم رکھنے کے لیے استعمال ہوتے بھی ہیں۔ آج ہر کوئی فلسطین کو بیچ رہا ہے اس کا سودا کر رہا ہے اور اس پر دھندہ کر رہا ہے۔ انکے اصل سماجی معاشی اور سیاسی مسائل کا مستقل حل کرنے کی بجائے اسے پیچیدہ اور خون ریز بنا رہا ہے عالمی ملا اس کو مذہبی لڑائی کا رنگ دے کر کمائی کرتا ہے۔ عرب حکمران فلسطین کو استعمال کرکے اپنی لیڈری چمکاتے ہیں۔ اسرائیلی ریاست اور اس کے حکمران بھی اپنے عوام کو مسلمانوں سے ڈرا کر انکا استحصال کرتے ہیں۔ یورپی حکمران اسرائیل کو محدود رہنے کی تبلیغ کرکے انسانی بنیادی حقوق کی ڈرامہ بازی کرتے ہیں۔ امریکہ اسرائیل کے قیام اور فلسطین کی خونی ریزی سے اپنے مالیاتی مفادات تمام مڈل ایسٹ پر جبر سے مسلط کرتا ہے۔ پاکستانی خسی اور لاغر حکمران بھی فلسطین کی جعلی حمائت سے عوامی بنیادیں حاصل کرنے کی ناکام کوششیں کرتے ہیں۔ فلسطینی حکمران الفتح کے لیڈر عباس نے عوام کا خوب

سودا کیا ہے جس سے آج اس کا شمار دنیا کے ارب پتیوں میں ہوتا ہے۔

حماس جو اسرائیلی امداد اور حمائت سے ایک ویلفر ادارے کے طور پر قائم ہوا تھا آج ایک مالیاتی حکمران ادارہ بن چکا ہے۔ اسرائیل کی امداد بند ہونے سے حماس نے اپنی رجعتی طاقت کو قائم رکھنے کے لیے ایران اور دوسرے مڈل ایسٹ کے رجعتی ممالک سے رابطے کر کے انکی امداد پر اپنی بقا کی جنگ شروع کر رکھی ہے۔ حماس کے اسماعیل ہانیہ کا الیکشن میں جیتنے کے باوجود اسکو امریکہ اور یورپ کی امداد نہیں ملی اور نہ ہی انہوں نے اس کو تسلیم کیا جس کی حماس کو امید نہیں تھی اور یہی وجہ، حماس کے جارحانہ اقدامات کی بنی ہے۔

حماس کا اسرائیلی ریاست پر میزائل داغنا ایک اشتعال انگیزی کے سوا کچھ نہیں ہے کیونکہ حماس کو بھی اس کا بڑی اچھی طرح علم ہے کہ ان اپاہج کاروائیوں سے اسرائیل کو کبھی بھی شکست نہیں دی جاسکتی بلکہ ان کمزور کاروائیوں سے اسرائیلی حکمرانوں کو اپنے جارحانہ عزائم کی تکمیل کا موقع ملتا ہے۔ وہ آج اس موقع کو بھرپور استعمال کر کے لبنان میں اپنی شکست کا نہ صرف غصہ اتار رہے ہیں بلکہ اس جنگ کی شکست سے جو رسوائی اسرائیلی ریاست کو ہوئی تھی اور اسرائیل کے خلاف مڈل ایسٹ کے لوگوں کے حوصلے بلند ہوئے تھے وہ آج فلسطین کے خون سے اسے مٹنا چاہتا ہے اپنا خوف اور دہشت دوبارہ تمام مڈل ایسٹ پر قائم کرنے کی کوشیش کر رہا ہے وگرنہ اسرائیلی حکمرانوں کو معلوم ہے کہ حماس اس کا بال بھی بیکا نہیں کر سکتی اور ایسی خوفناک کاروائیوں کا کوئی جواز نہیں ہے۔ یہ لڑائی جہاں حماس اپنی بقا کے لیے لڑ رہی ہے وہاں اسرائیلی ریاست اپنی کھوئی ہوئی عزت کی بحالی اور خطے میں خوف وہراس پھیلانے کے لیے استعمال کر رہی ہیں جبکہ امریکہ اور یورپ اس کے پیچھے کھڑے ہیں۔

آج فلسطینی مسئلہ کی پیچیدگی اور خون ریزی میں جہاں مڈل ایسٹ کے حکمران جرم وار ہیں وہاں آج کی

فلسطینی قیادت سر فہرست ہے جس نے اپنے مالی مفادات کے لیے فلسطین کو خون میں ڈبو دیا ہے اور سامراج سے اس کا سودا کیا۔ الفتح اور حماس میں لڑائی مفادات اور حکمرانی کی لڑائی ہے ایک سامراج کا ایجنٹ بن کر کمائی کرتا ہے اور اپنی حکمرانی قائم کرنا چاہتا ہے تو دوسرا مذہب پر دھندہ کر کے حکمران بنا چاہتا ہے۔ ان دو پارٹیوں کی حکمرانی کی یہ ہوس عام غریب فلسطینی عوام کے لیے عذاب بن چکی ہے۔ ابھی پچھلے دنوں غزہ پر حماس نے قبضے کے لیے الفتح سے جنگ کی جس میں دونوں طرف سے ہی بے شمار فلسطینی عوام مرے گئے۔ یہ فلسطینی عوام کو متحد کر کے طاقت ور بنانے کی بجائے آپسی لڑائیوں میں اس فلسطینی تحریک کو کمزور اور تباہ کر رہے ہیں۔ جبکہ فلسطینی عوام کی اسرائیل کے خلاف تحریک لازول اور قابل فخر جرات مندانہ ہے جس کو آج تک اسرائیل کی خونی جنونیت اور عوامی قتل عام بھی ختم نہیں کر سکا یہاں کے جوان، بچے، اور عورتیں اتنے ناڈر اور بے خوف ہیں کہ وہ ٹینکوں کو اپنے پتھروں سے تباہ کرنے کی جرات رکھتے ہیں یہی فلسطینی عوام کی جرات اور بے خوفی اسرائیلی ریاست کے دن کا چین اور رات کی بنیدیں حرام کی ہوئے ہے۔

اسرائیل کی کئی دہائیوں سے مسلسل بھیانک بمباری فلسطینی عوام کے حوصلے پست نہیں کر سکی۔ اتنی جرات مند تحریک جس کو ٹی وی پر دیکھ کر لوگ حیران و پریشان ہیں کہ یہ کیسے ممکن ہے کہ لوگ اپنی موت سے ایسی بہادری سے لڑیں اور اسے شکست دینے کا جذبہ اور عزم رکھتے ہوں یقیناً اسی ہمت کو دنیا کی کوئی طاقت شکست نہیں دے سکتی اور نہ ہی کوئی ایسی تحریک کو، کوئی دوسرا شکست دے سکتا، اسے اپنوں نے ہی ڈسا ہے۔ اسے الفتح اور حماس نے ہی مارا ہے۔

حقیقی فتح کے لیے عوام کو اپنی طبقاتی انقلابی قیادت خود تعمیر کرنا ہو گا یہ ایک کڑوا سچ ہے جو ہمیں ماننا ہی ہو گا۔ کیونکہ اسے مانے بغیر ہم فلسطین کے مسئلہ کی سنجیدگی کو اور تحریک کی کمزوری کو نہیں سمجھ سکتے۔ ہم برملا پہلے بھی یہ کہتے تھے اور کہتے رہے ہیں اور آج بھی اس اعلان کو دوہراتے ہیں کہ فلسطین کا مسئلہ

پورے مڈل ایسٹ کے مستقبل اور اسکی عوام سے مکمل وابسطہ ہے جس کے بغیر یہ کبھی حل نہیں ہو سکتا۔ فلسطین کی عوام کو متحد ہو کر ایک عوامی انقلابی لڑائی لڑنے کی ضرورت ہے جو ہر تعصب رنگ نسل مذہب سے بالا ہو اور یہ اٹوٹ طور پر تمام مڈل ایسٹ کی عوامی اور مزدور تحریکوں سے منسلک ہو جو موجودہ ظالم بادشاہتوں، سرمایہ داری اور سامراجی تسلط کے خلاف سوشلسٹ بنیادوں پر ناقابل مصالحت جدوجہد کرئے اور اس عوامی جدوجہد میں اسرائیل کے محنت کشوں کو لازمی طور پر اپنے ساتھ ملائیں یہ مڈل ایسٹ کا باشعور مزدور ہے جو کئی دائیوں سے اپنے سرمایہ دار اور امریکی ایجنٹ جنونی حکمرانوں کے خلاف لڑ رہا ہے۔ اسرائیلی مزدور طبقے کی اپنے حکمرانوں کے خلاف جدوجہد اتنی ہی پرانی ہے جتنی فلسطینی عوام کی اسرائیلی ریاست کے خلاف ہے اور جتنی اسرائیلی امریکہ گماشتہ ریاست کی تاریخ ہے۔ اور اگر مڈل ایسٹ میں ایک سوشلسٹ تحریک ابھرتی ہے تو اسرائیل کا مزدور اس سے کبھی دور نہیں رہے گا اور اس میں جلد شامل ہو کر اپنے اسرائیلی جنونی اور وحشی حکمرانوں کے خلاف سیسہ پلائی دیوار بن کر انکی عبرت ناک شکست کو یقینی بنائے گا اور صرف اسرائیلی عوام ہی اسرائیلی حکمرانوں اور انکی ریاست کی درندگی کو شکست فاش دے سکتے ہیں۔

اور جب فلسطینی عوامی مذاحمتی تحریک ابھرے گئی تب تمام دنیا کی مزدور تحریک یقیناً اس کی حمائت میں نکل کھڑی ہو گئی پھر اسے دنیا کی کوئی طاقت شکست نہیں دے سکے گئی۔ موجودہ عالمی نظام ناکام اور ناکارہ ہو چکا ہے وہ کبھی بھی فلسطین کے مسئلہ کو حل نہیں کر سکتا بلکہ آج تک اس مسئلہ کو اتنا پر تشدد بنانے میں اسی نظام کا خسی کردار ہے۔ آج فلسطین سمیت تمام مڈل ایسٹ کا مستقبل صرف اور صرف ایک سوشلسٹ فیڈریشن سے وابسطہ ہے۔ جس کے بغیر یہ خون ریزی ختم نہیں ہو گئی بلکہ بڑھے گئی اور پھیل کر اس پورے خطے کو اپنی لپیٹ میں لے لے گئی اور یہ وقت اب زیادہ دور نہیں ہے اور اونٹ کو جلد یا بدیر کسی ایک کروٹ بیٹھنا ہی ہو گا۔

تیس دسمبر دو ہزار آٹھ

وکی لیکس اور حکمرانوں کی بوکھلاہٹ

وکی لیکس نے حکمرانوں کا کچھ اعمال نامہ تو کھولا ہے لیکن ان حکمران نے ایسا کیوں کیا؟ اور کیوں کرتے ہیں؟ کس نظام کو بچانے کے لیے کیا؟ اور اس نظام نے انہیں کیوں ایسا کرنے پر مجبور کر دیا؟ وہ کون سا نظام ہے جس کو بچانے کے لیے حکمران آج مجرم بن گئے؟ ان سوالات کا جواب بھی اشد ضروری ہے۔ جس پر آج ہم بات کریں گئے۔

آج ہر طرف عالمی سطح پر وکی لیکس کی 250000 دو لاکھ پچاس ہزار دستاویزات کا ہنگامہ شور سنائی دے رہا ہے دنیا کا تمام میڈیا آج کل ہر خبر اور واقعہ کو بھول کر صرف اور صرف وکی لیکس کی بات کر رہا ہے۔ جس میں اس نے عالمی حکمرانوں، ریاستوں اور ان کے اداروں کی غیر اخلاقی، مفاد پرستانہ، جاہلانہ سنگین کرتوتوں کا ہلکا سا ٹریلر پیش کیا ہے حقیقی فلم نہیں چلائی ہے۔ جبکہ میرے مطابق اصل حقائل اس سے کہیں زیادہ بھیانک، مجرمانہ اور وحشیانہ ہیں جن کو اس کی آڑ میں مزید چھپالیا گیا ہے لیکن عالمی نظام جوں جوں کمزور ہو گا اتنا ہی ننگا ہو گا جس سے مستقبل میں کئی لیکس سامنے آئیں گئے جنکی یہ ایک ہلکی سی جھلک ہے۔

وکی لیکس کے بانی جولین اسانش آسٹریلیا کے شہری ہیں انہوں نے 2006 دو ہزار چھ میں چند دوستوں

کے ساتھ ملکر وکی لیکس میڈیے یا ویب سائٹ کی بنیاد سویڈن میں رکھی۔ وکی لیکس کا مقصد ریاستی اور حکومتی اداروں کی خفیہ رپورٹوں کو جمع کرنا اور انکی تشہر کرنا ہے۔ ایسی اندرونی اور خفیہ رپورٹیں لازمی سی بات ہے کہ کسی عام آدمی کے پاس تو ہو نہیں سکتیں اور نہ ہی کوئی عام آدمی ایسی خبروں کو شائع کر، یا کروا سکتا ہے۔ اور لازمی سی ہی بات ہے کہ اسانش کے ساتھ ناراض حکمران گروپ اور ریاستی اہلکار ہیں جو اس کو نہ صرف اطلاع بہم پہنچاتے ہیں بلکہ اس کی پشت پناہی بھی کرتے ہیں۔ اس سے یہ بات تو ثابت ہو جاتی ہے کہ وکی لیکس حکمرانوں کے تضادات کا بیرونی اظہار ہے۔

اسانش کی بیک مضبوط ہے اسی لیے اس کی 250000 دو لاکھ پچاس ہزار دستاویزات کو منظر عام پر آنے دیا گیا۔ اب وکی لیکس کی ویب سائٹ بند ہو چکی جس کے لیے جو جواز تراشے گئے ہیں زیادہ ٹھوس نہیں ہیں اور اسانش کے ورانٹ گرفتاری جو جاری کیے گئے ہیں اس میں بھی دم نہیں ہے پرانے کیسوں کو کھول کر جس میں یہ بری ہو چکا ہے دوبارہ کھلول لیے گئے ہیں وکی لیکس میڈیے کی انفارمیشن پر کسی کو اعتراز ہو یا نہ ہو لیکن حق رائے آزادی پر کسی کو اعتراز نہیں ہونا چاہیے۔ لیکن حق آزادی رائے کا بلند بانگ نعرہ لگانے والے مغرب کے حکمران ہی اب وکی لیکس کی ویب سائٹ اور اسکے بانی جولین اسانش کے خلاف ذاتی کاروائیاں کرنے لگے ہیں جو موجودہ حکمرانوں کی بوکھلاہٹ کی اعکاسی کرتا ہے۔ اور انکے اپنے آزادی اور انسانی حقوق کی پاسداری کا پردہ چاک کر دیتی ہے۔

وکی لیکس کی دستاویزات جو اوپن ہو چکیں ہیں ان دستاویزات کے سامنے آنے سے پہلے اور آنے کے بعد اب تک میڈے میں ہر طرف ایک بیہودہ ادھم برپا ہے کہ یہ بہت خفیہ دستاویزات ہیں یا ٹاپ سیکرٹ ڈاکومنٹ ہیں جو وکی لیکس نے اوپن کر دیئے ہیں۔ واشنگٹن ڈی سی نے یہ بیان دیا کہ یہ ڈاکومنٹ خطرناک ہیں جو ملک کو کمزور کرنے اور اس کے خلاف ہیں اور آخیر میں یہ بھی کہا کہ ہم اس کی تحقیقات کرائیں گئے لیکن ہم اسکو بند یا روکوا نہیں سکتے۔ یہ بیان بہت ہی مزاحیہ خیز ہے کیونکہ امریکی ریاست اپنی ہر

مرضی، ہر ایک پر مکمل طاقت سے مسلط کرتی ہے اس لیے اسکو شائع ہونے دینے میں امریکہ کا اپنا کوئی پوشیدہ مفاد ظاہر ہوتا ہے۔

امریکہ کے اندر بائیں بازو کی ترویج، پرچار اور پارٹی بھی قانونی طور پر ممنوع ہے۔ دو پارٹی سسٹم رائج ہے مزدوروں کی ٹریڈ یونین بھی نہیں ہیں پھر یہ ویکی لیکس کی دستاویزات کیسی خطرناک ہیں جن کو سب خطرناک تو کہہ رہے ہیں لیکن اس کے خلاف کوئی اقدام نہیں کیا گیا۔

یورپی، ایشائی، افریقی، عربی اور میڈل ایسٹ کے تمام کے تمام حکمرانوں میں چاہے کتنے بھی اختلاف کیوں نہ ہوں یا تھے وکی لیکس کے مسئلے پر سب ایک ہو گئے ہیں یعنی اس کے خلاف ان سب حکمرانوں کا مفاد مشترک ہے سبھی اسے ایک کوس کی طرح گا رہے ہیں۔

اس سے تین باتیں ظاہر ہوتی ہیں پہلی یہ کہ امریکی اور عالمی حکمرانوں کے تضادات اتنے شدید اور نا قابل حل ہو چکے ہیں کہ ان کا ہلکا سا اظہار وکی لیکس دستاویزات نے کیا ہے۔ دوسرا یہ اتنے کمزور اور نا اہل ہو چکے ہیں کہ اپنے سیکرٹ ڈاکومنٹ کو بھی محفوظ نہیں رکھ سکتے اور نہ ہی اوپن ہونے پر اس کے خلاف کوئی کاروائی کر سکتے ہیں۔ تیسرا یہ ڈاکومنٹ خود انہوں نے شائع کرائے ہیں تا کہ عوام کی توجہ اور سوچ کو بدل سکیں جو آج اقتصادی سماجی اور سیاسی بحرانوں کی بدولت عوامی اور مزدور تحریکوں کی طرف مبذول ہو چکی ہے اور منظم ہو رہی ہے۔ ہر بار کی طرح اس بار بھی عوام کی توجہ ان تحریکوں سے ہٹا کر وکی لیکس کی ڈرامہ بازی میں الجھائیں تا کہ حکمران مزید کٹوتیاں اور برطرفیاں کر سکیں۔ میرے مطابق اس کے علاوہ اور کوئی وجہ اور جواز نہیں ہے جو وکی لیکس کی دستاویزات کو عام کرنے کے پیچھے ہو سکتا ہے آپ کے مطابق کیا ہے؟۔

ان دستاویزات کو جتنا خفیہ اور ٹاپ سیکرٹ بنا کر پیش کیا گیا اور کیا جا رہا ہے۔ میرے مطابق یہ قطعی کوئی

اتنی خفیہ اور پوشیدہ حقائق نہیں ہیں۔ مثلاً اس میں کہا گیا ہے کہ دنیا کے بہت سارے ریاستی یا حکومتی اہلکار بے کار اور نا اہل ہیں مثلاً جرمنی کے حوالے سے وزیر خارجہ کے متعلق یہ کہا گیا ہے کہ ایف ڈی پی کے سربراہ ویسٹر ویلے وزارت خارجہ کے قطعی اہل نہیں ہیں یہ صرف اس لیے جرمنی کے وزیر خارجہ ہیں کہ جرمنی میں وائس چانسلر ہی وزیر خارجہ ہوتا ہے اس پر میں وکی لیکس سے سوال کرتا ہوں کہ کیا جرمنی کی کانسلر انجیلا مائیکل اپنے عہدے کے قابل ہیں؟ یقیناً نہیں۔ سابقہ امریکی صدر اور وزیر خارجہ جارج بش اور کولنڈا رائس کیا امریکی صدر اور وزارت خارجہ کے قابل تھے؟ بالکل نہیں۔ پاکستان کے صدر اور وزیر اعظم آصف زرداری اور یوسف رضا گیلانی پیپلز پارٹی کی قیادت اور حکومت کے قابل تھے اور یا کیا ہیں؟ کسی صورت نہیں۔ یا پھر کیا نواز شریف اس قابل ہے؟ جو ضیا آمریت کی پیداوار ہیں اور جمہوریت کے ہیرو بنے بیٹھے ہیں جنہیں شاید جمہوریت کے مفہوم کا بھی صحیح علم نہیں اور یہ نظام اور جمہوریت کو ایک ہی چیز سمجھتے ہیں؟۔

فرانس کا سرکوزی اور اٹلی کا بالاسکونی پلے بوائے اور جنسی مریض کیا حکمرانی کے قابل ہیں؟۔ آج تقریباً تمام دنیا کے حکمرانوں میں سے کوئی بھی ایسا نہیں ہے جو اپنے عہدے کے قابل ہو کیونکہ حقیقی حکمرانوں کا کام معاشرے کو ترقی دنیا عوام کے معیار زندگی کو بلند کرنا اور سماجی ارتقا کو آگے بڑھانا ہے نہ کہ سماج کو زوال، تنزلی، بے روزگاری، مہنگائی اور عوام کے معیار زندگی کو دوزخ بنانا ہے جو آج کے حکمران کر رہے ہیں کسی معاشرے کی پسماندگی اور زوال پذیری کا اظہار اسکے ناقص حکمران بھی کرتے ہیں۔

وکی لیکس میں اس راز کو فاش کیا گیا ہے کہ دنیا میں سنی انتہا پسندوں یا دہشت گردوں کو سعودی عرب مکمل سپورٹ کرتا ہے اس بات کو میں اپنے پرانے بے شمار آرٹیکلوں میں کئی بار لکھ چکا ہوں اور تمام عوام بھی اس کو بخوبی جانتی ہے۔

وکی لیکس کے مطابق بے نظیر بھٹو امریکہ کی کلیرنس کے بعد پاکستان آئیں یہ کوئی عجب اور خفیہ بات نہیں ہے یہ کس کو معلوم نہیں کہ دبئی میں مشرف اور بے نظیر میں ڈیل ہوئی تھی جو امریکہ نے کرائی تھی اور اس کے بعد بے نظیر پاکستان آئیں تھیں۔ آج پاکستان میں پاکستانی ریاست اور حکمران کا کون سا کام ہے جو وہ امریکی آقاوں کی مرضی کے خلاف کرتے ہیں اگر کبھی کوئی کام شدید ریاستی تضادات کی وجہ سے ہو بھی جائے تو بعد میں گڑ گڑا کر معافی مانگ لیتے ہیں لیکن پاکستانی ریاست اور حکمران مالی، سیاسی، شعوری، دل و جان سے امریکی حکمرانوں کی غلامی میں سر با کف ہیں۔ آمریتوں اور جمہوریتوں کے کھیل تماشے، اشیا صارف کی قیمتوں اور توانائی کے بلوں میں اضافہ، ریاستی اور فوجی عہدوں پر تقرری اور بر طرفی، داخلی اور خارجی پالیساں، بجٹ اور منی بجٹ، سیاسی قیدوں اور جلاوطنی کے نام پر جیلیں، غیر ممالک میں حکمرانوں کی عیاشیاں اور عوام کو مہنگائی، غربت، بے روزگاری، بر طرفیوں کے کوڑے لگانا سب امریکی احکام کی تکمیل ہی تو ہے۔

موساد کا یہ کہنا کہ مشرف اقتدار پر قائم رہتا۔ کیونکہ ایران اور عرب جنگ کا خطرہ تھا ایک بہودگی ہے اسرائیل ہمیشہ ایران کو دہشت گرد گردانتا ہے اور ایرانی جارحیت سے عرب کو ڈراتا رہتا ہے تاکہ عالمی حکمران اس کی اپنی صہیونی دہشت گردی کی مڈل ایسٹ میں جارحیتوں کی حمائت کریں جبکہ اسرائیل بذات خود اس وقت نہ صرف مڈل ایسٹ بلکہ عالمی بے باک خونی دہشت گرد اور امریکی غنڈہ ہے جو اپنے انسانیت سوز جارحانہ رویوں اور کاروائیوں پر پردہ ڈالنے کے لیے ایران کے خلاف زہر اگلتا رہتا ہے۔ یہ الگ بات ہے کہ جس طرح اسرائیلی عوام اپنے حکمرانوں کے مالیاتی اور صہونی جبر سے تنگ ہے یہی حال ایرانی عوام کا بھی ہے اس لیے پچھلے تمام عرصے میں اسرائیلی اور ایرانی عوام کی اپنے حکمرانوں اور ریاستوں کے خلاف جرات مندانہ مذاحمتیں ابھری ہیں۔

وکی لیکس نے تو آج جن باتوں کی پردہ کشائی کی ہے اگر آپ ہماری اردو ویب سائٹ چنگاری ڈاٹ کام کے

باقاعدہ قاری ہیں تو آپ کو ان تمام باتوں کا پہلے سے ہی علم ہو گا جس کی اب وکی لیکس نے سرکاری تصدیق کر دی ہے۔ وکی لیکس میڈیا نے شعوری طور پر ان تمام حقیقتوں اور اعداو شمار کو چھپایا ہے جو سرمایہ دارانہ نظام کی بدنامی اور ناکامی ثابت کر کے اسے چلینج کرتے تھے۔ ہم مارکسسٹوں یا ہماری ویب سائٹ جو جرمنی میں 1996 سے نہایت شاندار انقلابی کام سرانجام دے رہی ہے۔

www.chingaree.com

کے قارئین کے لیے وکی لیکس کی یہ تمام باتیں تقریباً نئی نہیں ہیں۔ ہم عالمی حکمرانوں کی اس مکارانہ چال کو مسترد کرتے ہیں جس کی آڑ میں وہ اصل عوامی ایشوز کو دبانے کے لیے وکی لیکس کی اطلاعات کو شعوری طور پر اپنے مفادات کے لیے استعمال رہے ہیں۔

عالمی سرمایہ داری کا زوال آج اپنے عروج پر ہے۔ پہلے یونان، اب آئر لینڈ دوالیہ ہو چکے ہیں اس کے بعد سپین، اٹلی، پرتگال، پھر برطانیہ دوالیے کے دھانے پر کھڑے ڈھمگا رہے ہیں۔ سرمایہ داری کا یہ بحران پاکستان سمیت تمام ترقی پذیر ممالک میں وحشت اور خون کا ناچ ہر طرف لے آیا ہے جو آنے والے دنوں میں مزید بڑھے گا۔ ترقی یافتہ ممالک میں بھی سرمایہ داری یہاں کے معاشروں کو بے روزگاری، برطرفیوں، مہنگائی، سوشل سیکورٹیوں میں بے رحمانہ کٹوتیوں سے پسماندگی اور ذلت کی کھائیوں میں دھکیل رہی ہے۔ جس کے خلاف یورپ کا محنت کش طبقہ سراپا احتجاج ہے۔ فرانس میں 350000 پنتیس لاکھ عوام کا سوشل سیکورٹی میں کٹوتیوں اور پنشن کی عمر 65 پنسٹھ سال سے بڑھا کر 69 انا سٹھ سال کرنے کے خلاف مظاہرہ۔ اور مسلسل تحریک۔ لندن میں 50000 پچاس ہزار طلبا کا 23090 تائیس سو نوئے پاونڈ سالانہ فیسوں کو بڑھا کر 9000 نو ہزار پاونڈ سالانہ فیسیں کرنے کے خلاف زبردست احتجاج۔ یونان، سپین اور اٹلی میں ٹریڈ یونینوں کے مذاحمتی جلوس اور اب آئر لینڈ میں عوامی تحریکوں کے سیائے

منڈلارئے ہیں۔ جس نے یورپی حکمرانوں کو بوکھلا دیا ہے۔

حکمرانوں کی طرف سے برطرفیوں، بے روزگاری، سماجی سہولتوں میں بے انتہا اور بے رحم کٹوتیوں کا بازار گرم ہے وہ عوام کے خون پر سرمایہ داری کے استحصال کو بچانا چاہتے ہیں بڑی بڑی فرموں اور اجارداریوں کے شرح منافع کو مزید بڑھانا چاہتے ہیں امیروں کو مزید امیر کرنا چاہتے ہیں اور غریبوں کو مزید غریب تاکہ غربت نہیں بلکہ غریب عوام ہی ختم ہو جائے۔ جبکہ عوام کو یہ قابل قبول نہیں وہ اپنے خون اور زندگی پر منڈی کی نہ ختم ہونے والی دولت کی ہوس اور بربریت کی بھینٹ نہیں چڑھنا چاہتے اور وہ اس کے خلاف لڑنے کے لیے اپنی صفوں کو درست اور متحد کر رہے ہیں یہی طبقاتی جنگ کا آغاز ہے اور یہی اس کا بگل ہے بازار کی سرد بازاری نے طبقاتی جدوجہد کا بازار گرم کر دیا ہے۔ حکمرانوں کے پاس سماج کو ترقی دینے کے تمام راستے مخدوش ہو چکے ہیں بحران سے نکلنے کا ہر اقدام بحران میں تیزی پیدا کر رہا ہے اب عالمی عوام کے معیار زندگی کو اور بہتر اور بلند کرنے کے لیے صرف اور صرف ایک ہی راستہ بچا سکتا ہے۔ عوامی اور اشتراکی انقلاب، بقیہ تمام راستے سرمایہ داری میں آزمائے جا چکے ہیں۔

بقول اینگلز،، اب تمام انسانیت کے سامنے صرف ایک ہی راستہ ہے ایک بربریت کا اور دوسرا سوشلزم کا۔ اور اسی طبقاتی جدوجہد کو رکنے کے لیے حکمران جب اصل مسائل کو حل کرنے سے قاصر ہوتے ہیں تو وہ بہت ساری فرقہ واریتوں کو بڑھکاتے اور نان ایشوز کو خود پیدا کرتے ہیں تاکہ عوام کی توجہ اصل مسائل سے ہٹائی جائے اور ایک عوامی متحد تحریک کو توڑا جائے اور یہ اکثر اس میں کامیاب بھی ہو جاتے ہیں لیکن ہمیشہ کی کوئی گارنٹی نہیں ہے۔۔ وکی لیکس کی ڈرامے بازی بھی اسی نان ایشوز کی اعکاسی ہے اور چند باتوں کا کھل کر سامنے آنا حکمرانوں کے تضادات اور ٹکراو کو ثانت کرتا ہے۔ جو پہلے ہی سب واضح اور ثابت ہے اور اس کو سامنے لانا کوئی عجب اور اتنا زیادہ حیران کن بھی نہیں ہے۔

مسئلہ صرف مسائل کو بیان کرنے کا نہیں ہے بلکہ اصل مسئلہ اس کا حل پیش کرنا ہے یہ مسائل کیوں ہیں؟ اور کس طرح حل ہو سکتے ہیں؟۔ مسائل کو ان کے حل کے بغیر پیش کرنا انہیں الجھانے اور کنفوژن کرنے کے مترادف ہے۔ جو صرف اور صرف انتشار اور خلفشار تو پیدا کر سکتے ہیں لیکن انکے حل میں مدد نہیں دے سکتے جس کا مقصد موجودہ نظام کی ذلت کو انسانیت کا مقدر بنائے رکھنا ہے۔

وکی لیکس کی اس ڈرامے بازی کو جو حکمرانوں کے ہی ایک حصہ کی شعبدہ گری ہے جو موجودہ حکمران حصے کے خلاف اسے استعمال کر رہے ہیں جبکہ موجودہ حکمرانوں اس کو اپنے خلاف سازش قراد دے کر اسے اپنے حق میں استعمال کریں گئے اور اسے طوالت دینے کی کوشش کرئے گا۔ لیکن شاید یہ اس کو زیادہ لمبا عرصہ کھینچ نہ سکیں کیونکہ مادی حقائق اس سے زیادہ سچے اور حقیقی ہیں جن میں معاشی اور سماجی مسائل کی تیز تھار اسے چیر دے گئی ہے۔ ولادی میر ایلچ اولیانوف المعروف لینن نے کہا تھا کہ انقلابی صورت حال کی اعکاسی سب سے پہلے حکمرانوں کے اپنے ٹکراو اور شدید تضادات سے ہی ہوتی ہے۔ جس کا آج بہترین اظہار وکی لیکس کر رہا ہے اب ضرورت محنت کش طبقے کو متحدہ کر کے طبقاتی اور انقلابی جدوجہد کو آگے بڑھنا ہے۔ آو طبقاتی جدجہد کی طرف، اپنی فتح کی طرف، جو ہمارے انتظار میں ہے۔ جیسے ٹراٹسکی نے یوں بیاں کیا ہے کہ آج کے عالمی اشتراکی انقلاب کا بحران قیادت کے بحران میں سمٹ گیا ہے۔

تین نومبر دو ہزار دس

جی ٹو نٹی حکمرانوں کے خسارے عوام ادا کرے

بیس اپریل بزور جمعرات کو برطانیہ کے دراالحکومت لندن کے مقام ڈکلینڈز جو سنٹر لندن سے ہٹ کر واقع ہے میں دنیا کے تمام بڑے صنعتی ممالک کے سامراجی حکمرانوں نے موجودہ مرتے عالمی مالیاتی بحران کی تعفن زدہ لاش کو زندہ کرنے کی ناکام کوششیں کی ہیں جو یہ اکثر و بیشتر کرتے رہتے ہیں۔ اس بار یہ کوشیش اس جی ٹو نٹی میں ایک ٹریلین ڈالر یعنی دس کھرب ڈالر عالمی مالیاتی ادروں، آئی ایم ایف اور ورلڈ بینک کو دینے کا اعلان کر کے کی گئی ہے۔

اس جی ٹو ونٹی کے ایجنڈے پر موجودہ عالمی اقتصادی بحران 2008 سے پیدا ہونے والا شدید عدم استحکام ، بے روز گاری اور اس سے بڑھتی پسماندگی تھی جس کو یہ حکمران پہلے اپنے اپنے طور پر روکنے میں مکمل ناکام اور بے بس تھے اسی لیے اب انہوں نے مل کر کوشش کی ہے کہ شاید اس موذی عذاب سے انکو نجات مل سکے۔ اس بحران نے عالمی حکمرانوں کے تضادات کو نہایت واضح اور گہرا کر دیا ہے اس کا اظہار جی ٹو نٹی میں نظر آیا جس میں جرمنی اور فرانس ایک طرف تھے جو بینکوں اور فنانس کمپنیوں کو کنٹرول کرنے اور ان پر چیک رکھنے کی بات کر رہے تھے یہاں تک کہ فرانس کے صدر سرکوزی نے یہاں تک کہہ دیا کہ اگر اس اجلاس میں کوئی پالیسی نہ بنائی گئی تو وہ جی ٹو نٹی اجلاس کا واٹ آوٹ کر کے واپس فرانس چلے جائیں گئے جبکہ جرمنی کی ایجیلا مائیکل تو اس بارے میں جرمنی میں ایک قانون بھی بنا چکی ہیں یہ اس

قانون کو عالمیت پر نافذ کرنا چاہتی تھیں جبکہ آزاد منڈی کے دیوتا امریکہ اور برطانیہ اس کے سخت مخالف تھے۔ انکے مطابق اس سے مقامی اور عالمی آزاد سرمایہ داری کو شدید خطرہ لاحق ہو سکتا تھا۔

اس اجلاس میں ہر کوئی عالمی دنیا میں سرمایہ داری کے استحصالی نظام کو بچانے کی سر توڑ کوششیں کرنے آیا تھا وہ منڈی پر کنٹرول کو بڑھا کر ہو یا اس پر کنٹرول مزید کم کر کے ہو، لیکن یہ اجلاس آخیر کار اس نتیجے پر پہنچا کہ، اب تک ریاستوں یا انتظامیہ کا کنٹرول کم کر کے یہ انتائج یا معاشی بحران سامنے آئیں ہیں کہ منڈی کی نفسیات اور بنیادی قانون کہ نفع کا لالچ اور ہوس کے ساتھ بداعنوانی انتہا کو پہنچ گئی اور اس نے تمام دنیا کو تباہی اور بربادی سے دوچار کر دیا۔ اس لیے اسکو کچھ کنٹرول کرنا لازمی ہے۔ وگرنہ یہ تمام سماجوں کی تہذیب اور ہر قدر کو روند کر رکھ دے گا۔ اس لیے جی ٹونٹی نے سرمایے کو لگام ڈالنے کے لیے علاقائی اور عالمی تجاویز پیش کی ہیں۔ لیکن پھر آخیر میں انہی مالیاتی اداروں کو ہی مضبوط کیا ہے جو اس بحران کی وجہ ہیں۔ کیونکہ ان کے پاس اس کے علاوہ موجودہ نظام میں کوئی دوسرا حل ہے ہی نہیں یہ مالیاتی ادارے اب ایک بار پھر دنیا میں مزید تباہی مچائیں گئے اور مالی عد استحکام کو مزید بلند کریں گئے۔ نا کام اصلاحات کے زریعے عالمی مالیاتی نظام کو بچانے کی ناکام کوشش کی گئی ہیں۔ آئی ایم ایف اور ورلڈ بینک کو ایک ٹریلین ڈالر یعنی دس کھرب ڈالر دیا گیا ہے کہ یہ دنیا کی منڈی ایمانداری اور دیانتداری سے چلائے ۔ جبکہ کہ ان عقل کے اندھوں کو یہ نظر نہیں آرہا کہ تمام منڈی کا نظام چلتا ہی لالچ، ہوس ، معاشی جبر اور بداعنوانی پر ہے ۔ اس کی بنیاد صرف منافع نہیں بلکہ شرح منافع میں مسلسل اضافہ ہے جو صرف اور صرف محنت کش عوام کے زبردست اور مسلسل بڑھتے استحصال پر مبنی ہے اس کے بغیر مارکیٹ اکانومی کا تصور ہی ناپائید ہے۔ اور اسی کی بدولت آج کا بحران امڈ آیا ہے کہ مزید نفع کا حصول ممکن نہیں رہا یعنی ہر طرح کے عوامی استحصال اور سماجی لوٹ مار کے باوجود منافع جات حاصل نہیں ہو رہے پیداوار کی بہتات ہے اور یہ منڈی میں سیل نہیں ہو رہی ہے جس سے اس کے ضائع کا خطرہ بڑھتا جا

رہا ہے جو پہلے ہی کافی ہے۔

کارل مارکس نے بہت پہلے کہہ دیا تھا کہ سرمایہ داری کا بحران اصل میں زائد پیداوار کا بحران ہے۔ ایک طرف عالمی عوام مہنگائی، بے روزگاری اور غربت کی وجہ سے ہر روز اپنی بنیادی ضرریات زندگی سے محروم ہوتے جارہے ہیں جبکہ دوسری طرف زرائع پیداوار کی ترقی نے پیداوار میں بے تحاشہ اضافہ کر دیا ہے ایک طرف دولت کے ڈھیر کے انبار لگ گئے ہیں تو دوسری طرف انسانوں کی ایک بڑی اکثریت کے پاس کھانے کو روٹی نہیں، پینے کو صاف پانی یا پانی ہی نہیں ہے، تن ڈھاپنے کو کپڑا نہیں، رہنے کو گھر تک نہیں ہے۔ طبقاتی تفریق اپنی انتہاؤں کو پہنچ چکی ہے جس میں عالمی سطح پر، مسلسل اضافہ ہو رہا ہے۔ اور یہی دولت کی غیر مساوی تقسیم اور غیر منصوبہ بندی پر مبنی نجی ملکیت میں جکڑی منڈی کی معیشت ہے جس پر پرائیویٹ یا شخصی ملکیت کی آمریت بڑھتی جاری ہے جسے ہم آج جمہوریت کہتے ہیں جو سرمایے کی جمہوریت یا لونڈی ہے۔

آج عالمی مالیاتی معیشت کو چند عالمی اجارہ داریاں چلارہی ہیں جو تمام دنیا کے انسانوں اور اسکی ہر قدر اور وسائل کو اپنے نفع اور دولت کی ہوس کو پورا کرنے کے لیے بے رحمانہ استعمال کر رہے ہیں۔ جو آج انسانی معاشرے میں بحران در بحران اور تباہی کی بنیادی وجہ ہے جس کو ختم کیے بغیر کوئی ایک انسانی بنیادی مسئلہ حل نہیں ہو سکتا۔ جی ٹونٹی میں عالمی مالیاتی اداروں آئی ایم ایف اور ورلڈ بینک کو مالی طور پر مزید مضبوط کیا گیا ہے اور یہ آج کون نہیں جانتا یا کم از کم غریب ممالک کے عوام تو بہت اچھی طرح جانتے اور سمجھتے ہیں کہ ان کی غربت اور سماجی تباہی کی بڑی ترین وجہ یہی عالمی مالیاتی ادارے ہیں جن کے مالیاتی غلبے نے مقامی استحصال کے ساتھ ساتھ عالمی سامراجی استحصال کو ہولناک بنادیا ہے۔ یہ عالمی مالیاتی ادارے امریکہ اور یورپی سامراجی ممالک کی نمائندگی کرتے ہیں یہ انہی کے ادارے ہیں جو بین الاقوامیت کو اپنی معاشی جکڑ سے کنٹرول کر کے غلام بنائے ہوئے ہیں۔ اب انکو مزید سرمایہ فراہم کرنے کا مطلب

انکے عالمی استحصالی ہاتھوں کو مزید مضبوط کر کے غریب ممالک کے پر ہر جبر کو مزید بڑھنا انکا خون چوس کر عالمی سرمایہ داری کے سوکھے اور کھوکھلے درخت کو غریب ممالک کے سماجوں اور ان کے محنت کش عوام کے خون سے آبیاری کرنا ہے نہ صرف یہ بلکہ ترقی یافتہ ممالک کے حکمران اپنی عوام کے استحصال سے بھی موجودہ اجارادریوں اور انکے مالکان کی بد اعنوانیوں کے خسارے عوامی ٹیکسوں سے پورا کریں گئے۔ آج یہ کسی سے ڈھکا چھپا نہیں رہا اسی لیے تو تمام یورپ کی عوام جی 20 کے خلاف بھرپور طاقت اور قوت کا مظاہرہ کر رہے ہیں۔ اس جی ٹونٹی کے اجلاس کے خلاف 25000 پچیس ہزار سے زائد یورپی عوام نے سامراج کے سیاسی دل لندن میں احتجاج کر کے عالمی حکمرانوں کو ہلا دیا ہے۔ جسکا پہلے ہی علم تھا اسی لیے سلطنت برطانیہ نے سنٹرل لندن سے دور جی بیس کا اجلاس کیا۔ تاکہ یہ عوام کے غیض وغضے سے محفوظ رہ سکیں۔ اس کی سیکورٹی کے لیے یورپ اور امریکہ کے بہترین ادارے اور ماہر افراد متعین کیے گئے تھے۔ وائٹ ہاوس سے زیادہ اسکی حفاظت کی گئی۔ لیکن عوام لندن کی سڑکوں اور بازاورں پر سراپا احتجاج بن گئے تھے وہ بینکاروں کے پتلوں کو نظر آتش کر رہے تھے۔ وہ بینکوں کو توڑ رہے تھے اور انہیں آگ لگانے کی کوشیش کر رہے تھے۔ عوام سرمایہ داری کے بنیادی اداروں اور اسکے خلاف حقارت آمیر اور شدید ترین نفرت کا اظہار کر رہے تھے۔ وہ مالیت کی گلوبائزیشن اور سامراجی نظام کے خلاف اتنی جرات اور بے باکی سے تاریخ میں پہلی بار میدان میں اترئے ہوئے تھے۔ وہ یورپ کے بازاروں چوراہوں میں مالیاتی نظام کے خلاف یک زبان تھے، سرمایہ داری، عالمی سرمایہ داری، بینکار، بینک، اجارداریاں، اور انکے حکمران مردہ باد کے نعرے بلند تھے۔ بے شک یہ سوشلزم کے لیے عالمی موجودہ نظام کے سنہرے بازاروں میں حکمرانوں کے خلاف پسنے اور گرد سے آٹی محنت کش عوام کی جنگ کا اظہار اور آغاز تھا۔

تین فروری دو ہزار نو

امن فوج اور امدادی ٹیمیں یا جنسی درندے

برما میں طوفان کی زد میں آئے ہوئے ان گنت بے شمار لوگ کی مدد کے لیے عالمی امدادی ٹیموں کو برما میں حکومت کی طرف سے داخلے کی اجازت نہ ملنے پر اقوام متحدہ، امریکہ، فرانس، جرمنی اور برطانیہ سمیت سامراجی حکمرانوں نے تمام میڈیے پر برما حکومت کی آمریت اور اس کی بے حسی کے خلاف ایک طوفان برپا کرر کھا ہے۔ کہ برما کی عوام کو اس وقت سخت مدد کی ضرورت ہے جبکہ حکومت کی طرف سے اجازت نہ ملنے پر تمام عالمی امدادی ٹیمیں سرحدوں پر بے قرار ہو رہی ہیں۔

اب بے شک اقوام متحدہ کے جنرل سیکرٹری سے بات جیت کے بعد چند ایک کو اجازت مل چکی ہے لیکن اب بھی بہت سی امدادی ٹیمیں ملک میں داخل نہیں ہو سکتیں۔ فرانس کا خوراک، کپڑوں، کیمپوں اور دوسری بہت سے چیزوں سے بھرا بحری بیڑہ تھائی لینڈ کے سمندر میں کئی ہفتے سے کھڑا ہے جسے برما میں داخلے کی اجازت نہیں مل رہی۔ یقیناً یہ بہت افسوس ناک ہے لیکن اس طرح نہیں جس طرح بش یا اس کے حواری وین ڈال رہا ہے۔ کیونکہ حالیہ برطانوی خیراتی ادارے سیو دی چلڈرن نے ایک رپورٹ جاری کی ہے جس میں کہا گیا ہے کہ امن فوج اور امدادی اداروں کے اہلکار آفت زدہ ممالک میں نو عمر بچوں کے ساتھ جنسی زیادتی میں ملوث ہیں۔ سیو دی چلڈرن کا کہنا ہے کہ مصیبت زدہ علاقوں میں جہاں ان لوگوں کو ان بچوں کی مدد اور دیکھ بھال کے لیے بھیجا جاتا ہے وہیں پر جا کر ان عالمی اداروں کے افراد

انہیں زیادتی کا نشانہ بناتے ہیں۔ آئیوری کوسٹ، جنوبی سوڈان اور ہیٹی میں بڑے پیمانے پر جنسی زیادتیوں اور ظلم و جبر کے الزامات کی تحقیق کے بعد برطانوی ادارے نے مطالبہ کیا ہے کہ بین الاقوامی سطح پر ایک ایسا ادارہ بنایا جائے جو اس معاملے سے نمٹنے کے لیے مناسب اقدامات کرے۔ چوروں کے باورچی خانے اقوام متحدہ نے اس رپورٹ کا خیر مقدم کرتے ہوئے کہا ہے کہ وہ اس کا (غیر) سنجیدگی سے جائزہ لے گا۔ ادارے کا کہنا ہے کہ جنسی زیادتی کے ان واقعات کا افسوسناک پہلو یہ ہے کہ بیشتر بچے اس حوالے سے کچھ بتانے سے ڈرتے ہیں جس کی وجہ سے بیشتر واقعات رپورٹ ہی نہیں ہوتے اور نتیجتاً اس گھناؤنے عمل میں ملوث لوگوں کو کوئی سزا نہیں ہوتی۔

آئیوری کوسٹ میں ایک تیرہ سالہ بچی نے بی بی سی کو بتایا کہ کس طرح اقوام متحدہ کے دس امن فوجیوں نے اسے اس کے گھر کے قریب ایک میدان میں اجتماعی زیادتی کا نشانہ بنایا اور اسے کھلے میدان میں تے کرتے خون میں لت پت چھوڑ کر بھاگ گئے لیکن ان فوجیوں کے خلاف کوئی کارروائی نہیں کی گئی رپورٹ میں یہ بھی بتایا گیا ہے کہ امدادی اداروں کے کارکنان بھی نوعمر لڑکیوں اور لڑکوں کو جنسی زیادتی کا نشانہ بناتے رہے ہیں۔ آئیوری کوسٹ، ہیٹی اور جنوبی سوڈان میں سینکڑوں بچوں سے کی جانے والی تحقیق کے بعد اس تنظیم کا کہنا ہے کہ زیادتی کے ان واقعات کی روشنی میں رپورٹنگ کے بہتر نظام کی اشد ضرورت ہے۔ تنظیم کا یہ بھی کہنا ہے کہ دنیا بھر میں بچوں کے تحفظ کی کوششوں کو بہتر کرنے کی اشد ضرورت ہے۔ آئیوری کوسٹ میں سیو دی چلڈرن کے کنٹری ڈائریکٹر ہیدھر کیر کا کہنا ہے کہ جنسی زیادتی کا شکار ان بچوں کی خاطر خواہ مدد نہیں کی گئی اور نہ ہی کی جاتی ہے۔ ان کا کہنا ہے کہ اس گھناؤنے عمل میں ملوث یہ لوگ اپنی طاقت کا استعمال کرتے ہوئے ان بچوں کو جنسی زیادتی کا نشانہ بناتے ہیں اور ان بچوں کی اس بارے میں بولنے کی ہمت نہیں ہے۔ یہ بچے خاموشی سے اس جنسی استحصال اور زیادتی کا شکار ہوتے رہتے ہیں۔ سیو دی چلڈرن کا کہنا ہے کہ اگرچہ اقوام متحدہ نے کہا تھا کہ ان الزامات پر زیرو ٹالرینس کی

پالیسی اختیار کی جائے گی لیکن وہ اس پر عمل درآمد کروانے میں بری طرح ناکام رہا ہے۔ دوسری طرف اقوام متحدہ کے ترجمان نک برنبیک نے نہایت بے شرمی اور بے بسی سے بتایا کہ ایک ایسے ادارے میں جس کے دولاکھ اہلکار دنیا بھر میں تعینات ہیں ایسے واقعات کو ختم کرنا ممکن نہیں۔ تاہم ہم 'زیرو ٹالرینس' کی پالیسی کے پیغام کو اس حد تک پھیلا سکتے ہیں کہ اس قسم کے الزامات ثابت ہونے کے بعد اس عمل کا مرتکب شخص سزا سے نہ بچ پائے جو ماسوائے اخباری بیانات کے سوا کچھ نہیں ہے'۔

انہی مقامی اور سامراجی امدادی ٹیموں کے علاوہ پاک فوج نے آزاد کشمیر میں بھی کچھ ایسی ہی بے کس اور مجبور عوام کی مدد کی تھی، مشرقی پاکستان،، بنگلہ دیش میں بھی پاک فوج کا کردار شرم ناک ترین تھا۔ اور آج سے کچھ عرصہ قبل افغانستان کی سرزمین پر جب یو این او کی فوجیں گولے بارش کی طرح برسا رہی تھیں تو جرمنی کی گرین پارٹی کے سربراہ اور سابقہ جرمنی کے وزیر خارجہ مسٹر فشر نے بھی یہ بڑا پر زور مطالبہ کیا تھا کہ یو این اے کی فوجوں کو چاہیے کی اس بارود کی برسات میں چند گھنٹے کا وقفہ کرے تا کہ عوام کو عالمی امدادی ٹیمیں خوراک اور امداد بہم پہنچا سکیں یعنی انہیں مارا ضرور جائے لیکن بھوکے پیٹ نہیں بلکہ بھرے ہوئے پیٹ کے ساتھ مارا جائے تا کہ خوراک اور امدادی کمپنیوں کے منافعوں میں بڑھوتی جاری رہے۔ جو شرم ناک ہے۔ عراق میں بھی انہی زر، زمیں، زن کے پوجاریوں نے کچھ ایسی ہی مدد کی۔ پاکستانی فوج نے بھی 1971 انیس سو اکہتر میں لاکھوں بن بیاہی کنواری لڑکیوں کو بنگلہ دیش میں مائیں بنا دیا تھا۔

موجودہ امن فوج یا امدادی ٹیمیں بھی موجودہ سرمایہ دارانہ نظام کی پیداوار اور اس کے تحفظ کے لیے ہیں اور اس کی سماجی کیفیت سے جنم لینے والی نفسیات کی حامل ہیں جو کسی جنس اور انسان میں فرق نہیں کرتے بلکہ ہر ایک کو صرف اپنی ہوس کے لیے استعمال کرتے ہیں وہ سرمایہ کی ہو یا سیکس کی۔ یہ نظام آج انسانیت کی بربادی تباہی، ظلم و جبر اور استحصال پر قائم ہے جس کی ہر شے ہر قدر ہر جذبہ ہر اصلاح ہر مدد

ایک ہوس پر مبنی ہے جسے منڈی کا نظام کہتے ہیں آج اس مدد کی آڑ میں ظلم و جبر، بے حسی، زیادتی کا بازار گرم ہے کیونکہ آج کی ہر شے بازاری اور اس کی جنس ہے اور بازار کی سرد بازاری اسکی موت ہے۔ اس لیے آج کی تمام جنسی وغیر انسانی زیادتیوں میں یہ گرم بازاری تب تک رہی گئی جب تک منڈی کی معیشت اور بازاری سماج رہے گا۔

کوسواہ کی آزادی سامراج کی بدترین غلامی ہے

سربیا سے کوسواہ کو الگ کر کے سربیا کے عوام کے اتحاد کی طاقت کو توڑ کر کوسواہ کے عوام اور سرب کو کمزور کیا گیا ہے۔ جس سے دونوں ملکوں کے حکمران مضبوط ہوئے ہیں اور عوام کمزور تر ہوئے ہیں۔ ہم کوسواہ کی عوام پر ہونے والے سربیا کے حکمرانوں کے قومی استحصال کے خلاف کوسواہ کے عوام کے مکمل ساتھ ہیں لیکن یہ استحصال بلقان کی طبقاتی آزدای کے بغیر اب کوسواہ میں پہلے سے کہیں زیادہ بھیانک اور بے رحیم ہو جائے گا۔ جس کی ہم حمائت نہیں کرتے جو محنت کش عوام پر مصیبتوں کے نئے پہاڑ توڑ کر انکی زندگیوں کو پہلے سے بھی زیادہ تنگ اذیت ناک بنادے گا۔ یہ مقامی سرمایہ داروں اور عالمی سامراج کی عوام کے خلاف سوچی سمجھی سازش ہے۔

کوسواہ کے وزیر اعظم ہاشم تھاجی نے آزادی کا اعلان کرتے ہوئے کہا تھا کہ کوسواہ ایک جمہوری ریاست ہو گئی جبکہ اس سے پہلے 10 دس جنوری کو البانیہ کے دورے پر صدر بش نے کہا تھا کہ اقوام متحدہ کے طے شدہ منصوبے کے مطابق کوسواہ کو، سپر وائزڈ، آزادی دی جائے۔ کوسواہ کی سربیا سے علیحدگی کو سب سے پہلے جرمنی اور امریکہ نے تسلیم کیا ہے کیونکہ انہوں نے ہی کوسواہ کی علیحدگی میں مین کردار ادا کیا ہے۔ اور پھر قریبا تمام یورپ نے انکی ہاں میں ہاں ملادی۔ سربیا کے وزیر اعظم وائے اسلاف کوشتونشا سانے کوسواہ کی آزادی کی مذمت کی اور کوسواہ کو ایک جعلی ریاست قرار دیا جو درست بھی ہے۔ آج کار جعتی روس سربیا کے ساتھ کھڑا ہے لیکن امریکہ اور یورپ اپناوار کر چکے ہیں تمام عالمی میڈیا کوسواہ کی نام نہاد

آزدی کے گن گا کر امریکہ اور مغربی یورپ کی تعریفوں میں زہر آلود منافقت پھیلا رہا ہے اور اصل حقائق کو چھپایا جا رہا ہے۔ سربیا کے اندر عوام نے کوسواہ کی آزادی کے بعد اس سامراجی اقدام کے خلاف ایک خانہ جنگی کی صورت پیدا کر دی اور امریکہ کی ایمبیسی کو جلا کر خاک کر دیا اس کے علاوہ کوسواہ کے اندر بھی اس جعلی آزادی کے خلاف بڑے جلوس اور مظاہرے ہوئے جس کو میڈیے نے خصوصی طور پر نمایاں نہیں کیا۔ جبکہ چند من چلے اور آوارہ نوجوانوں کا کوسواہ کی آزادی پر ایک ہی جشن کو بار بار دیکھایا گیا۔ جس کا اہتمام خود ہاشم تھاجی اور مغربی سامراجیوں نے کرایا تھا جبکہ اس کے خلاف کیے گئے مظاہرے کہیں بڑے اور غصہ آور تھے جن کو امریکی اور یورپی سامراجی پالیسیوں کی وجہ سے تمام میڈیا نے شعوری طور پر نظر انداز کیا۔

سربیا اور دنیا کے بے شمار ممالک میں بھی کوسواہ کے عوام سے اظہار یک جہتی اور اس سامراجی کاروائی کے خلاف کئی بے شمار مظاہرے ہوئے۔ آزاد، خود مختار اور غیر جانبداری کا شور مچانے والے تمام عالمی زرائع ابلاغ نے کوسواہ کے اس ظلم میں بڑھ چڑھ کر عوام کے خلاف امریکہ اور مغربی یورپ کا ساتھ دیا۔ یہ تمام سامراجی قطعی کسی علاقے، قوم یا عوام کی آزادی اور خود مختاری میں کوئی دلچسپی نہیں رکھتے بلکہ انکو ہمیشہ اپنے سامراجی عزائم اور مالیاتی مفادات ہر دم عزیز ہوتے ہیں اور انہی مفادات کی خاطر آج کوسواہ کو سربیا سے زبردستی کاٹ کر الگ کر دیا ہے (جس طرح کبھی انڈو پاک کا بٹوارہ کیا تھا)۔ یہ عالمی سامراج کی بلقانی ریاستوں کی عوام کے خلاف ایک بھیانک خونی سازش تھی جس کے تحت مشرقی یورپ میں ان بلقان کی مضبوط ریاستوں کے اتحاد کو پارہ پارہ کر کے مغربی یورپ نے اپنے آپ کو سوشلسٹ مزدور تحریک کے دباؤ سے محفوظ رکھنے کی کوشش کی ہے۔ کیونکہ مغربی یورپ پر یہی بلقانی ریاستوں کی عوامی تحریک ان کے سرمایہ دارانہ نظام کے لیے بڑا خطرہ تھی جس وجہ سے مشرقی یورپ سے روس کی واپسی کے بعد انکا سب سے بڑا ٹارگٹ مشرقی یورپ اور یہی بلقانی ریاستیں اور یوگوسلاکیہ تھا جن کے حصے

بکھرے کرنا ان کے ایجنڈے پر سر فہرست تھا۔

آج یہ کسی سے پوشیدہ نہیں ہے کہ امریکہ کسی کا دوست نہیں ہے اور نہ ہی کسی سے مخلص ہے اس لیے جب یہ کسی کی حمائت کرتا ہے تو اسکے پیچھے اسکے عالمی حاکمیت اور استحصال کے مفادات ہوتے ہیں جو عوام کے خلاف سرمایہ اور وسائل کی لوٹ مار کے مفادات ہیں جنکی خاطر آج اس نے تمام دنیا کو خون خوار جنگوں ، قتل وغارت اور شدید ترین عدم استحکام میں غرق کر دیا ہے۔ اقوام متحدہ بھی امریکہ کا ہی ایک ذیلی خسی ادارہ ہے جو اسی کی پالیسیوں کو دنیا پر لاگو کرنے کا آلہ کار ہے کوسواہ کی اس علیحدگی سے پہلے عراق جنگ میں بھی یہ کھل کر سامنے آگیا تھا اور اسکا امریکی داخلی پالیسیوں کو خارجی سطح پر لاگو کرنے کا اصل چہرہ بے نقاب ہو گیا تھا ۔ مغربی یورپ کے حکمران بھی امریکہ سے الگ کوئی دوسری قوت نہیں ہیں یہ سب سرمایے کے ظالمانہ غلبے کے محافظ ہیں اور عالمی استحصال کے ناخدا ہیں۔

روس میں سٹالنزم کے نظریاتی دیولیہ نے دنیا کے عظیم عوامی انقلاب کو رسوا کر دیا جس سے روسی افسر شاہی کو مارکسزم کے نظریے سے غداری کرنے کے جرم کی سزا ملی جو اسکی اپنی تباہی کی شکل میں سامنے آئی۔ یہ روسی افسر شاہی جتنی تیزی سے پھیلی تھی اس سے زیادہ تیزی سے اسے اپنا آپ کو سمیٹنا پڑا۔ اسکو یورپ کے مشرقی حصوں سے جانا پڑا۔ یہاں کے عوام جو سٹالنیسٹ افسر شاہی کے جبر تلے تنگ تھے اور اس کے خلاف مذاحمت کر رہے تھے انکو کیا پتہ تھا کہ مغربی یورپ کے سنہرے سپنے انکی موجودہ زندگیوں میں پہلے سے زیادہ دردناک عذاب بن کر ٹوٹیں گئے وہ تو اشتراکی جمہوریت کے لیے سر گرداں تھے لیکن انکو سرمایہ دارانہ آمریتیں ملیں جنھوں نے ان معاشروں کو پہلے سے بھی زیادہ پر انتشار اور عدم استحکام بخشا ہے۔ بے روز گاری جہاں ایک جرم تھا وہ قومی نشان بن گیا غربت مہنگائی اور سماجی تباہی کے اژدھانے اپنا پن پھیلا لیا جس نے جرائم تعصب نفرت اور فرقہ راریت کا زہر پورے سماج میں بھر دیا اور مشرقی یورپ بکھر گیا۔ جس مشرق سے پہلے مغرب کانپتا تھا اس نے موقع پاتے ہی اسکی طاقت کو توڑ پھوڑ

کر تباہ کر کے اپنے سروں پر طاری اشتر اکی قوت کے خوف کو ٹالا اور شاید آج سربیا انکا آخیری شکار تھا جس سے کوسواہ الگ کر کے ان دونوں ملکوں کو اپاہج بنا کر اپنے مضبوط سامراجی شکنجے میں جکڑ لیا یہ کوسواہ کے عوام کی آزادی نہیں بلکہ بھیانک سامراجی غلامی ہے۔ جس کی حمایت نہیں بلکہ مذمت کرنی چاہیے اور اس کے خلاف لڑنے والے عوام کی جدوجہد کی مکمل حمائت ہی عالمی عوام اور مزدور تحریک سے جڑت اور یک جہتی ہے۔

ہم سربیا کے حکمرانوں کو بھی مسترد کرتے ہیں جو کوسواہ کی علیحدگی سے اپنی منڈی کے محدود ہونے کے مفادات کا رونا رو رہے ہیں۔ پہلے جہاں کوسواہ سربیا کے زیر عتاب حکمرانوں کی وسیع لوٹ کی منڈی تھی جس کے استحصال سے سربیا کے حکمران اپنے مالیاتی سرمایے میں مسلسل اضافہ کرتے تھے اس کے کھو جانے کا یہ واویلا ہے ۔اب وہ ان کے ہاتھ سے نکل کر مغربی یورپی سامراج کے ہاتھ چلی گئی ہے اور کوسواہ کے حکمرانوں نے اس لیے سربیا سے یورپی سامراج کے تحت آزادی حاصل کی کیونکہ سربیا کے حکمرانوں کی موجودگی میں کوسواہ کے علاقائی کمزور حکمرانوں کی دال نہیں گلتی تھی اور ان کو اس ملکی لوٹ میں کم حصہ ملتا تھا جبکہ یہ پورا حصہ لینا چاہتے تھے اب یہ کوسواہ کی آزادی کے بعد خوب اپنی عوام کو نوچ نوچ کر گدوں کی طرح کھائیں گئے۔ اب انکی لوٹ میں کوئی روکاوٹ نہیں ہوگئی۔ سرمایہ دارانہ نظام اسی کا نام ہے جہاں صرف اور صرف دولت اور نجی اثاثوں میں مسلسل اضافہ کیا جاتا ہے۔ جیسے بھی ہو انسانی زندگیوں پر، قوموں کی تباہی اور لوٹ پر۔ یہ موجودہ نظام اسی کاروبار کا تحفظ اور دفاع کرتا ہے۔

مغربی یورپ کی منافقت اور ریاکاری اس سے بھی ظاہر ہے کہ آج انکی اپنی مالیاتی ترقی کے لیے یورپی اتحاد یا عالمی گلوبائزیشن لازمی ہو چکی ہے کیونکہ عالمی منڈی کے پھیلاو اور جکڑ میں کوئی ایک ملک ترقی کرنے یا خود مختار ہونے سے قاصر ہے اور یہی آج عالمی اجارہ داریوں کے شرح منافوں میں بڑی روکاوٹ ہے جس سے وہ ریاست کے کنٹرول اور جکڑ کو کم کر کے گلوبل ویلج کی طرف جانے پر مجبور ہیں۔ اس لیے مغربی

یورپ کو ہر روز پہلے سے زیادہ بڑی منڈی کی ضرورت ہے تاکہ زیادہ سے زیادہ بڑے استحصال سے زیادہ سے زیادہ سرمایہ حاصل کر سکیں اور اس گلوبلائزیشن اور مشترکہ یورپی منڈی کے پھیلتے اتحاد میں کوسواہ کو سربیا سے الگ کرنا ان یورپی حکمرانوں کے تضاد اور ظلم کو ظاہر کرتا ہے۔ مغربی حکمران ایک طرف تو سرمایہ دار یورپین یونین کو پھیلا رہے ہیں جبکہ دوسری طرف وہ ماضی کی منصوبہ بند معیشت پر مبنی مشرقی یورپی ریاستوں کو توڑ رہے ہیں کیونکہ وہ اسطرح انکو کمزور کر کے ان پر اپنا زیادہ سے زیادہ کنٹرول اور غلبہ حاصل کر سکیں گئے اور انکی اپنی شناخت کو مٹا دیں گئے۔ کوسواہ سرمایہ داری کے تحت کبھی بھی ایک آزاد اور خود مختیار ریاست نہ بن سکے گئی کیونکہ اسکی کمزور اور چھوٹی منڈی نہ تو سربیا اور نہ ہی کسی یورپی منڈی سے مقابلہ کرنے کی صلاحیت رکھتی ہے جس سے یہ پہلے سے بھی زیادہ سربیا اور یورپ کے زیرِ عتاب آجائے گا یہ خیرات اور بھیک پر پلے گا اور اسکی یہ آج کی نام نہاد آزدی مستقبل میں مزید محرومی اور غلامی کی بدترین شکل اختیار کر جائے گئی۔ اسکی عوام کا مقدر آج سے زیادہ تکلیف دہ اور تنگ دست زندگی بن جائے گا۔ سامراجی قومی آزدی اور سرمایہ داری یہی کچھ دی سکتی ہے جو اس نے کوسواہ کا تباہ کن مستقبل لکھ دیا ہے۔ امریکہ اور مغربی یورپ اگر آزدی اور خود مختاری کے اتنے ہی دلدادہ ہیں تو پھر انکو کوسواہ سے پہلے بلجیم میں فلیمش جو فرانس سے اتحاد چاہتے ہیں اور پچھلے کافی عرصے سے اسی وجہ سے حکومت سخت بحران کا شکار بھی ہے اس کو حل کریں۔

سپین میں باسکے علاقوں کی آزادی کی زبردست تحریک جاری ہے۔ کشمیر جو دوملکوں کے لیے جان لیوا ہو چکا ہے اور اب تک لاکھوں انسانوں کی جانیں بھی جا چکی ہیں اور یہاں آج بھی خون کی ہولی کوسواہ سے کہیں زیادہ کھیلی جاتی ہے اور یہ انڈیا اور پاکستان کی ہوس کی بھینٹ چڑھ ہوا ہے اسکو پہلے آزاد کرانا چاہیے تھا۔ انڈیا کی بارہ سے زیادہ ریاستوں میں قومی آزدی کی تحریکیں جاری ہیں، پاکستان کے چاروں صوبوں میں قومی آزادی کی تحریکیں موجود ہیں، روس میں چیچنیا کی علیحدگی کی خونی تحریک جاری ہے، پورا

افریقہ آزادی کی جد وجہد میں ڈوبا ہوا ہے ۔ فلسطین، مڈل ایسٹ اور لاطینی امریکہ غرض مشرق سے مغرب اور شمال سے جنوب آج دنیا میں وہ کون سا ملک اور علاقہ ہے جہاں قومی آزادی کی تحریک موجود نہیں ہے جو طبقاتی استحصال کے ساتھ ساتھ قومی استحصال کی ہولناک پیداوار ہے۔ اگر قومی آزدی کا یہ سلسلہ چل نکلا تو پھر آج کی جدید دنیا قدیمی قبائل سے بھی زیادہ چھوٹے چھوٹے حصوں میں تقسیم ہو جائے گئی جو آج ممکن نہیں لیکن اگر مالیاتی نظام کو اپنا استحصال قائم رکھنے کے لیے ایسا کرنا پڑا تو وہ اس سے بھی ہرگز دریغ نہیں کرئے گا کیونکہ سرمایہ دارانہ نظام کے لیے دولت اہم ہے انسان اور انکی زندگی اور سہولت نہیں۔

ہم ہر سامراجی کاٹ کو مسترد کرتے ہیں طبقاتی استحصال کے ساتھ قومی استحصال اور ہر قسم کا جنسی، لسانی، مذہبی، استحصال کے خلاف ناقابل مصالحت جد وجہد کرتے ہیں۔ ہم حق خودادیت کی حمائت کرتے ہیں لیکن اس سے پہلے طبقاتی جد وجہد اور سوشلسٹ انقلاب کو قومی آزدی کے لیے لازمی قرار دیتے ہیں۔ کیونکہ طبقاتی آزادی کے بغیر قومی آزادی نئے دکھوں اور اذیتوں میں اضافہ تو کرسکتی ہے لیکن کوئی ایک بھی مسئلہ حل نہیں کرسکتی کیونکہ قومی آزادی کا مطلب ایک الگ خطہ زمین پر بھوک ننگ غربت تباہی حالی کی اذیت ناک موت نہیں بلکہ اس کا خاتمہ ہے جو سوشلسٹ انقلاب کے بغیر آج ممکن نہیں ہے قومی آزادی کی تحریکوں کو پہلے طبقاتی نجات کی جد وجہد کا اٹوٹ حصہ ہونا چاہیے اور اس کے بعد ہر انسان قوم ملک علاقہ آزاد ہوگا پھر فیصلہ سرمایہ نہیں بلکہ انسان کریں گئے کہ ان کو کیا کرنا ہے اور کیسے کرنا ہے۔ جب انسان اپنی بنیادی ضروریات زندگی کے مسائل سے مکمل آزاد ہو جائے گا تو پھر فیصلے پیٹ سے نہیں بلکہ دماغ سے ہوں گئے جو یقینا درست اور انسانی ترقی کے لیے عظیم تر ہوں گئے۔

تین مارچ دو ہزار آٹھ

فرینکفرٹ، پندرہ اکتوبر کو یورپی سنٹرل بینک پر عوامی قبضہ

آج دنیا پر ایک بار پھر سوشلزم کا بھوت منڈلانے لگا ہے یہ بوڑھے مارکس کے 1848 آٹھارہ سو آڑتالیس میں لکھے گئے وہ الفاظ ہیں جن کی سچائی کو آج کے عالمی حالات ماضی سے زیادہ ٹھوس انداز میں ثابت کر رہے ہیں۔ اور اسی سچائی کا اظہار پندرہ اکتوبر کو پوری دنیا میں،، وال سٹریٹ پر قبضہ،، کی عالمی عوامی تحریک سے نظر آرہا تھا۔

پندرہ اکتوبر 2011 کی عالمی عوام سرمایہ دارانہ نظام کے خلاف جو سراپا احتجاج تھی اس کا بنیادی نعرہ تھا،، تمام مالیاتی اداروں اور اجارداریوں کو قومی ملکیت میں لے کر مزدوروں کے جمہوری کنٹرول میں دیا جائے،،۔ یہی مارکسزم ہے اور حقیقی سوشلزم ہے۔

دنیاکے 82 باسی ممالک کے 951 نوسو اکاون سے زائد شہر میں وال سٹریٹ پر قبضے کے حق میں عوامی مظاہرے ہوئے۔ جس میں لاکھوں لوگوں نے بھر شرکت کی اور اپنی منڈی کے نظام کے خلاف شدید نفرت کا اظہار کیا۔ یورپ کے دل جرمنی اور جرمنی کی جان فرانیکفرٹ میں 5000 پانچ ہزار سے زائد لوگوں نے مالیاتی نظام کے خلاف احتجاج کیا۔

یورپ اور دنیامیں فرانیکفرٹ کی خاص اہمیت اس لیے بھی ہے کہ یہاں یورپی کرنسی یورو کا مرکزی بینک ،، یورپی سنٹرل بینک،، ہے۔ جو تمام یورپ اور دنیامیں یورو کرنسی کو مکمل کنٹرول اور اس کے بارے میں تمام حتمی فیصلے کرتا ہے۔ اس لیے جرمنی یورپ کا حکمران اور بڑا سامراج ہے جو مشرقی اور کچھ مغربی

یورپی ممالک پر مالیات کے حوالے سے مکمل قبضہ کر چکا ہے۔ جس کا مرکز فرانیکفرٹ ہے یہ ایک چھوٹا سا شہر ہے لیکن عالمی مالیاتی نظام میں بڑی قدر و اہمیت کا حامل ہے جہاں صرف بینک اور بینکار ہیں اور ساتھ ہی سٹاک مارکیٹ کا جوا خانہ بھی ہے۔ جو تمام یورپ کی زندگی اور موت کے اہم فیصلے کرتا ہے۔ اس یورپ کے فنانس سٹی میں اتنے بڑے عوامی مظاہرے نے عالمی حکمرانوں کے ایوانوں کو نہ صرف ہلا دیا ہے بلکہ مارکیٹ اکانومی کے اقتدار کے خطرے کی گھنٹیوں کو بھی بجا دیا ہے۔

یہ عالمی عوامی مظاہرے اتنے مزاحمتی اور شدید تھے کہ بی بی سی، س این این، الجزیرہ اور دوسرے تمام عالمی حکمران میڈیے کو بھی مجبوراً یہ لکھنا پڑا کے،، یہ تمام مظاہرے سرمایہ دارانہ نظام اور مالیاتی نظام کے خلاف ہیں،،۔ لیکن انہوں نے آگے نہیں لکھا اور نہ ہی بتایا کہ ان احتجاجوں کا پروگرام کیا تھا جو سوشلسٹ اور مارکسی پروگرام تھا۔ یہ تمام میڈیا سوشلزم کو جیتنا بھی روک لیں اب یہ انکے سروں تک آ چکا ہے۔ اور مستقبل میں عالمی تحریکیں اس تمام میڈیے کو مجبور کر دیں گئی کہ وہ ان تحریکوں کو عالمی سوشلسٹ انقلاب کے لیے تحریکیں لکھیں اور بتائیں۔

تمام مارکسی استادوں نے واضح الفاظ میں لکھا تھا سوشلزم عالمی ہوتا ہے یا نہیں ہوتا۔ اور 15 پندرہ اکتوبر کو یہ سچ ایک بار پھر جرمنی فرانیکفرٹ میں حقیقی انداز میں ثابت ہو گیا۔ اس کے باوجود کہ 1929۔23۔ انیس سو تائیس میں سٹالن نے یو ایس ایس آر میں حقیقی مارکسزم سے مکمل غداری کی اور دنیا میں سوشلزم کو ایک ڈکٹیٹر منصوبہ بندی پر مبنی نظام بنا کر پیش کیا تھا جس سے عالمی عوامی تحریک میں سخت گراوٹ اور گہری مایوسی نے جنم لیا تھا جو اب اس صدمے اور مایوسی سے بڑی تیزی سے باہر آ رہی ہے۔ سوشلزم سے سٹالنزم کی غداری کے 1990 انیس سو نوئے میں پرخچے اڑ گئے تھے۔

سوویٹ یونین کی ٹوٹ اور 15 پندرہ اکتوبر کی عالمی عوامی تحریک دونوں نے مارکسزم کی ناقابل تسخیر

صداقت کو ڈنکے کی چوٹ پر ثابت کیا کہ دنیا کا مستقبل ماسوائے سوشلزم کے کچھ نہیں۔

ٹراٹسکی نے دوسری عالمی جنگ کے بعد لکھا تھا کہ امریکہ جہاں تمام انسانی تاریخ کا دو یو ہیکل سامراج ہو گا وہیں اس سامراج کے پاوں ریت کے ہوں گئے۔ امریکہ آج کی عالمی سرمایہ دارانہ دنیا کا حکمران تو ہے جسکی بڑی ترین منڈی، زیادہ ترین بھیانک جدید اسلحہ، بڑی اور جدید ترین فوج، حکمران کرنسی ڈالر، عالمی منڈی کی زبان انگلش، مغربی عالمی فیشن، ہولی وڈ بڑی ترین فلم انڈسٹری ہونے کے باوجود امریکہ آج دنیا کی نفرت کا شکار ہے۔ سب سے مقروض ترین ملک ہے۔ جنگوں کا بادشاہ، اور انسانی تاریخ کا سب سے بڑا قاتل ہے جو آج اپنی تاریخ کی بھیانک ترین بے روز گاری کا شکار ہے۔ ٹوٹتا سماج اور بکھرتا سامراج امریکہ آج عالمی عوام کے سامنے ذلیل وسوا ہے۔ عالمی مالیاتی نظام کی کوکھ سے ہی آج عالمی عوامی انقلاب کے آغاز کی چنگاریوں نے جنم لیا ہے۔

وال سٹریٹ جو ایک عالمی اقتصادی نظام کا بین الاقوامی جوا خانہ ہے۔ جہاں دنیا کے انسانوں ملکوں اور براعظموں کی زندگیوں اور موت کے کھاتے تیار کیے جاتے ہیں۔ آج اسی کو اپنی زندگی کے لالے پڑ گئے ہیں۔ کسی نے کب سوچا یا تھا کہ چند بے روز گار نوجوانوں، بر طرف غریب امریکی مزدوروں کی کال پر،، وال سٹریٹ پر قبضہ، کی تحریک سے، دنیا بھر کے مزدور ایک ہو جائیں گئے اور لبیک کہہ اٹھیں گئے۔ یہی تو ہے ایک کا درد سب کا درد جس نے پوری دنیا کے عوام کو متحرک کر دیا۔ جو طبقاتی جرٔت اور انقلاب کی جدوجہد کی اصل روح ہے۔ ہم 99 ننانوئے فیصد ہیں۔ جس کا اظہار فرانیکفرٹ کے مظاہرے میں ہوا جلوس دو پہر بارہ بجے مرکزی علاقے بورزین پلاسٹ،، جیسے اردو میں حصص کی منڈی یا سٹاک مارکیٹ چوک،، کہتے ہیں سے ہوا جس میں 5000 پانچ ہزار سے زائد عوام نے بھرپور اور نہایت جوش وخروش سے شرکت کی اس مظاہرے میں زیادہ تر نوجوان تھے جن کے پاس مختلف ملکوں کے جھنڈے اور انقلابی بینر تھے۔ کارل مارکس کی تصویریں بھی لوگوں نے اٹھا رکھیں تھیں۔ بینرز پر زیادہ تر نعرے درج تھے۔

ہم سب ایک ہیں، سرمایہ داری کو شکست دو، دولت کی حکمرانی ختم کرو، بینکوں اور تمام مالیاتی ادروں کو قومی ملکیت میں لے کر مزدوروں کے جمہوری کنٹرول میں دو، سرمایہ داری کوئی جمہوریت نہیں عوامی جمہوریت چاہیے، سرمایہ کو انسانی زندگی سے بے داخل کرو، سرمایے کے فیصلے نامنظور، ہم یورپ ہیں ہم دنیا ہیں ہم ننانویں فیصد ہیں، اس مظاہرے میں یونان، اسرائیل، امریکہ، سپین، پرتگال، اور دوسرے یورپی ممالک کے جھنڈے عوام نے اٹھا رکھے تھے۔

عوام فرانیکفرٹ کے مرکزی علاقے سے یورپی سنٹرل بینک پہنچے جہاں مقررین نے خطاب کیا سب سے پہلے آٹیک تنظیم جس کی کال پر یہ مظاہرہ کیا گیا تھا کے رہنما نے خطاب کیا اور کہا کہ ہم مالیاتی نظام کو نہیں مانتے اور نہ ہی سرمایے کی حکمرانی کو تسلیم کرتے ہیں اور نہ ہی کسی قسم کی نجکاری کو ہونے دیں گئے۔
اسرائیل سے آئے ہوئے مزدوروں کے ایک نمائندے نے کہا کہ اسرائیلی عوام اور مزدور آپ سے اظہار یک جہتی کرتے ہیں انہوں نے کہا کہ آج تالاویب میں 6000 چھ ہزار سے زائد مزدور سراپا احتجاج ہیں اور وال سٹریٹ کے قبضے میں امریکی مزدوروں کے ساتھ اظہار یک جہتی کر رہے ہیں۔ انہوں نے مزید کہا کہ اسرائیلی مزدوروں کا خصوصی پیغام ہے کہ بے شک ہماری زبانے ایک دوسرے سے مختلف ہیں لیکن ہماری جدوجہد اور منزل ایک ہے استحصال سے پاک معاشرہ کا قائم۔ ہمیں معلوم ہے کہ کوئی بھی میڈیا ہماری آواز کو نہیں اٹھاتا لیکن یہ ہماری انقلابی آواز کو دبا بھی نہیں سکتے۔

یونان کی نمائندہ ایک لڑکی نے کہا کہ یونان کے عوام کی معاشی اور سماجی زندگی تباہ ہو چکی ہے۔ آج انکو اپنے پیسوں میں سے اس کا انتخاب کرنا پڑتا ہے کہ وہ بیماری کے لیے دوا خریدے یا کھانے کے لیے روٹی اور ان کے پاس صرف ایک چوائس ہوتی ہے اس نے مزید کہا کہ یہ برا وقت جرمنی کی عوام سے زیادہ دور نہیں ہے آو ملکر جدوجہد کریں ایک کا درد سب کا درد بنالیں۔ سپین سے آئی ہوئی ایک نمائندہ لڑکی نے اظہار خیال کرتے ہوئے کہا کہ تمام یورپ بہت جلد یونان بنے والا ہے آج تمام سپین میں مظاہرے کیے جا

رہے ہیں۔ اس سے پہلے کہ یہ مالیاتی حکمران ہم پر حملہ کریں ہم انکو شکست دے دیں ہماری جیت ہمارے اتحاد میں ہی ہے یہ اتحاد علاقائی نہیں قومی اور براعظمی نہیں بلکہ صرف اور صرف عالمی اتحاد ہے جسکی آج ہم نمائندگی کر رہے ہیں عالمی عوام زندہ باد عالمی مزدور اتحاد زندہ باد۔ اسی قسم کی تقریریں شام تک یہاں جاری رہیں کیونکہ جرمنی کی عوام یورپی سنٹرل بینک پر شام تک قبضہ رکھنا چاہتی تھی جو انکو نے رکھا

جب میں یہ تقریر سن رہا تھا تو سوچ رہا تھا کہ بوڑھا مارکس کو کس کس نے کب کب اور کیسے کیسے اور کہاں کہاں نہین مارا اور مارنے کی کوشیشش نہیں کی لیکن آج پھر یہ بوڑھا جیت گیا آج پھر سرخرو ہو گیا۔ بے شک یہاں آئے ہوئے لوگ سوشلزم آوئے آوئے کے نعرے نہیں لگا رہے تھے سوشلسٹ انقلاب لانے کی تقریریں بھی نہیں کر رہے تھے۔ ان کے پاس دانتی اور ہتھوڑے کے سرخ پرچم بھی نہیں تھے لیکن اگر یہ سب سوشلزم نہیں تھا تو کیا تھا؟ اور اگر یہ سوشلزم نہیں ہے تو پھر سوشلزم کچھ بھی نہیں ہے

تین جون دو ہزار تیرہ

افغانستان سے فوجیں فوراً واپس بلاو

ٹیڈ گرانٹ ہمیشہ کہا کرتا تھا کہ جنگ میں جس کا سب سے پہلے قتل ہوتا ہے، وہ سچائی ہے، کیونکہ انسانیت کے قتل اور زندہ معاشرے کو درگور کرنے کا کوئی ایک بھی انسانی جواز ہو ہی نہیں سکتا اس لیے جنگ ایک بربریت اور وحشت ہے جس کو مسترد کرنا ہر باشعور انسان کا بنیادی فرائض ہے۔ افغانستان کی جنگ کو آٹھ سال کا عرصہ گزر گیا ہے جس سے یہ جنگ دوسری عالمی جنگ سے بھی لمبی جنگ ہے جو ابھی جاری ہے۔ جس کا ابھی تک کوئی اختتام نظر نہیں آرہا جو تب تک جاری رہے گئ جب تک عالمی حکمرانوں کو یہ سبق نہیں مل جاتا کہ یہ جنگ وہ کبھی نہیں جیت سکتے۔

امریکی صدر اوبامہ نے اور امریکی حکمرانوں نے خود اس کو قبول کیا ہے کہ،، افغانستان کی جنگ ابھی تک ہم نہیں جیتے اور اسکی جیت کے آثار بھی دور دور تک نہیں ہیں اور ہمیں یہ جنگ کئی دہائیاں اور لڑنا ہوگئی،، اس جنگ کا یورپی اور امریکی حکمرانوں کے پاس کوئی لائحہ عمل اور پیش منظر بھی نہیں ہے۔ وہ ایک اندھیر میں ایک شکست خوردہ جنگ لڑ رہے ہیں جس کا کوئی راستہ اور کوئی منزل نہیں ہے۔ اس کا اظہار چنگاری فورم جرمنی کے آرگنائزر اور چنگاری ڈاٹ کام کے ایڈیٹر دانیال رضا نے گیارہ ستمبر 2009 کو جرمنی کے شہر ویزبادن جو ریاست ھیسن کا دارالحکومت بھی ہے اور جرمنی کی قومی سیاست میں ریڈی کی ھڈی کی حیثیت کا حامل ہے میں ڈی لنکے (بائیں بازو کی پارٹی) اور آئی ایم ٹی جرمنی ڈیر فونکے کی طرف سے انتخابی مہم کے سلسلے میں منظم کیے گئے ایک جلسے میں کیا جو شہر کے درمیان ماریسیوں پلاٹس میں ہوا۔

دانیال رضا نے مزید کہا کہ دنیا میں کسی بھی ملک کے خلاف جارحیت اس قوم کی سالمیت اور خود مختاری پر حملہ ہے جو کسی طور بھی قابل قبول نہیں ہو سکتا ہے۔ حکمرانوں اور میڈیے کا یہ پراپیگنڈہ بالکل جھوٹا اور بے بنیاد ہے کہ افغانستان اور پاکستان میں صرف اسلامی بنیاد پرست ہی رہتے ہیں جنکے خلاف نیٹو کی فوجیں لڑ رہی ہیں اور ویسے بھی ہم سب کو یہ علم ہے کہ امریکی حکمرانوں نے ہی موجودہ خونی مذہبی جنونیت کا بیج پاکستان اور افغانستان میں سوویٹ یونین کے خلاف بویا تھا اور آج بھی یہ بنیاد پرستی کو ختم کرنا نہیں چاہتے بلکہ کنٹرول کرنا چاہتے ہیں جو انکی اپنی کمزوری کی وجہ سے انکے متعین کردہ دائرے سے تجاوز کر گئی ہے۔

افغانستان میں اس وقت اکتالیس گروپ نیٹو کی فوجوں کے خلاف مذاحمت کر رہے ہیں جن میں صرف دس چھوٹے گروپ اسلامی بنیاد پرست ہیں بقیہ تمام اسلامی بنیاد پرستی کے خلاف ہیں ان میں بائیں بازو کی پرچم اور خلق پارٹی بھی شامل ہے جو نیٹو فوجوں کی خون ریزی کے خلاف اپنی عوام کی خود مختیاری اور سالمیت کا دفاع کر رہیں ہیں اور یہ کوئی جرم نہیں ہے۔ افغانستانی لیفٹ نا صرف سامراجی فوجوں کے خلاف لڑ رہا ہے بلکہ بنیاد پرستوں کی وحشت اور درندگی کے خلاف بھی مذاحمت کر رہے ہیں یہ بائیں بازو کی پارٹیاں جو افغانستان یا پاکستان میں متحرک ہیں بنیاد پرستوں، سامراجی فوجوں اور ان کے ایجنٹوں اور گماشتہ حکومتوں (پاکستان اور افغان حکومتوں) کے جبر کا شکار ہیں ۔ اس لیے اگر ہم (جرمن عوام) سنجیدگی سے بنیاد پرستی کی جنونیت کے خلاف جنگ جتنا چاہتے ہیں اور واقعی یہاں کوئی حقیقی تبدیلی اور استحکام کے حق میں ہیں تو پھر ہمیں نیٹو کی فوجیں فوار واپس بلا کر افغانستان اور پاکستان میں بائیں بازو کی تحریک کی ہر طرح سے مدد کرنا ہو گئی۔ صرف یہی بائیں بازو کی تحریک افغانستان اور پاکستان میں ایک سوشلسٹ انقلاب کے ذریعے پائیدار امن اور ان معاشروں کو موجودہ اذیت سے نجات دلا واسکتے ہیں اس کے علاوہ کوئی دوسرا راستہ اور طریقہ نہیں ہے اور اگر ہے تو وہ خون ریزی، تباہی اور بربادی کا راستہ ہے جو جاری ہے اور یہ مستقبل میں مزید بھیانک شکل اختیا کرے گا۔

سرمایہ داری انسانی تاریخ میں اپنا وقت پورا کر چکی ہے اور اب یہ جتنا لمبا عرصہ اس دنیا پر قائم رہے گئی اتنی ہی ھولناک اور خون ریز ہوتی جائے گئی جو آج ہم دیکھ رہے ہیں۔ بھوک، جنگ اور تباہی کا مستقبل سرمایہ داری اور سامراج نے انسانیت کا مقدر بنا دیا ہے۔ اور اب جب تک ہم اس نظام سے نجات حاصل نہیں کرتے کوئی حقیقی تبدیلی نہیں ہوگئی آج تمام دنیا کے محنت کشوں کے لیے صرف ایک ہی راستہ ہے سوشلزم یا پھر بربریت کا۔

آج الیکشن (جرمنی میں ستائیس ستمبر کو قومی اسمبلی کے انتخابات ہیں) میں ایس پی ڈی، سی ڈی یو، ایف ڈی پی اور گرین پارٹی کا جھگڑا اس بات پر ہے کہ درمیانی سیاست پر کون کھڑا ہے تمام پارٹیاں اپنے آپ کو درمیانی سیاست کا دعوایدار گردان رہی ہیں اصل میں یہ تمام دائیں بازو کی پارٹیاں ہیں اور آپنے آپ کو دائیں بازو کی پارٹیاں کہنے سے خوف زدہ ہیں کیونکہ ان کو اچھی طرح علم ہے کہ دائیں بازو کا وقت گزر چکا ہے۔ آج مستقبل بائیں بازو کا ہے جو موجودہ نظام کے خاتمے سے ہی ہو گا اس لیے ان پارٹیوں میں کسی پروگرام پر نہیں بلکہ درمیانی سیاست کی غیر اہم لڑائی جاری ہے۔ یہ تمام پارٹیاں جھوٹ اور منافقت کا پلندہ ہیں۔ اور ہم (دی لیفٹ پارٹی) حقیقی بائیں بازو ہیں اور ہمیں یہ ثابت کرنا ہے۔ ہم بے خوف اور بے دھڑک اپنے آپ کو سوشلسٹ اور کیمونسٹ کہتے ہیں۔ دنیا میں رائیٹ ہوتا ہے یا لیفٹ ہوتا ہے بقیہ سب کچھ بکواس ہے یا پھر درمیان میں صرف ہجڑے ہوتے ہیں۔ ہم کبھی نہیں کہتے وی کین ڈو۔ ہم کہتے ہیں وی ویل ڈو، ہم کرئے گئے اور جیتے گئے کیونکہ ہم لیفٹ ہیں۔ ان کے بعد ڈی لنکے کی طرف سے کھڑے قومی اسمبلی کے امید اور علاقے کے مرکزی رہنماوں نے خطاب کیا اس جلسے میں سٹیج سیکرٹری کے فرائض ڈیر فونکے کے ایڈیٹر کامریڈ حنس نے ادا کئے

تیرہ ستمبر دو ہزار نو

جرمنی میں انجن ڈرائیوں کی شاندار تاریخی فتح کے اسباق

جرمن ریلوئے میں انجن ڈرائیوروں اور انتظامیہ کے درمیان دس ماہ سے جاری لڑائی میں آخیر جیت مزدوروں کی ہوئی جن میں ان کے تمام تو نہیں لیکن تمام مین مطالبات منظور ہو گئے ہیں جس میں انکا نمبر ایک مطالبہ تھا کہ انجن ڈرائیوں کی تنخواہوں کا پے سکیل الگ سے مقرر کیا جائے اور الگ سے جبکہ اب تک انکی تنخواہوں کا پے سکیل دوسرے ریلوئے ورکروں کے ساتھ تھا جس میں ریلوئے گارڈ اور اسٹیشنوں کا عملہ تھا۔ جی ڈی ایل، انجن ڈرائیوروں کی یونین، کے مطابق ٹرین کے ڈرائیوروں کی ذمہ داری بقیہ ریلوئے عملے سے کہیں زیادہ ہے۔ ایک انجن ڈرائیور کی ڈیوٹی کہیں زیادہ ذمہ دارانہ اور بڑی جواب دہی کی ہے اس لیے انکا پے سکیل الگ اور زیادہ مقرر کیا جائے جو کہ ایک جائز مطالبہ تھا۔ جس کو جرمن عوام اور عدالتوں تک نے جائز قرار دیا تھا لیکن ریلوئے انتظامیہ اسے ماننے سے انکاری تھی۔

دوسرے مطالبات میں انجن ڈرائیوں کی تنخواہوں میں 34 فیصد کا اضافہ تھا کیونکہ ان کی تنخواہوں میں پچھلے دس سال کے کوئی اضافہ نہیں ہوا تھا جبکہ روزمرہ کی اشیائے صرف میں گئی گناہ اضافہ ہو چکا تھا۔ جس سے انجن ڈرائیوں کا معیار زندگی بہت گرا تھا اور ایک یا دو بچوں کی فیملی کو پالنا قریبا نا ممکن ہو چکا تھا۔ انجن ڈرائیور نہایت مشکل سے زندگی گزار رہے تھے جس کو میڈیا بھی کئی بار پیش کر چکا تھا لیکن ریلوے انتظامیہ کے کان پر شرافت سے جو تک نہیں رینگی آخیر کار مزدوروں نے جدوجہد اور لڑائی کا اراستہ اپنایا اور اپنے مطالبات انتظامیہ کو پیش کئے جو اس نے بری طرح اور مکمل طور پر پہلے مسترد کر دیئے جس پر

مزدوروں نے شروع میں ٹرینوں کی علامتی ہڑتالیں کر کے انتظامیہ پر دباو ڈالا جس سے انتظامیہ ٹس سے مس نہ ہوئی اس سے مزدورواپنی تحریک کو وسعت دینے لگے اور پسنجر ٹرینوں کی چوبیس گھنٹے تک کی ہرتالیں کیں لیکن تب بھی انتظامیہ پر اثر نہ ہوا ما سوائے اس کے انہوں نے کہا کہ ہم پانچ فیصد تنخواہیں بڑھتے ہیں لیکن چار گھنٹے انجن ڈرائیور پہلے سے زیادہ کام کریں گئے جو ان کا اور انکی جدوجہد کا مذاق اڑانا تھا تب انجن ڈرائیوں نے مال بر ادر گاڑیوں، پسنجر ٹرینوں، اور ایکسپریس ٹرینوں کی آڑتالیس گھنٹے کی ہرتال کی اور اس کے بعد انجن ڈرائیوں کی ٹریڈیونین جی ڈی ایل نے ورننگ بھی دی کہ اگر اس کے بعد ورکرز کے مطالبات نہ مانے گئے تو پھر غیر معینہ مدت کے لیے ہڑتال کر دی جائے گئ جو جنوری میں ہونی تھی اس نے تمام ریلوئے انتظامیہ اور حکومت کو جھنجوڑ کرر کھ دیا اور وہ گھٹنے ٹیکنے پر مجبور ہو گئے کیونکہ اس ہڑتال کو عوام کی حمائت بھی حاصل تھی جو دوسرے مزدوروں اور انکی جدوجہد میں اعتماد اور حوصلہ پیدا کر رہی تھی اور یہ تحریک یورپ میں بڑھتی جارہی تھی۔ اسی دوران فرانس میں بھی ریلوئے مزدوروں نے حکومت کے خلاف پہیہ جام ہڑتال کر دی جس میں سرکوزی حکومت نے مزدوروں کی پنشن کی عمر 55 سال سے بڑھا کر 65 سال کرنے کا اعلان کر دیا تھا اسی دوران تاریخ میں پہلی دفعہ دوبئی میں بھی شہنشاہیت کے کالے سایے تلے تعمیرات کے مزدوروں نے ہڑتال کی تھی برطانیہ میں پوسٹ کے ورکروں نے بھی تنخواہوں میں اضافے کے لیے مکمل ہڑتال کر دی تھی اٹلی، سپین اور یونان میں بھی مزدوروں کی تحریکیں شروع ہو چکی تھیں۔

کچھ بھی کہا جائے لیکن یہ ایک حقیت ہے کہ مزدور طبقے میں ایک کا درد سب کا درد ہوتا ہے مشترک مفادات ہونے کی وجہ اور عالمی عوام پر بڑھتے سرمایہ دارانہ استحصال ان کو متحد کرتا اور حرکت دیتا ہے ایک کی جیت سب کی جیت بنتی ہے ایک کی فتح دوسروں میں لڑانے کا اعتماد اور حوصلہ بنتا ہے ایک تار کے چھڑنے سے بقیہ تاروں میں ارتعاش پیدا ہوتا ہے اور اس طرح میوزک بجنے لگتا ہے جس سے تمام دنیا

کے سرمایہ دار اور سامراج خوف زدہ اور پریشان ہو جاتا ہے کیونکہ جہاں یہ عوامی میوزک عوام کے کانوں میں رس گھلتا ہے وہاں یہ استحصالیوں کے کان کے پردے پھاڑ دیتا ہے۔۔۔اس طرح جرمنی میں مارچ 2007 سے شروع ہونے والی مزدوروں کی جدوجہد جو جی ڈی ایل کے پلیٹ فارم سے لڑی گئی جو جرمن ریلوے انجن ڈرائیوروں کی ٹریڈ یونین ہے کامیاب ہوئی انکا الگ پے سکیل مقرر ہو چکا ہے اور انکی تنخواہوں میں بھی گیارہ فیصد اضافہ کر دیا ہے۔ جس پر مزدور اپنی سخت کٹھن اور لمبی جدوجہد کا جشن منا رہے ہیں جو آخیر کامیاب ہوئی جس میں انکی مستقل مزاجی مضبوط اور پکا عزم اور جیت کی لگن اسکا یقین اور ناقابل مصالحت جدوجہد یہی انکی کامیابی کی بنیاد بنی اور ہر فتح کے لیے یہی لازمی عناصر ہیں جو انکا مقدر بنی۔

لیکن یہ جشن ابھی ماند نہیں پڑا کہ ریلوے انتظامیہ نے اپنے خلاف نئی جدوجہد کی بنیاد رکھ دی جرمن ریلوے کی انتظامیہ کے سربراہ میڈیون نے پریس کانفرنس میں کہا ہے کہ یہ ایک تکلیف دہ اور زخمی کر دینے والی تحریک تھی جس کا خمیازہ یا نقصان عوام اور مزدور بھگتیں گئے۔ چند دنوں بعد ریلوے ٹرینوں کے کرایوں میں اضافہ کر دیا جائے گا اور بہت سے ریلوے ورکروں کو بھی برطرف کیا جائے گا اس سے معلوم ہو چکا ہے کہ سرمایہ دار خود کچھ بھی اپنی جیب سے ادا نہیں کریں گئے بلکہ اسکا بوجھ بھی عوام اور مزدورں پر لاد دیں گئے۔ تاکہ عوام کو مزدورں کی حمائت کرنے اور مزدورں کو جدوجہد کرنے کا سبق یا سزا دی جائے جبکہ یہ اپنے سرمایوں میں مسلسل پچھلے کئی سالوں سے بے تحاشہ اضافہ کر رہے ہیں اور اب بھی کریں گئے جسکا عوام اور مزدوروں کو بھی علم ہے۔ حکومت نے بھی یہ بیان دیا کہ ریلوے سے برطرفیوں کا کوئی جواز نہیں ہے کیونکہ ریلوے انتظامیہ ہر سال لاکھوں اربوں یورو منافع کماتی ہے لیکن جب ریلوے انتظامیہ کا یہ کہنا تھا کہ جرمن ریلوے کے بقیہ شعبوں سے اب مزدور برطرف کئے جائیں گئے تو انکی ٹریڈ یونیوں نے فورا یہ اعلان کر دیا کہ اگر جرمن ریلوے کے کسی ایک بھی مزدور کو نکالا

گیا تو وہ ہڑ تالیں پھر شروع کر دیں گئے۔

مزدوروں کے حوصلے بلند تھے جبکہ انتظامیہ کے پست تھے جس وجہ سے انتظامیہ اپنے اس بیان کو کہ کچھ ریلوے مزدوروں کو برطرف کیا جائے مجبوراواپس لینا پڑا۔ انتظامیہ مزدوروں کی جیت اور اپنی ہار کے زخموں سے چور ہے جس سے وہ ہر ورز ایسے بیان دے رہی ہے جس سے معلوم ہو کہ مزدوروں کی فتح نہیں ہوئی اور نہ انتظامیہ کی شکست ہوئی ہے وہ یہ ماننے کو تیار نہیں ہے۔ لیکن ایسا ہوا ہے اور مزدوروں نے ڈنکے کی چوٹ پر یہ ثابت کیا ہے۔

یہ ریلوے مالکان آج مزدور دشمنی کے لیے تلملا رہے ہیں لیکن کچھ نہیں کر سکتے ورکروں کے حوصلے اور جذبے جواں ہیں لیکن یہ انتظار کریں گئے اوران کو جب بھی موقع ملا یہ پھر مزدوروں پر حملے کریں گئے جس سے پھر ایک نئی جنگ شروع ہو گئی۔ سرمایہ دار اور انکا غلام نظام عوام پر استحصال کی جکڑ وقت کے ساتھ ساتھ تنگ کرتے جارہے ہیں جدوجہد آج بھی جاری ہے اور جاری رہے گئی۔

اب اگر یہ جرمن ریلوے میں تھمی ہے تو کہیں اور شروع ہو گئی اگر جرمنی میں تھمے گئی تو دنیا میں کہیں اور جگہ شروع ہو گئی اور یہ تب تک جاری رہے گئی جب تک دنیا میں استحصال موجود رہے گا اور یقینا ہر بار آخیری جیت عوام اور مزدور کی ہی ہو گئی

اکیس جنوری دو ہزار آٹھ

چین میں بنیاد پرستی کو فروغ دیا جائے۔ صدر بش

بی بی سی، سی این این اور عالمی میڈیے کی چھ اگست 2008 دو ہزار آٹھ کی رپوٹینگ کے مطابق چین کے علاقے کاشغر میں اسلامی انتہا پسندوں کے بم دھمکوں اور ان میں سولہ چینی پولیس اہلکاروں کی ہلاکت اور اس سے کہیں زیادہ زخمی ہونے کے بعد امریکن صدر بش نے چینی حکومت سے مطالبہ کیا ہے کہ وہ چین میں مذہب اور اظہار رائے کی آزادی کو مزید فروغ دیں۔(اس کا مطلب یہ بنتا ہے کہ بنیاد پرستی کو مزید فروغ دیا جائے) انہوں نے مزید کہا ہے کہ میں چینی حکام سے پچھلے ساڑھ سات سال سے مل رہا ہوں اور میرا پیغام ایک ہی ہے کہ معاشرے میں مذہبی لوگوں سے نہ گھبرائیں کیونکہ اصل میں یہی مذہبی افراد ہی معاشرے کو بہتر بنائیں گئے اور اسکی اصلاح کریں گئے۔

یہ باتیں صدر بش نے عالمی میڈیے کو اولمپک کھیلوں میں شرکت کے لیے بیجنگ روانگی سے قبل کوریا کے دورے کے دوران کہی ہیں جو اس کے منہ سے اچھی نہیں لگتیں۔۔یہ صدر بش کا بیان امریکی حکمرانوں کی پالیسی اور انکی حکمت عملی کا اظہار ہے۔اس پر بہت سارے لوگوں نے اپنے دانتوں میں انگلیاں لے لیں اور امریکی صدر بش کے اس بیان پر حیران وپریشان ہیں کہ آج پوری دنیامیں اسلامی دہشت گردوں کے خلاف عالمی جنگ شروع کرنے والا اور اپنے ساتھ ساری دنیا کو اس تباہ کن جنگ میں دھکیلنے والا عالمی سامراجی لیڈر بش آج چین میں جب وہی تباہی چین کے اسلامی بنیاد پرست یہاں کر رہے ہیں تو انکی یہ حمائت کر رہا ہے۔جب کے اس کے الٹ یہ صدر بش جو آج دنیا کے بہت سارے ممالک جن میں

پاکستان، عراق، افغانستان، لیبان، فلسطین سر فہرست ہیں، میں بم دھماکوں اور جبر و تشدد سے اپنے علاقوں میں نام نہاد اسلامی شریعت کو نافذ کرنا چاہتے ہیں تو بش اور امریکی ریاست انکی جان ومال کی مکمل تباہی اور خاتمے کے لیے اپنی بڑی ترین، جدید ترین فوج اور بڑے ترین مالی بجٹ کے زریعے پوری دنیا میں سر گرم ہیں۔ ایران سے اس کی کشیدگی بھی بظاہر اسی بنیاد پر ہے۔ لیکن چین میں یہ صدر بش ساڑھے سات سال سے یہاں کے اسلامی بنیاد پرستوں کی مکمل حمائت کر رہا ہے؟ براہ راست سیاسی سپورٹ کے ساتھ ساتھ بل واسطہ اسلحہ، مالی، فوجی اور دہشت گرد تربیتی حمائت اور معاونت کر رہا ہے (پاکستان میں ان چینی اسلامی بنیاد پرستوں کو دہشت گردی کے لیے تیار کیا جاتا ہے اس لیے آج تک پاکستان میں تمام دہشت گردی کے کیمپ بند نہیں ہو سکے اور یہ آج بھی امریکہ کی وجہ سے ہی قائم ہیں)۔ جبکہ یہ بھی وہی چاہتے ہیں اور کر رہے ہیں جو دوسرے اسلامی بنیاد پرست جن کو بش برداشت کرنے کو تیار نہیں ہے۔ لیکن چین کے ان اسلامی بنیاد ستوں کی امریکی حکمران مکمل حمائت کرتے ہیں؟

ان پالیسیوں سے بش اور امریکی حکمرانوں کا اپنے مالیاتی اور سامراجی مفادات کے حصول اور موجودہ مرتے عالمی سرمایہ دانہ نظام کو بچانے کے لیے عالمی اسلامی دہشت گردی کے خلاف مہم جوئی کی جعل سازی بری طرح بے نقاب ہو جاتی ہے امریکی حکمران اس لڑائی میں عوام کی طبقاتی تحریک کو دبانے کی کوشیش کر رہے ہیں جو یقیناً زیادہ عرصہ تک کامیاب نہ ہو سکے گئ۔

چین کے پاکستان کے ساتھ سرحدی علاقوں میں مسلم اکثریت آباد ہے اور یہیں اسلامی انتہا پسندوں کے گڑھ ہیں۔ اور حالیہ بم دھماکے بھی کاشغر کے علاقے شن چیانگ میں ہوئے ہیں اور یہی مسلم ویگوئز علیحدگی پسندوں کا گڑھ ہے۔ اس کے علاوہ شن ژانگ میں بھی مسلم اکثریت آباد ہے ان علاقوں کے چند اسلامی تشدد پسند گروپ یہاں پر چین کی جعلی کیمونسٹ پارٹی کے طبقاتی استحصال کو استعمال کر کے چائنہ کے ان سرحدی علاقے کو چین سے الگ کر کے مشرقی ترکستان بنانا چاہتے ہیں۔ بے شک یہاں کی اکثریتی

مسلم آبادی یہ نہیں چاہتی لیکن چائینز ریاست کی یہاں لوٹ کھسوٹ اور علاقائی زبردست استحصال اور ریاستی جبر نے یہاں ایک نہایت وسیع طبقاتی خلیج کو پیدا کیا ہے۔ قلیل ترین افراد کے پاس انتہائی دولت اور عوام کی بڑی ترین اکثریت زندہ رہنے کے لیے بنیادی ضرورتوں سے بھی محروم ہے۔ جس کے خلاف عوامی نفرت اور ردعمل کا جنم لینا غیر فطری نہیں ہے۔ جس کو بنیاد پرست انقلابی متبادل کی عدم موجودگی میں مغربی حکمرانوں کے مفادات کے لیے دہشت گردانہ حملوں کی شکل میں استعمال کر رہے ہیں۔

سماجی اور معاشی مسائل کے خلاف یہاں کی عوامی مذاحمت کو دبانے کے لیے چینی کیمونسٹ پارٹی اور ریاست نے اپنے ایجنٹوں کو بیجنگ سے لاکر یہاں حکمران بنادیا ہے جنہوں نے ریاستی مظالم کا بازار گرم کیا ہوا ہے جس سے طبقاتی محرومی کے ساتھ ساتھ قومی محرومی بھی یہاں پروان چڑھی ہے۔ حقیقی کیمونسٹ پارٹی کی عدم موجودگی میں اسلامی بنیاد پرستوں کو آگے آنے کا موقع ملا ہے۔ اور اس اسلامی جنونیت کے غبارے سے جلد ہوا نکل جائے گی جب ان علاقوں یا چین میں انقلابی عوامی تحریک شروع ہوئی۔ جس کے بغیر چین کی عوام کا کوئی روشن مستقبل نہیں ہے۔ بے شک آج چینی ریاست جس پر کیمونزم کا جھوٹا لیبل ابھی تک چسپاں ہے جبکہ اسکا کردار کیمونزم دشمنی کا ہے۔ عالمی سامراجی طاقت بن کر ابھر رہا ہے اور اس طاقت کے نیچے دنیا کا بڑا ترین اور جدید ترین پرولتاریہ بن چکا ہے جو مارکسی سوشلسٹ انقلاب کے لیے بارود ہے۔ چینی ریاست کا عالمی سامراجی قوت بن کر ابھرنے سے اس کے دوسرے عالمی سامراجی ممالک سے منڈیوں اور مالیاتی تضادات بڑھ رہے ہیں ایشیا کے علاوہ افریقہ میں بھی منڈیوں پر قبضے کی سرد جنگ جاری ہے۔ آج کی عالمی سامراجی بڑی طاقت امریکہ ہے جس سے آج چائنہ کے سب سے زیادہ تضادات بن چکے ہیں اور مزید بن رہے ہیں اس کے باوجود کہ چینی معیشت کا بڑا انحصار بھی امریکن منڈی پر ہے۔ اور چینی منڈی میں بڑی سرمایہ کاری بھی امریکن سرمایے کی ہی ہے۔ اور ڈالر کو بھی کسی حد تک چین نے ہی سمبھالہ دیا ہوا ہے کیونکہ اس وقت چین کے پاس ڈیڑھ ٹریلین ڈالر کے زیز و موجود

ہیں جو بحرانوں کے ادوار میں یہ مارکیٹ میں بیچے گا۔ جس سے جہاں ان دو ملکوں کے سامراجی تضادات بن رہے ہیں وہیں پر ان کے مشترک مالیاتی مفادات بھی ہیں۔ جس سے چین کا مزدور طبقہ پس کر رہ گیا ہے کیونکہ ہر سرمایہ دارانہ تضاد اور بحران کا نزلہ مزدوروں پر گرتا ہے۔ اور آنے والے دنوں میں عالمی معیشت کے بحران چین میں تباہ کن اثرات مرتب کریں گئے۔ اس سے چائنیز سماج کی بنیادوں میں انقلاب کا لاوا ابل رہا ہے جو کسی وقت بھی پھٹ سکتا ہے۔ عوامی تحریک کی عدم موجودگی میں حکمرانوں کے اپنے تضادات منظر عام پر آتے ہیں جو آج کل نظر آ رہے ہیں۔

امریکہ چین میں انتشار پیدا کر کے اس کو کمزور بنا کر اس کو اپنے زیر کنٹرول رکھنا چاہتا ہے جس کے لیے ضروری ہے کہ یہ انٹی چائنہ قوتوں کو مضبوط کرئے چائنہ کے اندر اور چائنہ سے باہر۔ چائنہ میں امریکی حکمران کی پسماندگی اس سے بھی ظاہر ہے کہ آج کے گلوبائزیشن دور میں جب قومی ریاستوں کا تصور مٹتا جا رہا ہے چین میں علیحدگی پسند قوتوں کو مضبوط کر رہے ہیں اور دوسری طرف انڈین ریاست کو سپورٹ کر رہے ہیں۔ تا کہ مستقبل میں چینی ریاست اور اس کے حکمرانوں کو دبایا اور بلیک میک کیا جا سکے تا کہ کبھی بھی چینی ریاست امریکی سامراجی مفادات کے لیے خطرہ نہ بن سکے۔ یہی وجہ ہے کہ صدر بش اور امریکی ریاست نام نہاد اسلامی بنیاد پرستی کے خلاف دہشت گردی کی عالمی مہم کے باوجود چین میں بڑی بے شرمی سے اس بنیاد پرستی کے ساتھ کھڑا ہے۔ اور انڈیا سے اٹیمی معاہدے کر رہا ہے۔ اور اپنے ہی جعلی جھوٹے تہذیبوں کے تصادم کے مقدس ڈھونگ کی چین میں بے حرمتی کر رہا ہے۔ امریکن ریاست اور اس کے حکمرانوں کی یہ بوکھلاہٹ انکی کمزوری اور مستقبل میں تباہی کی غماز ہے۔ اور اس کے خلاف عالمی عوام کی جدوجہد ایک نئے سویرے کی نوید ہے۔۔

سات اگست دو ہزار آٹھ

سرمایہ داری کے غبارے سے ہوا نکل چکی ہے

کیمپ ڈیوڈ میں صدر بش نے فرانس کے صدر اور یورپی یونین کمیشن کے صدر سرکوزی سے ملاقات پر اعلان کیا ہے کہ وہ موجودہ 2008 کے عالمی بحران پر قابو پانے کے لیے عالمی کانفرنس بلائیں گئے۔ اس سے ثابت ہو جاتا ہے کہ موجودہ عالمی سرمایہ دارانہ بحران نے تمام دنیا کے حکمرانوں کو بوکھلا دیا اور عوامی شعور کو جھنجوڑ دیا ہے۔ جس کا کوئی حل نظر نہیں آرہا اور یہ بحران تیز سے تیز اور پھیلتا ہی جا رہا ہے اس کے باوجود کہ آج عالمی مالیاتی نظام کو بچانے کے لیے سامراجی حکمران قومی خزانوں سے عوامی پیسہ پانی کی طرح بہا رہے ہیں تا کہ موجودہ بحران سے کسی طرح نکلا جاسکے۔ امریکہ کے سات سو ارب ڈالر کے بعد جرمنی نے بھی پانچ سو ارب یورو کے پیکٹوں کا فنانس مارکیٹوں کے استحکام کے لیے اعلان کیا ہے۔ اس کے علاوہ تمام یورپ اور جاپان نے بھی اپنی استعداد سے بڑھ کر مالیاتی اداروں کے تحفظ کے لیے مالی جان کی بازی لگا دی ہے۔ امریکہ کے سات سو ارب ڈالر کے باوجود جاپان کا کہنا ہے کہ امریکہ نے موجودہ بحران پر قابو پانے کے لیے بہت کم پیسے دیئے ہیں اور اس کو مزید ڈالر دینے چاہیے۔ جبکہ اتنی بڑی رقم دینے سے امریکی وزیر خازنہ نے تاریخی امریکی بجٹ خسارہ کا اعلان کر دیا ہے۔ اس سے یہ واضح ہو جاتا ہے کہ امریکہ کی عالمی حکمرانی کے غبارے سے ہوا نکل چکی ہے۔

جرمنی جو یورپی معیشت کا انجن ہے اسکی فنانس مارکیٹ کو ساڑھے سات ارب یورو سے زیادہ کی ضرورت ہے۔ ھالینڈ کا قومی بینک آئی این جی اس وقت دیوالیہ کے کنارے کھڑا ہے۔ ھالینڈ کو سات سو ارب سے

زائد کا سرمایہ درکار ہے۔ آئس لینڈ میں معاشی ایمر جنسی لگ گئی ہے۔ امریکہ اور یورپ چین کو بڑی پر امید نظروں سے دیکھ رہے تھے کہ یہ ڈوبتے عالمی مالیاتی نظام کو تنکے کا سہارہ دے گا لیکن چین کی اقتصادی ترقی اس بار بھی تیسرے عشرے میں کم ہوئی ہے۔ چینی معیشت دانوں کے مطابق چین پر عالمی مالی بحران کے اثرات حکومت کے اندازوں سے کہیں زیادہ ہیں اور یہ قوی اندیشے موجود ہیں کہ چین کی معاشی حالت مزید گرے گئی۔ تمام تر سامراجی ممالک کا مالیاتی اداروں کو بچانے کے لیے اندھادھند بڑی بڑی رقموں خرچ کرنا بھی سود مند ثابت نہیں ہو رہا۔ انہی کے ماہرین معاشیات کے مطابق آج کے خسارے بہت زیادہ ہیں یہ رقمیں طفیل تسلی تو دے سکتی ہیں لیکن عالمی مالیاتی نظام کو موجودہ بحران سے نہیں نکل سکتیں۔ اس لیے یہ بحران ابھی مزید پھیلے گا اور گہرا ہو گا۔

صدر بش اور عالمی حکمرانوں کی یہ عالمی کانفرنس یہ تو ثابت کریں گئی کہ آج ہر طرف سرمایہ داری نظام ناکام ہو چکا ہے اور اس کی تبدیلی کا وقت آگیا ہے لیکن اس سے زیادہ شاید وہ کچھ کرنے میں کامیاب نہیں ہوں گئے۔ یہ عالمی منڈی کا بحران عوام کے زہنوں پر اپنے اثرات مرتب کر رہا ہے۔ جس سے عالمی مزدور تحریک میں اس کے خلاف مزاحمت کی قوت بڑھے گئی۔ کیونکہ آج یہ زیادہ واضح انداز میں درست ثابت ہو رہا ہے کہ سرمایہ داری آج عالمی انسانیت کے لیے کسی بھیانک عذاب سے کم نہیں۔ جس نے اس زمینی کرہ ارض پر انسانوں کا جینا محال کر دیا ہے۔ یہ ایک پسماندہ اور فرسودہ نظام بن چکا ہے۔ آج انسانیت کے ترقی یافتہ ترین دور میں جب پہلی بار مریخ سے تصویریں بھی آچکی ہیں اور وہاں زندگی آباد کرنے کا پلان بھی ہے تو دوسری طرف اسی دور میں آج محنت کش عوام دنیا بھر میں آٹے چینی چاول خوراک کو ترس رہیں ہیں۔

ترقی پذیر ممالک میں پانی بجلی گیس اور توانائی کا شدید ترین بحران ہے جو بڑھتا ہی جارہا ہے۔ جبکہ ترقی یافتہ ممالک میں ان کے بلوں میں انتہائی اضافہ ہو چکا ہے۔ جرمنی میں سرکاری طور پر چار فیصد سے زیادہ کا

افراط زر پھیل چکا ہے۔ مزدوروں کی تنخواہوں میں چھ فیصد کی کمی آچکی ہے۔ یہاں غربت کی مقرر کردہ لائن سے 18 آٹھارہ فیصد سے زائد عوام گر چکی ہے۔ لیکن اس کے ساتھ ہی بے روزگاری چودہ فیصد سے زائد ہے جبکہ یہاں کی کوئی ایک بھی بڑی فرم گھاٹے میں نہیں ہے۔

کاروں کی فرمیں بی ایم ڈبلیو اور فوکس ویگن نے ریکارڈ منافعے کمائیں ہیں اور انہوں نے ہی ہزاروں مزدوروں کو برطرف کیا ہے۔ جب یورپ کے کنگ ملک جرمنی کی یہ حالت ہے تو پھر بقیہ یورپ کی سماجی بگڑتی حالت کیا ہو گئی۔ یعنی ترقی یافتہ ممالک میں بھی سماجی ناانصافی اپنی انتہاوں پر پہنچ چکی ہے اور یہاں عوام کے حالات بد سے بدتر ہو رہے ہیں جس کا جلد سیاسی بحرانوں میں اظہار ہو گا۔

ترقی پذیر مالک کا تو اللہ ہی حافظ ہے۔ ڈالر کے اتار چڑھاو نے انہیں بالکل تباہ کر دیا ہے۔ پاکستان کے زر مبادلہ جو نہایت کم ہو کر رہ گئے ہیں۔ جس وجہ سے ماہرین اور پریس بھی مایوسی کی باتیں کر رہا ہے۔ آٹا یا اناج آج بھی دنیا کے تمام انسانوں کی ضرورت سے بہت زیادہ موجود ہے لیکن امیروں کے گوداموں میں ہے۔ جو جلد از جلد، زیادہ سے زیادہ منافع کمانے کی ہوس رکھتے ہیں اور اقوام متحدہ کہہ رہی ہے کہ خوراک کا بحران 2018 دو ہزار آٹھارہ تک جائے گا جبکہ ہمارے مطابق اب یہ جاری ہی رہے گا کیونکہ یہ مرتی سرمایہ داری کے لیے لازمی ہو چکا ہے۔

آج دنیا کے تمام میڈیے پر پراپیگنڈہ ماسوائے ایک بیہودگی اور دھوکہ دہی کے کچھ نہیں حقیقت کچھ اور ہے بیان کچھ اور ہو رہا ہے۔ حقیقت یہ ہے کہ آج مالیاتی نظام میں زائد پیداوار کا شدید بحران ہے جو آج مالیاتی بحران کی شکل میں ظاہر ہو رہا ہے۔ جبکہ دوسری طرف عوام روٹی کو ترس گئی ہے کپڑا مکان علاج تعلیم صاف پانی وغیرہ سے بالکل محروم ہو رہی ہے اور یہی سرمایہ داری کا تضاد ہے اور یہی اسکی بربادی۔

سائنس کی ترقی سے آج باآسانی یہ معلوم کیا جاسکتا ہے کہ کہاں دنیا میں آئندہ ساٹھ گھنٹوں میں زلزلے

آسکتے ہیں اور انکی شدت اور کیفیت کیا ہو گئی؟ لیکن ہو کیا رہا ہے؟ اکیلا چین دنیا میں انسانوں کی چالیس فیصد سے زیادہ ضروتوں کو پورا کر رہا ہے۔ اس کی کل پیداوار میں سے ساٹھ فیصد سے زیادہ اشیا برآمد کی جاتیں ہیں۔ دنیا کی بڑی سامراجی طاقت بن رہا ہے لیکن دوسری طرف یہاں حالیہ زلزلوں سے ہزاروں افراد جنکی تعداد آٹھاسی ہزار بتائی گئی تھی مر چکے ہیں کیونکہ یہ محنت کش اور عام عوام تھے۔ اور اسی طرح پاکستان میں بھی کشمیر کے زلزلے کو حکمرانوں نے صرف عالمی امداد بٹورنے اور اسکو اپنی توندیں بڑھانے کے لیے استعمال کیا۔ اس سے زیادہ انکی اس انسانیت سوز واقعہ سے کوئی دلچسپی نہ تھی نہ ہے۔ جسکو آج تین سال ہو چکے ہیں۔ اور اس پر کوئی رقم خرچ نہیں ہوئی اور آزاد کمشیر آج پہلے سے بھی زیادہ برباد ہے۔ آج ایک طرف دولت کے بلند ترین ڈھیر لگ چکے ہیں تو دوسری طرف غربت سے سسکنے اور مرنے والے عوام کے بھی بلند ترین ڈھیر ہیں۔ طبقاتی تضاد اور سماجی ناانصافی آج اپنی بلند ترین سطح پر ہے۔ اور موجودہ بحران بس یہی بحران ہے۔ جس کا حل صرف اشتراکی سماجی تبدیلی سے ہی ممکن ہے۔۔۔

بیس اکتوبر دو ہزار آٹھ

غزہ میں خانہ جنگی فلسطین کی تحریک کو کمزور کرے گئی

فلسطین میں غزہ کی پٹی خانہ جنگی کی زد میں ہے الفتح اور حماس کی قیادت آپسی جعلی معاہدوں اور شرائط کے باوجود اس خانہ جنگی کو روکنے میں اب تک ناکام ہو چکے ہیں اگر یہ خانہ جنگی مزید جاری رہی تو یہ پورے فلسطین اور پھر پورے مڈل ایسٹ میں پھیل سکتی ہے جو عالمی اور مقامی حکمرانوں کے لیے چیلنج بن جائے گی جس سے تمام حکمران آج پریشان نظر آرہے ہیں اور اسے روکنے کی مکمل کوشش کر رہے ہیں۔ اور اقوام غیر متحدہ بھی امن فوج کی بات کر رہا ہے۔ فلسطین کی موجودہ تمام پارٹیاں اور حکومت اس میں اب تک ناکام ہو چکے ہیں۔

ایک طرف سامراج ایجنٹ الفتح ہے جسکی قیادت محمود عباس کے پاس ہے جبکہ دوسری طرف بنیاد پرست حماس ہے جسکی قیادت اسماعیل ہنیہ کر رہا ہے ان دونوں کے پاس فلسطین کے مسئلہ کا آج کوئی مستقل حل اور پر امید مستقبل نہیں ہے اور نہ ہی انکے پاس کوئی پروگرام ہے ماسوائے ایک دوسرے کے خلاف دشمنی اور لڑائی کے۔ یہ ایک دوسرے پر سیاست کرتے ہیں جو ایک ہی سکے کے دو رخ ہیں جو مسائل کو مزید سنگین اور پر انتشار بنا رہے ہیں جس نے فلسطینی عوام کو خون میں نہایا دیا ہے اور اس کے مستقبل کو اندھیر اور مایوس کن بنا دیا ہے۔ الفتح اس وجہ سے کامیاب نہیں ہو سکتی کہ یہ سامراج کی تائید اور حمائت کرتی ہے جو عالمی سطح پر مسائل کے حل میں ناکام اور نامراد ہو چکا ہے اور اسرئیل کی مکمل سپورٹ کرتے ہوئے فلسطین کو دوسری اہمیت دیتا ہے۔ جبکہ امریکہ اور دوسری سامراجی طاقتیں نہ تو

اس مسئلہ کا چاہتی ہیں اور نہ ہی کوئی حل کرنے میں کامیاب ہو سکتی ہیں کیونکہ ایک پر امن مشرق وسطی اسرائیلی حکمرانوں کے لیے خطرناک ہے اور ساتھ ہی امریکی اور سامراجی مفادات کے لیے بھی۔ وہ ایسا کبھی نہیں چاہیں گے اور نہ ہی عالمی مالیاتی نظام میں اتنی گنجائش ہے کہ فلسطین کو تعمیر کر کے ترقی دے سکیں۔

دوسری طرف حماس جو الفتح پر سیاست کرتی ہے اس کے پاس نہ تو اتنے زرائع ہیں اور نہ ہو سکتے ہیں کہ وہ ایک مضبوط فلسطین بنا سکیں اور نہ ہی سامراج کے غلبے کی موجودگی میں وہ ایسا کر سکتے ہیں اب تک کے انکے تمام زرائع بھی سامراج کے ہی محتاج رہے ہیں اور آئندہ بھی رہیں گے اور یہ موجودہ لڑائی بھی سامراج سے مفادات حاصل کرنے کی ہی جنگ ہے کیونکہ سامراج حماس کو الیکشن جیتنے اور حکومت بنانے کے باوجود تسلیم نہیں کر رہا اور نہ ہی کوئی امداد دے رہا ہے اور نہ ہی آئندہ کرے گا۔ جبکہ محمود عباس الیکشن ہارنے کے باوجود بھی سامراج کی آنکھوں کا تارہ بنا ہوا ہے اور حماس کو کوئی لیفٹ نہیں ہو رہی اور یہی غصہ حماس کو ہے کہ بیرونی امداد مجھے ملنی چاہیے جو نہیں مل رہی اور اس کے ملنے میں الفتح بڑی روکاوٹ ہے جس کے خلاف حماس آج صف آرا ہیں۔ اس مفاداتی لڑائی میں عوام مارے جا رہے ہیں اور انکا سکون تباہ ہو گیا ہے۔ باشعور عوام ان دونوں پارٹیوں اور انکی قیادتوں سے تنگ آ چکے ہیں۔ میڈے پر عوام کے تاثرات اس کی اعکاسی کرتے ہیں۔ الفتح اور حماس کی قیادتیں فلسطین کے مسئلہ سے زیادہ اپنے مفادات میں سنجیدہ ہیں ان دونوں میں لڑائی ذاتی مفاداتی اور تعصباتی ہے جبکہ فلسطین کا مسئلہ پورے مشرق وسطی سے منسلک ایک عالمی عوامی مسئلہ ہے اور اس سے کٹ کر یا انکی حمائت کے بغیر فلسطین کا حل ناممکن ہے۔

آج عالمی منڈی اور انسانی ضروریات کو پورا کرنے والے عالمی زرائع پیداوار کا دور ہے اس حقیقت پر پردہ پوشی ڈال کر اگر ہم کچھ سوچتے ہیں تو وہ ایک خواب اور اگر کچھ کرتے ہیں تو خطرناک اور مکمل ناکامی ہو گی

مسئلہ فلسطین کے لیے ہمیں تمام مڈل ایسٹ کے محنت کش عوام کا ساتھ لینا اور دینا ہو گا ان سے مل کر ایک انقلابی متحدہ تحریک کو جنم دے کر نہ صرف مڈل ایسٹ میں سامراجی غلبہ کے خلاف لڑنا ہو گا بلکہ مقامی بادشاہوں، سرمایہ داروں اور جاگیر داروں سے جو مشرق وسطی میں سامراجی مفادات اور اپنے معاشی مفاد پر اس خطے کا امن برباد کر کے خونی غسل دینے کا باعث ہیں ہمیں انکے خلاف ناقابل مصالحت لڑنا ہے۔ مشترکہ عوامی تحریک کو ہر تعصب سے بالا کر کے خاص سوشلسٹ بنیادوں پر منظم کرنا ہو گا اس میں لازمی اسرائیل کے عوام کو بھی طبقاتی حوالے سے ساتھ ملانا ہو گا جو خود اپنے حکمرانوں کے جبر واستحصال سے تنگ آچکے ہیں اور ان کے خلاف اپنی طبقاتی صفیں درست کر رہے ہیں اور پورے مشرق وسطی کی عوامی تحریک جس میں اسرائیلی عوام کی نجات بھی شامل ہو گی جو عالمی مزدور تحریک کی حمائت کر کے مڈل ایسٹ کے تمام مزدروں کے مطالبات کی حمائت بھی کرے گی۔ پھر کوئی وجہ نہیں ہے کہ مڈل ایسٹ اور اسرائیل کے محنت کش فلسطینی تحریک کا اٹوٹ حصہ نہ بنیں بلکہ اسرائیلی عوام تو اس کے سخت خواہش مند ہیں جو انکی اس خطے میں قید زندگی کو آزاد کرائے۔ جس میں مڈل ایسٹ کی اشتراکی فیڈریشن کا نعرہ بنیادی اہمیت کا حامل ہو گا صرف یہی نظریہ اور تحریک اس خطے کا مقدر بدل سکتی ہے وگرنہ خون ریزی، بدامنی، غربت اور جبر تو پہلے ہی بہت ہے جو مزید بڑھے گا۔ سرمایہ داری اور سامراجی غلبہ، اس کے علاوہ اور کوئی مستقبل دینے کے قابل نہیں رہا۔ حماس اور الفتح اسی استحصالی سوچ اور نظام کی پیداوار ہیں اور اسی کو مختلف انداز سے قائم رکھنے کے لیے متحرک ہیں جو نجی ملکیت اور بازاری معیشت ہے۔ یہی وجہ ہے کہ یہ دونوں اب تک مکمل طور پر ناکام ہیں اور رہیں گئے، فلسطین کے مسئلہ کو مزید پیچیدہ اور خونی بنائیں گی جس طرح سامراجی اطاعت آج ایک تعصب بن چکا ہے اس طرح بنیاد پرستی بھی ایک بھیانک خونی تعصب کی شکل اختیار کر چکا ہے ان دونوں سے نجات صرف سوشلزم سے ہی ممکن ہے جو عوام کی فیصلہ کن اور آخیری فتح ہے۔۔

ایران دہشت گرد ہے، اور امریکہ؟

امریکی صدر کے مڈل ایسٹ میں داخل ہوتے ہی عوامی احتجاجوں کا سلسلہ حسب روایت شروع ہو گیا تھا اور بحرین میں بڑا مظاہرہ ہوا جس کو میڈیے نے دیکھانے سے گریز کیا کیونکہ اس خبر سے میڈِیے کے مالکان ناراض ہو جانے تھے جسکی یہ بے چارے تنخواہ دار پریس ملازم تاب نہ لا سکتے تھے اور عرب بادشاہوں کے عتاب کا نشانہ بنتے تھے۔ بش نے مڈل ایسٹ پہنچتے ہی ایران دہشت گرد کا ورد شروع کر دیا اور کہا کہ ایران آج دنیا کا سب سے بڑا دہشت گرد ہے جس کی ایما اور وسائل پر لبنان میں حزب اللہ اور فلسطین میں حماس دہشت گردی کرتے ہیں اور مڈل ایسٹ کے امن میں بڑی روکاوٹ ہیں اس کے ساتھ ہی جب سے بش مڈل ایسٹ میں داخل ہوا ہے اسرائیل نے فلسطین کی نا ہتھی عوام پر نئی جنگ مسلط کر دی ہے اسرائیل کے جدید ترین ٹینک اور جنگی جہاز خوفناک گولا بارود برسا رہے ہیں اور اب تک بے شمار لوگ مارے جا چکے ہیں۔ اسطرح اسرائیل اپنے امریکی آقا صدر بش کو بے گناہ انسانوں کے خون کی سلامی پیش کر رہا ہے اور یہ ثابت کرتا ہے کہ میں خود سر ہوں اور مجھے کوئی نہ روکے۔

ویسے تو یہ عام معروف ہے کہ جب بھی صدر بش امریکہ سے باہر آیا ہے یا کسی دوسرے ملک کا دورکیا ایک نئی جنگ شروع ہوئی یا پھر جنگی صورت حال پیدا ہو گئی اور یہ ثابت بھی ہے کہ صدر بش امریکن تاریخ کے سب سے زیادہ جنگ جو صدر رہیں جن کی حکمرانی کا تمام عرصہ جنگوں میں گزرا ہے اور انہوں نے تمام دنیا کو بل واسطہ یا بلا واسطہ جنگ میں جھونک کر شدید عدم استحکام کا شکار کر دیا۔ ان جنگوں سے

مکمل باہر نکلنا عالمی مالیاتی نظام کے تحت ناممکن ہے موجودہ نظام میں آنے والے وقت میں یہ عدم استحکام اور عالمی خون ریزی مختلف شکلوں میں مزید بڑھے گئی۔

اس بار چھوٹا بش پھر مڈل ایسٹ کے بڑے دورے پر ہے جس کا مقصد بھی ایران کے خلاف مڈل ایسٹ میں حمائت کو مضبوط کرنا ہے اور ایران پر مزید دباو بڑھنا ہے کہ لبنان میں حزب اللہ کو ختم کرنا یا اسکی طاقت کو کمزور کرنا ہے جس وجہ سے اسرائیل کو لبنان سے عبرت ناک شکست ہوئی تھی۔

فلسطین میں حماس کے خلاف امریکی ایجنٹ عباس اور اسرائیلی اولمد میں تعلقات کو فروغ دینا ہے تاکہ بظاہر فلسطین کی خون ریزی تھم سکے اور کوئی نئی جنگ شروع ہو سکے۔ اس غرض کے لیے بش اب اسرائیل کے بعد سعودی عرب کو جنگی اسلحہ سے مسلح اور لیس کر رہا ہے اور نیا معاہدہ جو ایک سو تائیس ملین ڈالر کا طے پایا ہے۔ اس کے تحت امریکہ سعودی عرب کو نیا گائیڈڈ میزائیل کا نظام دے گا۔ اس معاہدے سے یہ معلوم کرنا مشکل ہو گیا ہے کہ یہ کس کے لیے شرم کی بات ہے سعودی عرب کے لیے یا امریکہ کے لیے کہ اسرائیل کے بعد امریکی حکمران سعودی عرب پر اسرائیلی حکمرانوں جیسا ہی اعتبار کر رہے ہیں اور سعودی حکمرانوں کو ایران کے خلاف استعمال کرنا چاہتے ہیں اور سونے پر سوہگہ کہ خادم حرمین اسے سر خم تسلم کرنے کو تیار بھی ہو گئے ہیں اور بش انتظامیہ جس کے ساتھ امریکن عوام بھی نہیں ہیں سعودی عرب اس کے ساتھ مکمل کھل کر کھڑا ہے۔ جبکہ یہ خانہ کعبہ کے مالکان عالم اسلام کے لیڈر ہونے کا دعوا کرتے ہیں شرم انکو مگر نہیں آتی کہ یہ امریکہ اور اسرائیل کے ساتھ کھڑے ہو کر ایران، حزب اللہ اور حماس کی مخالفت کرتے ہیں۔ جس سے یہ ثابت ہوتا ہے کہ لڑائی مذاہب کی نہیں بلکہ مالی مفادات کی ہے اور آج مالیاتی مفادات ہی حقیقت ہیں، دوستی اور دشمنی کی بنیاد ہیں مذہب بے چارہ تو صرف استعمال ہوتا ہے۔

سعودی عرب آج بھی تاریخ کا میوزم ہے جہاں انسانی اقدار اور انسانی بنیادی حقوق پر مکمل پابندی ہے یہاں غلاموں اور لونڈیوں کا کاروبار ہوتا ہے اور تمام غیر ملکیوں کو جو عرب ممالک میں کام کرتے ہیں ان سے تاریخ کے پسماندہ دور کے غلاموں جیسا سلوک کیا جاتا ہے یہاں عورتوں کو انسان ہونے کا حق بھی حاصل نہیں ہے۔ یہ اسلام اور امریکہ ہے، دونوں نظریاتی مخالفت اور تضاد کا ڈھنڈورہ پیٹتے ہیں لیکن ان میں کمال کا نظریاتی اتفاق ہے۔ امریکہ کی جمہوریت، امن آزادی اور انسانی حقوق کے بلند نعرے سعود ی عرب کے مسئلہ پر کیوں خاموش ہو گئے ؟ یہاں آکر بش نے کسی انسانی حقوق اور آزادی کی بات تک نہیں کی کیوں ؟۔

پہلے امریکہ نے مڈل ایسٹ میں اسرائیل کو مضبوط کرنے کے لیے ایران اور عراق کو جنگ میں دھکیل کر ان دونوں کو کمزور کیا۔ اور پھر خود ہی عراق کو تباہ کر ڈالا۔ جس سے عراق کے بعد آج ایران مڈل ایسٹ میں بڑی طاقت بن گیا اور عراق کے خاتمے کے ساتھ ہی ایران نے اپنے سامراجی عزائم کی تشکیل شروع کر دی ہے لبنان میں حزب اللہ کو مضبوط کیا۔ اسرائیل لبنان کی جنگ میں، اسرائیل کی شکست کا بڑا جشن ایران میں بھی منایا گیا تھا۔ شام میں اپنے حمائیوں کو مضبوط کیا اور امریکی گماشتہ اسرائیل کے خلاف حماس کو سپورٹ دی تا کہ مڈل ایسٹ میں امریکی مفادات کو تباہ یا کمزور کر کے ایرانی مفادات کو پروان چڑھایا جائے آج امریکہ ایران کے خلاف اتنا غلط بھی نہیں ہے اس کو ایران سے خطرہ نہیں بلکہ مڈل ایسٹ میں اسکو اپنے مالیاتی اور تیل کے مفادات کے خاتمے کا خطرہ ہے اور ایران نے یقیناً انکو خطرے میں ڈالا ہے جو سامراجیوں کو کبھی برداشت نہیں ہو گا۔

امریکہ کو پہلے بھی اور آج بھی معلوم ہے کہ ایران کے پاس ان تک کوئی اٹیمی اسلحہ نہیں ہے اور ایران نہ ہی امریکہ کا سامنا کرنے کی صلاحیت رکھتا ہے۔ امریکہ مڈل ایسٹ میں بڑھتے ایرانی اثر ورسوخ سے خوف زدہ ہے جو امریکہ اور اسرائیل کے مفادات کے خلاف ہیں امریکہ چاہتے ہوئے بھی اور تمام

کوششوں کے باوجود بھی ایران پر جارحیت اس لیے نہ کر سکا کہ اس میں عالمی عوامی نفرت کے ساتھ بد حال معاشی صورتحال اور امریکی عوام میں جنگوں کے خلاف نفرت، مذاحمت اور سامراجی حکمرانوں کے ناقابل حل تضادات ہیں۔

عراق افغانستان جنگ امریکہ کے لیے وبال جان بن گئی ہے جہاں امریکی ڈالر اور امریکی فوجی پانی کی طرح خرچ ہو رہے ہیں۔ ان جنگوں نے نہ صرف ان ممالک کو مکمل تباہ و برباد کر دیا بلکہ ہمسایہ ممالک کو بھی عدم استحکام کا شکار کر دیا ہے۔ افغانستان کی جنگ نے پاکستان اور سابقہ مشرقی روسی ریاستوں کو شدید عدم استحکام کا شکار کر دیا ہے جس کے شعلے روس اور انڈیا تک پہنچ چکے ہیں۔ روس میں بم دھماکے اور من موہن سنگھ کا یہ بیان کہ انڈیا کو شدت پسندی سے شدید خطرہ ہے اس کی اعکاسی کرتا ہے۔

عراق جنگ نے تمام مڈل ایسٹ کو ہمیشہ کے لیے عدم استحکام کی کھائی میں دھکیل دیا ہے۔ اور خاص طور پر امریکی چھاونی اسرائیل کو جس وجہ سے امریکہ کی ایما پر اسرائیل نے لبنان پر فوج کشی کر دی تا کہ ایران کے مڈل ایسٹ میں بڑھتے مفادات کی روک تھام کی جا سکے لیکن اس بار امریکہ اور اسرائیل کا حالات نے ساتھ نہ دیا اور دنیا کی بڑی اٹیمی طاقت ہونے کے باوجود لبنان سے اسرائیل کو ذلت آمیز شکست ہوئی جو امریکہ کے زخموں پر نمک بن کر گرا اور امریکہ اس سے تلملا اٹھا اس نے کھلے عام ایران کے خلاف چھوٹا سچا زہر اگلنا شروع کر دیا۔ جو آج بھی زور شور سے جاری ہے۔ اسرائیل نے اس شکست کا بدلہ بے چاری معصوم کمزور اور بے بس فلسطین عوام کی بڑی قتل و غارت کر کے لیا جو آج بھی جاری ہے اور تمام مڈل ایسٹ کی بے شرم عرب مسلم حکومتوں کی غیرت کو للکارہ جو آج بلوں میں گھس کر بیٹھے ہیں

فلسطین کا مسئلہ براہ راست مڈل ایسٹ کے مستقبل سے وابسطہ ہے موجودہ نظام میں اسکا کوئی حل نہیں ہے بلکہ ہر مصالحت کی کوشش یہاں کی عوام پر نیا عذاب بن کر ٹوٹے گئی فلسطین کو نہ تو بنیاد پرست حماس

اور نہ ہی امریکی ایجنٹ عباس موجودہ بربریت سے نکل سکتے ہیں اور نہ ہی یہ کبھی آزاد اور خود مختیار ریاست بن سکتی ہے اور نہ ہی رہ سکتی ہے جس کا آج بڑا چرچا ہے۔ اگر سامراجی حکمران فلسطین کو ریاست کا درجہ دے بھی دیں جو کافی مشکل ہے تو پھر بھی یہ ہمیشہ اسرائیل کی دم چھلی ہی رہی گئ کیونکہ مالیاتی دنیا میں سرمایہ فیصلہ کرتا ہے کہ کس نے حکمرانی کرنی اور کس نے محتاجی کرنی ہے اس لیے موجودہ سرمایہ دارنہ نظام کے تحت فسطین ہمیشہ محروم اور محکوم ہی رہے گا جبکہ اسکی حقیقی آزادی مڈل ایسٹ کے عوام کی طبقاتی آزادی سے منسلک ہے۔

ایران کے اپنے شدید مالیاتی مسائل اور سماجی ضرورتیں ہیں جس کے تحت اسکو اپنے منڈی کے مفادات کو وسعت دینے کی اشد ضرورت ہے ایرانی معیشت اسلامی لیبل میں لپٹی سرمایہ دارنہ معیشت ہے جس کی ترقی اور بڑھوتری کے لیے نئ اور وسیع منڈیوں کی ضرورت ہے جس کے بغیر ایرانی مارکیٹ زوال پذیر ہو جائے گئ جو پہلے ہی کافی تباہ حال ہے اور ملکی مسائل نہ قابل حل ہو چکے ہیں۔

بے روزگاری اجرتوں میں کمی برطرفیاں افراط زر نے عوام کا جینا محال کر دیا ہے جبکہ ملا اشرفیہ کی دولت میں بے تحاشہ اضافہ ہو چکا ہے اور اسکی بدعنوانیوں کی داستان سرراہ زیر بحث آتی ہیں اور احمدی نژاد انہی عوامی مسائل کو استعمال کر کے اقتدار کی کرسی تک پہنچا ہے لیکن اب تک سب جوں کا توں ہے اور ان عوامی مسائل کے حل میں اور ملاوں کی بداعنوانیوں کو کنٹرول کرنے میں بری طرح ناکام ہے۔ اسکو ملکی سرمایہ دارانہ معیشت اس چیز کی اجازت نہیں دیتی جس سے یہ اپنی ناکامی امریکہ کے سر تھوپ رہا ہے اور امریکہ کے خلاف بیان بازی کی جھوٹی لڑائی سے عوام کی توجہ اصل مسائل سے ہٹا رہا ہے تاکہ اسکے اور ملا اشرافیہ کے خلاف عوامی تحریک نہ بن پائے اور نہ ہی ابھر سکے اور بنیاد پرستوں کا اقتدار قائم رہے۔

احمدی نژاد اس جعل سازی میں اب تک کسی حد تک کامیاب بھی ہوا ہے لیکن یہ نان ایشو اصل ایشوز کو

لمبا عرصہ دبا نہیں سکیں گئے اور عوامی مسائل پر تحریک شروع ہو گئی۔ احمدی نژاد ایرانی بازاری معیشت کے بحران کو مڈل ایسٹ کی منڈی پر قبضہ کر کے نکلنا چاہتا ہے جس وجہ سے اسکے امریکہ اور اسرائیل سے تضادات شروع ہوئے ہیں کیونکہ یہ بھی اسی سرمایہ دارانہ معیشت میں منڈی کے ہی محتاج ہیں۔ سامراجی اپنی منڈیوں کو آسانی سے ایران کو نہیں دیں گئے۔ آج کا ایران امریکہ تضاد مڈل ایسٹ کی منڈیوں کے حصول کا تضاد ہے جس پر یہ دونوں سامراجی عزائم اور مفادات رکھتے ہیں۔ موجودہ نظام کے تحت یہ سامراجی مفادات کی لڑائی مزید تیز ہو گئی ایران اسکو کبھی مکمل حاصل نہ کر سکے گا کیونکہ ان کے حصول میں آخیری فیصلہ طاقت کرئے گئی جو امریکہ کے پاس ہے اور ایران کو بھی اسکا علم ہے لیکن ایران کی سامراجی سرگرمیاں جاری رہیں گئیں۔۔

احمدی نژاد ملک میں ملا حکومت کے خلاف عوامی بغاوت کو اس امریکہ کے خلاف پراپیگنڈے اور اشتعال انگزیوں سے ٹل رہا ہے اور آئندہ مزید اسکی کوشیش کرئے گا لیکن سوال یہ ہے، کب تک؟ مسائل موجود ہیں اور بڑھ رہے ہیں۔ یہ نہ صرف ایران بلکہ امریکہ اور یورپ میں بھی بڑھ رہے ہیں اور احمدی نژاد کی مڈل ایسٹ میں داخل اندازیاں امریکہ اور یورپ کے نا چاہتے ہوئے بھی جنگ یا جنگی صورتحال کا باعث بن سکتی ہیں۔ یہ جنگ جس کے فل حال آثار کم ہیں نہ ایران چاہتا ہے اور نہ ہی امریکہ کیونکہ ان دونوں کو معلوم ہے کہ اسکا کوئی نتیجہ برآمد نہیں ہو گا ماسوائے دونوں کی بربادی کے۔ لیکن حالات واقعات بہت ظلم ہوتے ہیں وہ کسی کو معاف نہیں کرتے اور آج عالمی سرمایہ داری کا وقت کچھ ایسا ہی ہے جو دنیا کو جنگ اور دہشت گردی کی تباہی میں دھکیل کر اسکی ناکامی کو ثابت کر رہا ہے۔ وقت اور حالات موجودہ نظام کو تاریخ کی ردی کی ٹوکری میں پھنک چکے ہیں۔ جس سے موجودہ معاشی بحرانوں سے جنگیں اور دہشت گردیاں اسکی موت کا پیغام ہیں اور مزید بنے گئے جو آنے والے وقت میں سر چڑھ کر بولیں گئے۔

زمینی کرہ ارض پر انسانی قتل و غارت اور تباہی کو اب صرف مزدور اور عوام ہی اپنی طبقاتی تحریک اور انقلاب سے بچا سکتی ہے جس میں مڈل ایسٹ کے عوام کے ساتھ اسرائیل کے محنت کش بھی شامل ہوں گئے جو آج اپنے حکمرانوں سے برسر پیکر ہیں۔

سولہ جنوری دو ہزار آٹھ

غزہ پر اسرائیل کی بھیانک جارحیت

فلسطین میں غزہ کی پٹی میں رہنے والے لوگوں کو آج اپنی 40 چالیس سالہ تاریخ میں بدترین بحران کا سامنا ہے۔ عالمی ایجنسیوں ایمنسٹی انٹرنیشنل، آکسفیم، اور سیو دی چلڈرن انٹرنیشنل نے اس کا تمام الزام اسرائیل پر لگایا ہے اور کہا ہے کہ اس بحران سے بچا جا سکتا تھا جو اسرائیل نے مسلط کیا ہے اور آج جو غزہ میں قتل وغارت اور تباہی کی گئی ہے یہ اسرائیل کی طرف سے فلسطین کو اجتماعی سزا کا حصہ ہے۔

اسرائیل نے غزہ پر جو موجودہ خون ریز جارحیت کی ہے اس میں ساٹھ سے زائد افراد ہلاک ہوئے ہیں اور بے شمار معصوم بچے بھی مارے گئے بے گناہ غریب اور تنگ دست لوگوں کے گھروں اور سماجی ڈھانچے کو زبردست تباہ وبرباد کیا گیا ہے۔ ویسے تو آج اسلامی دہشت گردی کا بڑا چرچا ہے لیکن فلسطین پر صہونی ریاست کی 59 سالہ مسلسل انسانیت سوز دہشت گردی کے خلاف کوئی نہیں بولتا بلکہ اسے جمہوریت اور انسانی حقوق کا مڈل ایسٹ میں علم بردار کہا جاتا ہے۔

غزہ کی آبادی 110000 گیارہ لاکھ کے لگ بھگ ہے جس کے 80 اسی فیصد لوگ اقوام متحدہ اور بیرونی امداد پر زندہ ہیں اور پچھلے ایک سال سے تو یہاں کی آبادی اپنی خوراک یا غذا کے لیے بھی اقوام متحدہ کی مکمل محتاج ہو گئی ہے کیونکہ ایک سال سے غزہ کا اسرائیل نے جو محاصرہ کر رکھا ہے اس نے یہاں کی عوام کی زندگی کو موت سے بدتر کر دیا ہے ایک لاکھ دس ہزار ورکرز جو ایک سال قبل ملازم پیشہ تھا ان میں سے آج 75 ہزار مکمل بے روزگار ہو چکے ہیں اور اگر یہ صورتحال جاری رہی تو یہ بقیہ 35 لاکھ بھی جلد

بے روزگاری اور غربت کی بھٹی میں بھسم ہو جائیں گئے۔ یہاں رہائشی حوالے سے ایک مربہ میٹر میں چھ افراد مفلسی میں جانوروں جیسی زندگی گزرنے پر مجبور ہیں۔ اب تک ایک اندازے کے مطابق پندرہ لاکھ سے زیادہ فلسطینیوں کو اسرائیل نے موت کے گھاٹ اتار دیا ہے۔ اسرائیل کا حالیہ حملہ دوہزار کے بعد بھیانک ترین حملہ تھا جس میں اس نے ٹینک اور جنگی جہازوں کا بھرپور استعمال کیا۔ اسرائیل کی یہ ہولناک وحشت فلسطین کی بنیاد پرست تنظیم حماس کا غزہ پر قبضے کے بعد تیز ہوگئی۔ سابقہ فلسطین کے وزیر اعظم حماس کے اسماعیل ہانیہ غزہ میں سامراج کی دم چھلا الفتح سے ایک خونی لڑائی کے بعد اپنے ہی علاقے کو فتح کر کے یہاں بیٹھ گئے اور اسرائیل کے خلاف اشتعال انگیزیاں شروع کر دیں۔

حماس نے اسرائیل کے علاقے ایشکلان اور سید ارت پر تیس راکٹ داغ دیے جو غزہ سے دس کلومیٹر دور ہے اور پھر اسرائیل نے اس کے خلاف ایشکلان کا ورننگ سسٹم پہلی بار استعمال کیا اور ساٹھ راکٹ غزہ پر پھنکے اسرائیل کے وزیر دفاع ولائی نے اپنے ایک بیان میں کہا کہ حماس جتنے راکٹ پھنکے گئ ہم اس سے دوگناہ زیادہ پھنکے گئے اور اپنی پوری طاقت سے اس کا مقابلہ کریں گئے جس پر اسماعیل ہنہ نے کہا ہے کہ فلسطین کو جلد از جلد اپنی فوج تیار کرنی چاہیے تاکہ اسرائیل کا مقابلہ کیا جاسکے۔ جو ایک بڑی بے وقوفی اور جعلی پراپیگنڈہ ہی ہو سکتا ہے کیونکہ اسرائیل ایک عالمی بڑی فوجی طاقت ہے جس کا مقابلہ کمزور فلسطین کبھی بھی اسلحہ اور بارود کی بنیاد پر نہیں کر سکتا۔ ایسی نعرہ بازی اسرائیل کے عوام کو فلسطینی عوام کے خلاف کرنے اور اسرائیلی ریاست کو جارحانہ بنانے کی اشتعال انگزی کے سوا کچھ نہیں ہو سکتی۔ یہ مسائل کا حل نہیں بلکہ انکو مزید الجھنا، پیچیدہ اور خونی بنانا ہے۔

ایک سال قبل جب فلسطین کے انتخابات میں حماس نے اکثریت حاصل کی اور اس کے رہنما ہنہ وزیر اعظم بنے تو دنیا میں جمہوریت اور آزدی کے چمپین اسرائیل سمیت امریکہ اور یورپ پریشان ہو گئے۔ ان جمہوری الیکشن اور ان کے نتائج کو ماننے سے مکمل انکار کر دیا اور کہا کہ حماس ایک دہشت گرد اسلامی

بنیاد پرست جماعت ہے جو مڈل ایسٹ کے امن کو برباد کر دے گی اور اسرائیل کے ساتھ کبھی امن معاہدہ نہ ہو سکے گا۔ اس بنیاد پر اقوام متحدہ اور یورپ جو فلسطینی حکومت کو ہر سال اربوں کی امداد دیتا تھا بند کر دی گئی اور یہ امداا اپنے پیٹھو الفتح کے محمود عباس کو جو اپوزیشن میں تھا انکو دی جانے لگی مالیات کے بغیر حماس کی حکومت ناکارہ اور بے بس ہو کر رہ گئی جس سے موجود سماجی بحرانوں میں تیزی آنے لگی اور فلسطین شدید انتشار کا شکار ہونے لگا جس سے حماس کی حمائت متزلزل ہو گئی۔ اس جس کے رد عمل پر غزہ میں حماس نے الفتح سے جنگ شروع کر دی اور اس پر اپنا قبضہ جمالیا۔ حماس کی کوئی نظریاتی اور حقیقی سماجی بنیاد نہیں ہے اب تک اس کے ابھرنے کی وجہ بھی اسرائیل اور مغرب کی مالی امداد ہی ہے۔ اس نے اپنی سوشل ویلفر تنظیم حماس کے نام پر اسرائیل اور مغرب سے خوب پیسے کمائے اور ان میں سے رفاہی کاموں پر بھی خرچ کیے اس نے اپنے ہسپتال سکول گھر اور سڑکیں تعمیر کرائیں اور الفتح کی طرح تمام سامراجی امداد قیادت نے خود ہڑپ نہیں کی بلکہ کچھ سماجی ترقی پر خرچ بھی کی۔

یاسر عرفات کی بیوی آج دنیا کی امیر ترین عورتوں میں شامل ہے جس کا تمام میک اپ فرانس سے آتا ہے اور اسی طرح اب محمود عباس کا نام بھی دنیا کے ارب پتیوں میں شامل ہو گیا ہے اور حماس کے بڑے بڑے اثاثے بھی عوام کے نام پر اسرائیل امریکہ اور یورپ سے بٹوری گی امداد کے ہی مرہون منت ہیں۔ لیکن عوام بے چاری کو صرف بھوک ننگ افلاس خون ریزی اور تباہی ہی ملی ہے اسرائیل کی طرف سے بھی اور اپنی قیادتوں کی طرف سے بھی جو اپنی اپنی مفاد پرستیوں کی آگ میں عوام کو جھونک رہے ہیں۔ الفتح کی تمام سیاست حماس کے خلاف اور حماس کے اسرائیل کے خلاف ہے۔ یہ ایک دوسرے سے ہی دست و گریباں ہیں اور عوامی مفادات پس پشت ڈالے ہوئے ہیں فلسطینی عوام کے اتحاد کی طاقت کو تباہ کر کے انکی تحریک کو کمزور کر رہے ہیں۔ ایک طرف اگر سامراج کا ایجنٹ محمود عباس ہے تو دوسری طرف بنیاد پرستی کا اسماعیل ہنہ ہے جو ایک ہی نظام کا مختلف انداز میں دفاع کر رہے ہیں جو نجی ملکیت،

منڈی کی معیشت اور سرمایہ کے غلبے کا نظام ہے جو دولت مندوں کی آمرنہ حاکمیت اور محنت کشوں کی بے بسی اور محکومی کا نام ہے۔ جو آج فلسطین، عراق، پاکستان، انڈیا، افریقہ اور پوری دنیا کی تباہی بن چکا ہے جس سے نجات حاصل کیے بغیر امن آزادی استحکام اور عوامی خوشحالی ممکن نہیں۔ فلسطین کی ایک لمبی اور خون آمیز جدوجہد آج تک اسی لیے کسی نتیجے پر نہیں پہنچی کہ اس میں ہمیشہ طبقاتی مفادات کو دبا کر سطحی اور ذاتی مفادات کی سیاست چمکائی گئی جس نے فلسطین کے مسئلہ کو ہر روز پہلے سے زیادہ خونی اور دردناک بنادیا۔ اس سے فلسطین کی جرات مند نڈر عوامی تحریک پسپا ہوئی اور سامراجی مفادات مضبوط ہوئے۔ ضروری ہے کہ طبقاتی جدوجہد کا آغاز کیا جائے جیسے ناگزیر طور پر تمام مڈل ایسٹ کے مزدوروں اور عوام سے منسلک کیا جائے اور اس میں اسرائیل کے محنت کشوں کو بھی شامل کیا جائے جو صرف اور صرف مارکسی بنیادوں پر ہی ممکن ہے مشرق وسطی کا کوئی امن اور استحکام عوامی جدوجہد اور انقلاب کے بغیر ایک خواب ہی رہے گا۔

ہم مشرق وسطی کے سوشلسٹ رضاکارانہ فیڈریشن کے حمائتی ہیں جو ہر مسئلہ کا مستقل حل ہے۔ فلسطین کی عوام کو سامراجی جبر اور اسرائیلی حکمرانوں سے آزادی دلانے میں اسرائیلی عوام کا خاص کردار ہے جس کو فراموش کئے بغیر اس موجودہ خون آشام رات کا خاتمہ نہیں ہوسکتا کیونکہ اسرائیلی عوام بھی اپنے حکمرانوں سے نجات کی جنگ لڑرہے ہیں جنہوں نے انکی زندگی اجیران بنادی ہے۔ عوام اسرائیلی قلع میں قید سی زندگی، بے روزگاری مہنگائی اور گرتا معیار زندگی پر مجبور کردیئے گئے ہیں جو حکمرانوں کی لوٹ مار ہے جو فلسطین کے مسئلہ پر قائم کرتے ہیں اور حماس کو یہ بنیاد بناتے ہیں۔ لیکن اس کے باوجود اسرائیل میں مزدوروں کی طبقاتی تحریک جاری ہے جس کو فلسطین کی طبقاتی تحریک مضبوط کرئے گئی اور طاقت دے گئی۔ سعودی عرب سمیت تمام عرب اور مڈل ایسٹ کے حکمران تو آج امریکن غلامی میں بے رحمی کی تمام حدود کو کراس کر چکے ہیں۔ آج فلسطین اور عراق کے لوگوں کے خون پر عرب حکمران

مگر مجھ کے آنسو بھی نہیں بہاتے یہ بھی آج مڈل ایسٹ کے خون اور تباہی میں اسرائیل اور امریکہ کے ظلم میں ان سے زیادہ شریک جرم ہیں کیونکہ انہی کی ایما پر ان سامراجیوں کو فلسطین اور عراق پر جارجیت کرنے کا موقع ملا اور جرات ہوئی ہے۔ جس سے انہوں نے خون کا بازار گرم کیا ہوا ہے آئیں ان سب ظالم حکمرانوں کے خلاف مڈل ایسٹ کی عوام کے طبقاتی ہمہ گیر اتحاد اور جدوجہد کی طرف جو عوامی فتح کے لیے لازمی ہے۔۔۔

دس مارچ دو ہزار آٹھ

جرمنی میں بڑھتی نسل پرستی

جرمنی میں این پی ڈی سمیت تمام نسل پرست پارٹیاں اور گروپوں پر مکمل پابندی عائد کی جائے اور ان کی سرگرمیوں پر مکمل سخت نگرانی ہو اور نسل پرستی کی حمائت اور اس بنیاد پر سیاست کرنے والوں کو کڑی سے کڑی سزا دی جائے کیونکہ ابھی چند دن قبل اس کی سرگرمیاں دوبارہ ابھر آئی ہیں اور یہ نسل پرست ہٹلر کے فاشزم کے نقش قدم پر کاربند نازی پارٹی این پی ڈی (نیشنل پارٹی آف ڈوچ لینڈ) نے دس سے زیادہ غیر ملکیوں کی مار پیٹ کی جس سے وہ شدید زخمی ہوئے اس میں ایک پاکستانی بھی شامل ہے جسکی دوکان پر جاکر ان نازیوں نے اسے خوب مارا اور دوکان میں توڑ پھوڑ کی ۔ آٹھ انڈین بھی ہیں جو ہفتہ بازار میں کپڑے کا سٹینڈ بند کر رہے تھے انہیں بھی نازیوں نے شیشے کی بوتلوں سے مارا اور شدید زخمی کیا جس سے ایک تو ہسپتال چلا گیا اس کے علاوہ ایک مصری اور افریقہ کا بھی غیر ملکی شامل ہے جو شدید زخمی ہوئے ان نسل پرستوں کے خلاف یہاں کوئی آواز بھی نہیں اٹھا سکتا کیونکہ ان کے خلاف پولیس میں جانے کا مطلب مزید مار پیٹ اور تشدد ہے یہ پارٹی فاشیسٹ بنیادوں پر منظم ہے اور تمام علاقے میں اکثریت رکھتی ہے اور یہاں اسکی دہشت ہے۔

یہ تمام واقعات مشرقی جرمنی اور سابقہ ڈی ڈی آر میں ہوئے جو 1989 میں دیوار برلن گرنے کے بعد مغربی جرمنی میں شامل ہوا تھا اور یہاں یہ نسل پرست واقعات نئے نہیں ہیں اس سے پہلے بھی این پی ڈی ایک افریقن کو جان سے مار چکے ہیں اور کئی سیاسی پناہ گزینوں کے ہوسٹلوں کو آگ لگا چکے ہیں جرمن ٹیلی

وژن بھی کئی بار مشرقی جرمنی میں ان نسل پرستوں کی سرگرمیوں کی دستاویزی فلمیں دیکھا چکا ہے جس میں انکی سرعام فوجی پریڈ ہٹلر کی تصویریں اور نسل پرست مواد کی اشاعت اور تقسیم انکے جلسے اور اجلاسوں کو کھلے عام منعقد کرنا۔ آج جب کہ یہ سب جرمنی میں قانونی طور پر منع اور اس پر مکمل پابندی ہے۔ ہٹلر کی کسی کو گالی دینے پر تین ماہ کی قید اور جرمانہ ہے۔ نازیوں کے ترانے اور انکی پریڈ پر بھی لمبی سزا اور جرمانے ہیں جبکہ یہ نسل پرست پارٹی این پی ڈی جرمنی میں آج بھی قانونی حثیت رکھتی ہے اور اس کی باقاعدہ سرکاری رجسٹریشن ہے۔ پچھلے سال اسکی نسل پرست انتہا پسند سرگرمیوں کی وجہ سے ایس پی ڈی نے عدالت میں اس کو غیر قانونی قرار دینے کے لیے کیس کیا۔ لیکن عدالت نے اس کیس کو مسترد کر دیا اور این پی ڈی بحال رہی اسکی غیر ملکیوں، بوڑھے لوگوں، یہودیو کے خلاف شدید نفرت آمیز سرگرمیاں آج بھی جاری ہیں اور ان تازہ واقعات نے ایک بار پھر تمام میڈے اور عام لوگوں کی توجہ اس طرف مبذول کر دی ہے جس پر پہلے پہل حکومت کا رویہ نہایت مبہم اور غیر سنجیدہ تھا۔

حکومتی پارٹی ایس پی ڈی کے سربراہ مونٹیے فرینگے نے یہ کہہ کر ٹال دیا کہ ہم نے ایک سال قبل اس کو غیر قانونی قرار دینے کی کوشش کی تھی جو کامیاب نہ ہوئی سی ڈی یو اور جرمنی کی کانسلر انجیلا مائیکر نے کہا کہ میرے خیال میں این پی ڈی کو اس بنیاد پر شاید غیر قانونی قرار نہیں دیا جا سکتا وغیرہ۔ ان بیانات سے ایسا محسوس ہوتا ہے کہ این پی ڈی کی سرگرمیوں میں ریاستی اور حکومتی رضا شامل ہے جس کی وجہ بڑی واضح نظر آتی ہے کہ مغربی جرمنی کے حکمران دیوار برلن کے گرنے کے آٹھارہ سال بعد بھی مشرقی جرمنی کے عوام کا معیار زندگی مغربی جرمنی کے برابر نہ لا سکے اور نہ ہی مشرقی جرمنی کا ریاستی ڈھانچہ مغربی جرمنی جیسا تعمیر کر سکے ہیں۔

غربت اور بے ورزگاری مشرقی جرمنی میں پہلے سے کہیں زیادہ ہے جدید سماج مکمل تعمیر نہ ہوسکنے کی وجہ سے سماجی ٹوٹ پھوٹ اور بے چینی بڑھی ہے جس نے مغربی اور مشرقی جرمنی کے تعصب کی بنیاد بھی

رکھی ہے اور یہ آج بھی موجود ہے اور بڑھ رہی ہے۔ اس سے مشرقی جرمنی کے عوام میں بے چینی اور اضطراب کا بڑھنا کوئی تعجب نہیں ہے۔ اسی وجہ سے یہاں ڈی لنکے بائیں بازو کی پارٹی اپنی حمائت میں اضافہ کر رہی ہے اور اسکو اب تک مشرقی جرمنی کی بڑی پارٹی کہا جاتا تھا لیکن اب اس نے مغربی جرمنی کے صوبے بریمن میں بھی سات سیٹیں حاصل کرلی ہیں جو سرمایہ دارانہ حکمرانوں کے لیے بہت پریشانی کا باعث ہے اور انہوں نے اس کے خلاف پرائیگنڈے کی یلغار کر رکھی ہے اور اگر ڈی لنکے سرمایہ داری کے خلاف ایک حقیقی اشتراکی پروگرام دینے میں کامیاب ہو جاتی ہے تو اس کی مستقبل میں حمائت بڑھے گئی وگرنہ کمزور ہو گئی۔

یہ حقیقت ہے کہ آج سرمایہ داری میں اتنی سکت اور گنجائش نہیں ہے کہ وہ عوام کو کچھ دے سکے بلکہ ماضی کی سہولتیں جو عوام نے بڑی محنت اور جدوجہد سے حاصل کیں تھیں وہ بھی واپس ہو رہی ہیں اور سوشل ریاست کا تصور نہایت مخدوش ہو کر رہ گیا ہے اور خاص طور پر ایس پی ڈی کے کانسلر شروڈر کی ہرس فور پالیسی، صحت اور تعلیم پر فیس کے بعد تو سوشل ڈیموکرسی کا مزدور دشمن اور سرمایہ دار نواز چہرہ بھی ننگا ہو گیا اور یہ موجودہ انتخابات میں ہار گئی اور قدامت پرست سرمایہ دار سی ڈی یو جیت گئی۔ جس کی وجہ سوشل ڈیموکرسی کی مجرمانہ عوام دشمن اصلاحات تھیں جنہوں نے عوام میں مایوسی اور نفرت کو جنم دیا اور عوام نے انتقامی کاروائی میں سی ڈی یو کو ووٹ دیا۔ اور اس طرح ایس پی ڈی سے مایوسی سی ڈی یو کی فتح بنی لیکن اس بار موجودہ تمام حکمرانوں کے خلاف ڈی لنکے اور ہرس فور کے خلاف لافونتھیں بھی میدان میں آیا اور انکو ناقابل یقین فتح ہوئی جو جرمنی میں بائیں بازو کی طرف عوامی رجحان اور انقلابی خواہشات کی غمازی کرتا ہے۔

حالیہ نسل پرست حالات میں این پی ڈی کی ریاستی پشت پناہی کا احساس ہوتا ہے تاکہ ایک تو اس کو بائیں بازو کے خلاف استعمال کیا جاسکے جو مغربی جرمنی سے زیادہ مشرقی جرمنی میں بڑھ رہا ہے جو مشرقی جرمنی

میں ڈی لنکے کی زیادہ حمائت اور بنیادیں ہیں۔ نسل پرست بھی مشرقی جرمنی میں مغربی جرمنی سے زیادہ متحریک ہیں جس کی وجہ یہاں کا ٹوٹا پھوٹا سماجی ڈھانچہ، بے ورزگار نوجوانوں کی کثرت اور بڑھتی غربت اور طباتی تضاد ہے۔ مشرقی جرمنی میں بے روزگاری 18 فیصد سے زائد ہے جس سے نوجوانوں کو کوئی مستقبل نظر نہیں آرہا اور یہ بدتر حالات ایس پی ڈی سے مایوسی اور حقیقی مارکسی پروگرام نہ ہونے نے ان نوجوانوں کو عارضی طور پر اس نسل پرست رجحان کی طرف مائل کیا ہے اور اس نسل پرستی میں زیادہ تر لمپین نوجوان ہیں یا پھر وہ ہیں جن کو ہٹلر کی تمام تاریخ کا علم ہی نہیں ہے۔ یہ شوقیہ اس میں شامل ہوئے ہیں۔ حکمران ان نوجوانوں کے مسائل حل کرنے سے قاصر ہیں اور جرمنی کا ہر بحران ان کے مسائل میں پہلے سے اضافہ کر دیتا ہے حال ہی میں مشرقی جرمنی کے بوڑھوں کی پنشن میں کٹوٹی کی جارہی ہے حالانکہ انہوں نے مغربی جرمنی کے پنشنروں سے زیادہ کام کیا ہے۔ یہ معاشی اور سماجی برے حالات ہیں جن کا سب سے پہلے نوجوان اظہار کرتے ہیں اور موجودہ حالات کی تبدیلی کے لیے کوئی حقیقی متبادل نہ ہونے کی وجہ سے انکو نسل پرست استعمال کر رہے ہیں۔ نسل پرست این پی ڈی کو حکمران جرمنی میں طبقاتی تحریک کو روکنے کے لیے استعمال کر رہے ہیں اور اس شور میں اصل ایشو کو پس منظر میں لے جانا چاہتے ہیں۔ لیکن جرمن کا مزدور طبقہ دنیا کا سب سے جدید اور ایڈوانس پرولتاریہ ہے اور یہ کبھی بھی نسل پرستی کو ایک حد سے زیادہ پنپنے نہیں دے گا اور اسکی موجودگی میں یہ نسل پرستی کبھی بھی بڑے پیمانے پر عوامی حمائت حاصل نہیں کر سکے گی۔ ہٹلر کا دور اور وقت اور تھا لیکن وقت اور سماجی حالات سے سوچ اب بدل چکی ہے، جرمن پرولتاریہ ماضی کی خونی اور اذیتی تاریخ کو کبھی نہیں دھرئے گا اور نہ ہی حکمران اور ریاست جو اس نسل پرستی سے زخمی ہوئے تھے۔

یہ نسل پرستی کے اشتہارات صرف اور صرف مالیاتی بحرانوں اور متبادل نہ ہونے سے مایوسی کی غمازی ہے لیکن جب بھی محنت کش طبقہ تحریک میں اتارا تو یہ نسل پرستی عوامی ہوا کے ایک جھونکے کی بھی متحمل نہ

ہو سکے گی اور ویسے بھی یہ اتنی زیادہ وسیع اور مضبوط نہیں ہے جتنا اسکو ہوا بنا کر میڈیا بیان کر رہا ہے یا پھر حکمران اپنی پریشانی ظاہر کر رہے ہیں۔ یہ صرف نان ایشو کی سیاست ہے اور کچھ نہیں کیونکہ جرمن سامراج مالیاتی بحرانوں کی زد میں ہے جس سے وہ عوام پر حملہ تیز کر رہا ہے۔

جرمنی میں جب بھی معاشی بحران بڑھے گا اور عوام کا معیار زندگی گرئے گا تب تب بائیں بازو کی قوتوں کے کمزور ہونے سے نسل پرست اپنی طاقت اور حمائت میں اضافہ کریں گئے لیکن یہ جرمنی یا یورپ میں کبھی بھی فیصلہ قوت نہیں بن سکتے۔

جرمن ریل کی نجکاری کا عمل جاری ہے اور نیچے سے مزدوروں کی مذاحمت بھی بڑھ رہی ہے ٹیلی کم کی ہڑتال کے بعد ریلوے کی ہڑتال جاری ہے قومی بے روز گاری 8 آٹھ فیصد کے قریب ہے، مہنگائی بہت بڑھ چکی ہے اور اجرتوں میں نہایت کمی آچکی ہے جس سے مزدور قیادتوں اور سیاسی پارٹیوں کے لیڈروں کو نیچے سے مزدروں اور عوام کا چیلنج ہونے لگا ہے موجودہ تمام پارٹیاں عوام میں اپنی حمائت کھو چکی ہیں اور موجودہ جرمنی کی سب سے بڑی پارٹیاں ایس پی ڈی اور سی ڈی یو نے مل کر مخلوط حکومت بنائی ہے جو ملکی سیاسی بحران کی اعکاس ہے۔ جو ہر روز تضادات کا شکار رہتی ہے دوسری طرف ،،ڈی لنکے،، بائیں بازو کا پروگرام ابھی تک عوام کے مسائل کا مکمل احاطہ نہیں کر پار ہا اور ایک عوامی پرگرام کے طور پر عوامی امنگوں سے منسلک نہیں ہوا جس سے ڈی لنکے ایک مضبوط عوامی متبادل کے طور پر سامنے آئے۔

آنے والے وقت میں مالیاتی نظام کے بحران مزید گہرے اور شدید ہوں گے اور حکمران مزید ریاستی کٹوتیاں کریں گے۔ عوامی سہولتوں میں کمی جو محنت کشوں کو سیاسی میدان میں دھکیلیں گے اور عوام اپنی تیس کی دہائی کی انقلابی روایات کو پھر دوھرائیں گے جو پھر ایک انقلابی قیادت کا تقاضہ کرے گی جو آج تعمیر کرنے کی ضرورت ہے اور اسکی موجودگی میں ہر تعصب اور سرمایہ داری کی تمام غلاظت بہا کر لے

جاے گی اور انسان کو صدیوں سے جکڑے طبقاتی سماج سے آزادی دلاے گی یقینا آخیری فتح پرولتاریہ کی ہی ہو گی۔۔

ستائیس اگست دو ہزار سات

پی ٹی آئی جرمنی۔ آغاز سے پہلے ہی اختتام

پاکستان تحریک انصاف،،پی ٹی آئی،، جرمنی کا ایک قومی اجلاس بروز اتوار فرانیکفرٹ کے علاقے ہارہائم کے ایک ہال میں ہوا جس کو چند سیاسی اور صحافتی حلقے ہی نہیں بلکہ پی ٹی آئی کے اپنے کارکن اور رہنما بھی ناکام ونامراد قرار دے رہے ہیں۔ لیکن میں اسکوناکام قرار نہیں دیتا کیونکہ جرمنی کے ایک اچھے خوبصورت ھال میں صاف ستھرے شیو بنائے ہوئے کوٹ اور پتلوں میں ملوث شریف لوگ پرفیوم لگائے آئے ہوئے تھے(معذرت سے میری اردو بہت اچھی نہیں ہے اس لیے شاید یہاں ملوث کی جگہ مبلوس آناتھا)۔ اس اجلاس کے آخیر میں ایک بہترین معیاری کھانا بھی تھاایسے ماحول میں بھلا کون سا اجلاس ناکام ہو سکتا ہے۔ لیکن پھر بھی لوگوں نے اسے بحران زدہ ہی قرار دیا۔

سیاسی مخالفین تولعن تان کرتے ہی ہیں پہلی دفعہ دیکھا کہ اپنے بھی برابھلا کہہ رہے ہیں حالانکہ مشاہدے کی بات ہے کہ پاکستان پیپلز پارٹی اور اس کی اتحادی جماعتیں جو اپنی حکومت میں عوام سے کیا کچھ نہیں کر رہیں اس کے باوجود انکے کارکن تو قیادت کے خلاف مذاحمت نہیں کر رہے۔ مختلف اقسام کے مسلم لیگی پولٹری فارموں میں بھی کوئی ایسا مذاحمتی رجحان نہیں ہے جبکہ ایسا باغی رجحان تو صرف لیڈروں میں ہوتا ہے جو لباس کی طرح پارٹیاں بدل کرہی سابقہ پارٹی کے خلاف بیان بازی شروع کر دیتے ہیں لیکن اس میں رہتے ہوئے وہ مرکزی قیادت کے ہر فرمان کو احکام الٰہی کا درجہ دیتے ہیں یہ تو خیر سب کو ہی معلوم ہو گا۔

پی ٹی آئی کو بھی انجوئے کرنے والے حضرات، معذرت پھر غلطی ہو گئی اب آپ کو میری کمزور انگریزی کا بھی پتہ چل گیا ہو گا میرے خیال میں یہاں پی ٹی آئی کو انجوائے کی بجائے جوائن آنا تھا لیکن خیر آپ کو تو سمجھ آ ہی گئی ہو گی۔ کہ کیا آپ کی بھی اردو اور انگریزی میری طرح ہی ہے یقیناً نہیں لیکن غلطی اور کمزوری کو مان لینے میں ہی عظمت ہے وگرنہ بڑی رسوائی ہوتی ہے۔

میں کہہ رہا تھا پی ٹی آئی میں شمولیت کرنے والے بھی تمام پچاس ساٹھ سال سے زائد عمر کے نوزائیدہ نوجوان جو دوسری پارٹیوں سے آئے ہیں ان کا وطیرہ بھی روائتی ہی ہے جو چڑھتے سورج دیوتا کی پرستش کرتے ہیں۔ اگر یہ مان بھی لیا جائے کہ نوجوان شعوری طور پر پاکستان میں ایک تبدیلی اور انقلاب کے لیے پی ٹی آئی میں آئے ہیں۔ لیکن لاشعور طوری پر اور حقیقی حوالے سے درست طور پر یہ ایک رد انقلاب کی صفوں میں شامل ہوئے ہیں کیونکہ موجودہ نظام کی ناکامی نے جس سیاسی خلا کو پیدا کیا ہے سامراج اور ریاست اس خلا کو چہرے کی تبدیل سے پر کرنے کی کوشش کر رہے تھے اب ان کو عمران خان مل گیا ہے۔ کیونکہ اصل مسئلہ چہرے اور پارٹیوں کی تبدیلی نہیں بلکہ موجودہ نظام کی تبدیلی ہے جو رائج الوقت نظام کی ہر ریت و رواج، قانون اور ضابطے کو مکمل بدل دے، منافع، سرمایے اور دولت کی عظمت روند ڈالے اور انسان کو مقدم بنا دے۔ تمام سماج اور اس کی ہر قدر اور ہر ایک ترقی تمام انسانوں کے لیے ہو نہ کہ صرف چند نکمے اور نکھٹو لوگوں یا خاندانوں کے لیے ہو جو عوامی اور سماجی دولت پر سانپ بنے بیٹھے ہیں اور یہی آج پاکستان اور ہر ملک کی تنزلی اور بربادی کی بنیادی وجہ ہے جسے معاشیات میں مارکیٹ اکانومی یا بازاری معیشت کہتے ہیں۔

پی ٹی آئی اور عمران خان بھی اس سلطنت کے دیوتاوں میں سے ایک ہیں جو سماجی اصلاحات کے زریعے حقیقی عوامی انقلاب کو روک رہا ہے اور ایسے معاشرے میں اصلاحات کے سنہرے خواب دیکھا رہا ہے۔ جہاں ہر اصلاح کی گنجائش دم توڑ چکی ہے۔ جب یورپ اور مغرب کے ترقی یافتہ ممالک میں مالیاتی نظام

چلنے سے قاصر ہے وہاں پاکستان جیسے ترقی پذیر ملک میں سرمایہ داری کو کامیاب طریقے سے چلانے کے وعدوں سے صرف دانشواروں اور یونیورسٹیوں کے پروفیسروں کو تو بے وقوف بنایا جاسکتا ہے لیکن پرولتاریہ، مزدروں اور عوام کو نہیں۔

بات ہو رہی تھی جرمنی میں پی ٹی آئی کے انتشار زدہ قومی اجلاس کی۔ جب میں نے ماحول کے حوالے سے اسے کامیاب قرار دیا تو چند پیٹو اس سے متفق ہو گئے لیکن چند بگڑ گئے اور کہنے لگے یہ اجلاس سیاسی حوالے سے ناکام تھا کیونکہ اس میں شدید دھڑے بندی، ایک دوسرے کی مخالفت ایک دوسرے پر برتری اور سبقت لے جانے کے لیے غصہ اور اقلیت پر اکثریت کی ٹھونس نمایاں تھی اور آخیر میں اکثریت نے ہی اقلت کو چیت کر دیا اور اس کے باوجود اجلاس کسی نتیجے اور پروگرام کے بغیر ہی ختم ہو گیا۔ اس کے علاوہ اس میں کوئی سیاسی بحث نہیں کی گئی اور نہ ہی کوئی لائحہ عمل اور پیش منظر مرتب کیا گیا وغیرہ وغیرہ۔ کیا آپ اس کو کامیاب نہیں کہیں گئے یقیناً کامیاب کہیں گئے کیونکہ کونسی ایسی سیاسی پارٹی ہے جس میں ایسا نہیں ہوتا سبھی تو ایسے ہی ہیں۔ اور ایسا ہی چلتا ہے یہ مخالفت میں باتیں کرنے والے یا تو سیاست میں اناڑی ہیں یا پھر روائتی سیاست کی ا، ب، پ سے اب تک واقف نہیں ہیں۔ وقت لگے گا سمجھ جائیں گئے اور پھر ایسی غیر ضروری باتیں نہیں کریں گئے۔

ایک نقطہ نظر سے یہ اجلاس پاکستان میں سیاسی سرگرمیوں کے حوالے سے مختلف تھا جس پر کم لوگوں نے توجہ کی وہ یہ کہ اس میں کچھ روائتی سیاسی ٹھرکی بھی موجود تھے جو سیاست کسی مقصد اور منزل کے لیے نہیں بلکہ یہ ہر پارٹی کے اجلاس میں جاتے ہیں اور ممبر بھی بن جاتے ہیں اس سے یہ اپنی تسکین حاصل کرتے ہیں یا ٹھرک پوری کرتے ہیں ایسے بیمار لوگ صرف یورپ میں ہی پائے جاتے ہیں جنہیں رج کھانے کی مستی ہوتی ہے۔ کیونکہ پاکستان میں عام لوگ اس ٹھرک کے متحمل نہیں ہوسکتے اور نہ ہی اسے فورڈ کر سکتے ہیں۔

ہاں یہ بالکل درست ہے کہ یہ ایک ناکام اور مایوس تھیٹر تھا ایک فلاپ ڈرامہ تھا ایک افسوس ناک آغاز کا اختتام تھا لیکن عام اور معصوم لوگوں اور خاص طور پر نوجوانوں کے لیے جو یہاں کچھ کرنے کے عزم سے آئے تھے جو دوران اجلاس ہی گھر چلے گئے یہ نوجوان بھی پاکستانی عوام کی طرح واقعی پاکستان کا موجودہ ذلت آمیز مقدر تبدیل کرنا چاہتے ہیں۔ غربت، بے روزگاری، مہنگائی، بجلی اور گیس کی لوڈشیڈنگ سے نجات چاہتے ہیں۔ چائلڈ لیبر کا خاتمہ، عورتوں کے ساتھ انسانی سلوک، اچھی اور معیاری تعلیم، خوارک، رہائش، کوکل ٹرانسپورٹ سب کے لیے مفت اور عام چاہتے ہیں۔ جو دہشت گردی، قتل وغارت اور مذہبی منافرتوں کا خاتمہ ہیں یہ حقیقی عوامی انقلاب کے لیے سنجیدہ محنت کش ہیں یہ پی ٹی آئی کا اجلاس انکے لیے افسوناک اور مایوس کن تھا۔ لیکن مارکسسٹوں اور انقلابیوں کے لیے نہیں کیونکہ ہم واقعات پرست نہیں بلکہ واقعات کے جنم سے پہلے ان کا پیش منظر بیان کرکے مزدور اور عوامی انقلاب کی جدوجہد میں بے لوث اور بے خطر ڈٹ جانے والے ہیں۔

ہم نے پہلے بھی کہا اور لکھا تھا اور آج پھر لکھ رہے ہیں کہ پاکستان کی موجودہ زاول پذیر قدریں اور اسکی پسماندہ روایت ہی اسکی اصل دشمن اور زنجیریں ہیں جو اصلاحات سے نہیں بلکہ ایک مزدور اور عوامی قیادت اور تحریک سے ہی ٹوٹ سکتیں ہیں ہتھوڑے اور درانتی کے سرخ جھنڈے تلے متحد ہو کر۔

آو ایک ہو جائیں طبقاتی جدوجہد اور ایک حقیقی مزدور انقلاب کے لیے وگرنہ ذلت اور رسوائی تو ہمارہ مقدر رہے ہی۔ جیسے شکست دینے کے لیے ہمارے ہاتھوں میں ہاتھ دو اشتراکی انقلاب کا ساتھ دو۔

دس جنوری دو ہزار بارہ

فرانیکفرٹ آکوپائی تحریک پر ریاستی جبر

آج 16 سولہ مئی 2012 دو ہزار بارہ کو صبح سویرے ہی سے پولیس فرینکفرٹ جرمنی کے مرکز میں قائم یورپی سنٹرل بینک کے گرد جمع ہونا شروع ہو گئی تھی اور انہوں نے یورپی سنٹرل بینک کے ارد گرد چاروں طرف 100 سو میٹر تک سخت لوہے کی باڑ لگانا شروع کر دی اور پولیس کی بھاری نفری نے اس تمام علاقے کو ہی نہیں اپنے کنٹرول میں لے لیا بلکہ تمام فرینکفرٹ میں پولیس پھیل گئی اور ہر کار اور آدمی کو جو فرانیکفرٹ میں داخل ہو رہے تھے سخت چیک کر رہی تھی۔

آکوپائی تحریک فرانیکفرٹ کی جانب سے ایک ہفتہ قبل 16۔19 سولہ تا انیس مئی تک احتجاج اور مظاہرے کی کال دے دی گئی تھی جس کا نام اب انہوں نے بلاک پائی تحریک رکھا تھا۔ اس لیے آج جہاں صبح سویرے ہی پولیس یورپی سنٹرل بینک کے گرد جمع ہو رہی تھی وہاں عوام بھی کثیر تعداد میں آ رہے تھے۔ جن کی تعداد ہزاروں تک پہنچ گئی تھی۔ پچھلے سات ماہ سے پوری دنیا کی طرح فرانیکفرٹ جرمنی میں بھی ایک زبردست اور کامیاب آکوپائی فرینکفرٹ یورپین سنٹرل بینک تحریک جاری ہے۔ یہاں یورپی سنٹرل بینک کے باہر مین گیٹ پر جرمن اور جرمنی میں مقیم غیر ملکی عوام اور خاص طور پر نوجوانوں نے کئی ماہ سے یہاں ایک سو سے زائد احتجاجی کیمپ لگا رکھے تھے۔ جس پر بینکوں اور سرمایہ داری کے خلاف نعرے لکھے ہوئے تھے۔ اور ہر طرف بے شمار بنیرز لگے تھے جس پر طبقاتی جدوجہد تیز کرو، شوشلزم یا بربریت، سرمایہ داری مردہ باد، مزدور حکمرانی زندہ باد، بینکوں کی آمریت نامنظور، بینکوں کو قومی تحویل میں لو وغیرہ کے انقلابی اور سوشلسٹ نعرے یہاں ہر طرف نظر آتے تھے۔ ان احتجاجی کیمپوں میں نوجوان لڑکے، لڑکیاں، مرد و عورتیں دن رات یہاں رہتے تھے اور یہیں پر ہی کھاتے پکاتے

تھے۔ اس طرح یہ ایک مسلسل دن رات کی احتجاجی تحریک بن چکی تھی دن رات اور ہر روز اور ہر وقت لوگ یہاں آتے رہتے تھے اور ان سے اظہار یک جہتی کرتے ہیں۔ انکے لیے گھر سے کھانے پینے کی اشیا لاتے اور انکی حوصلہ افزائی کرتے ہیں۔ اور یہ احتجاجی کیمپوں میں رہنے والے نوجوان انکو اپنی تحریک کے مقصد اور پروگرام بتاتے اور انقلابی لیف لیٹ بھی تقسیم کرتے۔ جس پر لکھا ہوتا کہ اگر آج ہم نہ لڑے تو پھر یہ حکمران ہمیں لڑنے کے قابل بھی نہیں چھوڑے گئے آج ہمیں اپنے لیے اور اپنی آنے والی نسلوں کے لیے موجودہ مالیاتی نظام سے لڑنا ہے۔ جس نے یونان کو کھوکھلا اور تباہ کر دیا ہے اور آنے والے وقت میں تمام یورپ بھی یونان ہی ہوگا وغیرہ وغیرہ۔ اس طرح انکی سرمایے کے عالمی جبر کے خلاف یہ آکوپائی تحریک جاری تھی۔ اس کے علاوہ ہر ہفتے کے روز فرانیکفرٹ شہر کی مختلف علاقوں سے جلوس شہر بھر کا چکر لگاتے ہوئے ان احتجاجی کیمپوں پر ختم ہوتے ان سے اظہار یک جہتی کرتے اور یہاں ایک بڑا جلسہ عام بھی ہوتا جس میں ہر بار یورپ کے مختلف ممالک سے نوجوانوں اور مزدوروں کے نمائندے خصوصی طور پر آتے اور یہاں تقریر کرتے۔ تمام عوام کا شکریہ ادا کرتے اور اپنے اپنے ممالک کی عوامی تحریکوں کی طرف سے اظہار یک جہتی کرتے اور کہتے کہ ہم آپ کے ساتھ ہیں اور آپ ہمارے ساتھ ہیں اس لیے کہ ہم نوے فیصد ہیں اور رہیں گئے یہی ہماری کامیابی کی واحد ضمانت ہے۔

یہ فرانیکفرٹ میں آکوپائی تحریک میڈیے کے بائیکاٹ کے باوجود کیونکہ میڈیا اس آکوپائی تحریک کو کوئی خاص اہمیت نہیں دیتا تھا اور نہ ہی اکثر بات کرتا تھا اس کے باوجود یہ فرانیکفرٹ آکوپائی تحریک نہ صرف تمام جرمنی میں سرائیت کرتی جارہی تھی بلکہ اس کے تمام یورپ پر گہرے اثرات مرتب ہو رہے تھے۔ جرمنی کے درالحکومت میں بھی آکوپائی تحریک شدید سے شدید تر ہوتی جارہی تھی۔ تمام جرمنی اور یورپ کے مظاہرے ہر روز بڑھتے ہی جارہے تھے۔ تمام یورپ میں آکوپائی تحریک کے رہنماوں کے آپس میں مضبوط تعلق قائم ہو چکا تھا اور یہ تمام آپس میں رابطے میں تھے۔ ایک نئی نوجوان عوامی قیادت ابھر رہی

تھی جو بینکوں اور سرمایہ کے جبر کے خلاف سیسہ پلائی دیوار بن رہی تھی۔

یہ آکوپائی تحریک فرانس، اٹلی، سپین، برطانیہ اور یونان میں بھی کامیابی سے جاری ہے۔ جس نے ان ممالک میں سرمایہ کے جبر پر بڑے خطرناک اثرات مرتب کیے ہیں فرانس میں سترہ سال بعد قدامت پرستوں کا تختہ دھڑام ہو چکا ہے اور سوشلسٹوں کی اصلاح پسند حکومت بن چکی ہے۔ برطانیہ کے علاقائی الیکشن میں بھی ٹوری پارٹی کو شکست ہوئی اور لیبر پارٹی ایک بار پھر ابھر رہی ہے۔ ہالینڈ میں بھی دائیں بازو کو منہ کی کھانی پڑی اور بائیں بازو کی حکومت وجود میں آئی۔ جرمنی کی دو ریاستوں میں قدامت پرست پارٹیاں بھی ہار چکی ہیں جو قومی الیکشن میں بائیں طرف کے نتائج کا اشارہ ہیں۔ برطانیہ، اٹلی، سپین اور یونان میں تاریخی ہڑتالیں ہو چکی ہیں اور مزید ہو رہی ہیں۔ یونان میں تو کایا ہی پلٹ گئی۔ تمام روائتی پارٹیوں کو موجودہ انتخابات میں عبرت ناک شکست ہو گئی اور بائیں بازو کے اصلاح پسند اتحاد سیزیرہ اور کیمونسٹ پارٹی نے یونان میں تاریخی فتح حاصل کی۔ اور یہ تمام یورپ میں گیا ہویں بائیں بازو کی فتح تھی۔ تمام روائتی پارٹیاں یونان میں حکومت بنانے میں مکمل ناکام ہو چکی ہیں۔ شدید معاشی بحران نے سیاسی بحران کے طوفان کو ابھار دیا ہے۔ اور اب جون میں نئے الیکشن ہونے جا رہے ہیں۔ یونان کی اس صورتحال نے یورپی حکمرانوں کی نیندیں اڑا دیں ہیں۔ جرمنی کے وزیر معاشیات نے کہا ہے کہ یونان کو یورپی یونین سے باہر نکل دیا جائے۔ ہم نے یورپین یونین کو یونان کے بغیر بھی کافی مضبوط کرنے کا پلان تیار کر لیا ہے۔ بہت سے یورپی قائدین اور ماہرین معیشت یونان کو ای یو سے باہر دھکا دینے کی کانپتی ٹانگوں سے نعرے لگا رہے ہیں۔ جب کہ جرمنی کی کانسلر مسز میر کل اور تمام یورپی یونین کے سربراہاں ایسا کہنے سے بھی خوف زدہ ہیں۔ اور وہ یونان کو ساتھ رکھے کی تمام تر دن رات کوشیش کر رہے ہیں۔ لیکن مزید پیسے دینا بھی نہیں چاہتے جس کی یونان کو اشد ضرورت ہے۔ کیونکہ سرمایہ داری میں کوئی بھی ڈوبتے کاروبار میں پیسہ نہیں لگتا۔

یونان سرمایہ داری کی کمزور کڑی ہے جو ٹوٹ رہی ہے۔ لیکن یہ اکیلی نہیں ہے اس کے بعد ایک لائن لگ جائے گی سپین، اٹلی، آئیر لینڈ، برطانیہ بھی اسی سرمایہ دارانہ نظام کے دوالیے کی لائن میں کھڑے ہیں جو موجودہ یورپی حکمرانوں کے لیے سب سے زیادہ پریشان کن ہے۔ جب انکی بار آئی تو پھر کوئی نہیں بچے گا۔ اور یہی خوف آج یورپی اور عالمی سامراجی حکمرانوں کو کھائے جا رہا ہے جس پر اوباما بھی چیلا اٹھا ہے کہ یورپ کو بچاؤ وگرنہ امریکہ بھی زمین بوس ہو جائے گا۔ جس کا اظہار بوڑھے مارکس نے کیمونسٹ مینی فیسٹو میں کیا تھا کہ آج یورپ پر سوشلزم کا بھوت منڈلا رہا ہے۔ جو آج اپنی حقیقت کی طرف گامزن ہے آج صبح ہی سے فرانیکفرٹ میں ایک طرف عوام کا جمع غفیر تھا تو دوسری طرف پولیس کے لشکر تھے۔ جو ہر طرح سے مسلح اور تیار تھے۔ کیونکہ جرمنی میں کاسل کی عدالت نے فرینکفرٹ آکوپائی تحریک کو ختم کرنے کا حکم صادر کر دیا تھا۔ اس حکم نامے میں درج تھا کہ آکوپائی تحریک غیر قانونی ہے اس لیے اسے مزید جلسے جلوسوں کرنے کی اجازت نہیں دی جاسکتی اور یورپین سنٹرل بینک کے باہر تمام احتجاجی کیمپوں کو بازور طاقت اکھاڑ دیا جائے۔ عدالت کے اس فیصلے کے خلاف عوام کو اپیل کا حق بھی نہیں دیا گیا۔ سہ پہر گیارہ بجے پولیس نے اپنی کاروائی شروع کی اور سنٹرل بینک کے چاروں اطراف میں جو سخت لوہے کے جنگلوں کی باڑ بنائی تھی لوگوں کو پکڑ پکڑ کر اس سے باہر پھنک رہے تھے۔ عوام نے اپنے آپ کو مختلف وزنی چیزوں سے اپنے آپ کو بندھ لیا اور بے شمار لوگوں نے اپنے اوپر مختلف رنگ پھنک لیے تا کہ پولیس انکو پکڑ نہ سکے اور یورپین سنٹرل بینک کا احاطہ خالی نہ کرا سکے۔

پولیس نے پورے فرینکفرٹ کا ناکا لگا رکھا تھا اس لیے کافی لوگ یورپین سنٹرل بینک تک پہنچ ہی نہیں پائے۔ اور جو فرانیکفرٹ میں داخل ہوئے انکو احتجاجی کیمپوں سے دور ہی روک لیا گیا۔ بہت سے پریس کے افراد کو بھی آگے جانے کی اجازت نہیں دی گئی جس میں سے ایک میں بھی تھا۔

عوام مکمل طور پر پرامن تھے لیکن پولیس نے تیرہ افراد کو پھر بھی گرفتار کر لیا۔ کئی گھنٹوں کی دینگا مشتی

کے بعد پولیس نے تمام لوگوں کو اٹھا اٹھا کر لوہے کے جنگلوں سے باہر پھنک دیا یورپین سنٹرل بینک کے خیمے اٹھانے کے لیے ساڑھے سات سو سے زائد پولیس کمانڈز کا استعمال کیا گیا۔ تمام لوگ اس کے باوجود گھروں کو نہیں گئے بلکہ وہیں پر کھڑے ہو کر بینکوں، پولیس اور سرمایہ داری کیخلاف بلند آواز میں نعرہ بازی کرتے رہے۔ اس کے بعد یہاں سے تمام لوگ جلوس کی شکل میں دیر رات تک فرانکفرٹ کے تمام مرکزی شہر میں مظاہرے کرتے رہے ہیں۔ کل صبح پھر مظاہرین فرانکفرٹ کی سڑکوں پر سارا دن احتجاج کریں گئے۔ جس کو انہوں نے اب آکوبائی کی بجائے بلاک بائی تحریک کا نام دے دیا ہے۔ اگلا تمام ہفتہ فرانکفرٹ میں گرم ترین ہو گا کیونکہ انیس تک بلاکوبائی کی غیر قانونی تحریک جاری رہنے کا اعلان ہے۔ اس کے بعد کیا ہو گا جو ابھی واضح نہیں لیکن جو واضح ہے اور اب تک اس تحریک کی کمزوری ہے وہ اس تحریک کا کوئی ٹھوس عوامی پروگرام نہیں ہے اور نہ ہی کوئی لائحہ عمل جس سے یہ تحریک ایک خود رو اور انارکی کی اعکاسی کر رہی ہے جو اسکی کامیابی کو بہت دور کر دے گئی کیونکہ لوگ بے مقصد لمبے عرصے تک سڑکوں پر نہیں رہ سکتے۔ اور اسی کمزوری کی بنا پر عدالت نے اسے اب غیر قانونی قرار دے دیا ہے۔

جرمنی کی پارٹی ڈی لنکے، دی لیفٹ نے پولیس کی اس کاروائی اور عدالتی فیصلے کی شدید مذمت کی ہے اور کہا کہ جنوبی یورپ کی عوام پر ظلم ٹوٹ رہا ہے اور یہاں عوام کو احتجاج کرنے کی اجازت تک نہیں یہ عدالتی فیصلہ نہایت مکرو اور قابل قبول نہیں ہے۔ جبکہ دائیں بازو کی سب پارٹیوں نے جس میں سی ڈی یو سر فہرست ہے نے عدالت کے اس فیصلے کو سراہا ہے

سولہ مئی دو ہزار بارہ

فرانکفرٹ میں سول نافرمانی تحریک کا دوسرا دن

سترہ مئی کو یورپین فنانس سٹی میں سرمایہ داری کے خلاف عوام کی سول نافرمانی کی تحریک جاری ہے۔ کیونکہ جرمنی کی عدالت نے آکوپائی تحریک کو غیر قانونی قرار دے دیا ہے۔ اس عدالتی فیصلے کو جرمنی کی عوام نے مسترد کر دیا اور تحریک کو بلاک پائی کے نام سے جاری رکھنے کا اعادہ کیا۔

آکوپائی تحریک کے تحت عوام نے سات ماہ سے یورپی سنٹرل بینک کے مین گیٹ پر قبضہ کیا ہوا تھا اس عوامی قبضے ک 16 سولہ مئی کو پولیس نے عدالتی حکم کے تحت زبردستی ختم کرایا اور اب یہ یورپین سنٹرل بینک پولیس نے اپنے قبضے میں لے لیا ہے۔ لیکن عوام نے سرمایہ داری کے خلاف اس آکوپائی کی تحریک کا نام بدل کر بلاک پائی رکھ دیا ہے جو سول نافرمانی کی تحریک کا دوسرا نام ہے۔ کیونکہ عوام کو احتجاج کرنے اور جلوس نکالنے کی قانونی اجازت نہیں ہے لیکن اس کے باوجود اب یہ تحریک غیر قانونی طریقے سے جاری ہے۔

سولہ مئی سے آج سترہ مئی تک تمام فرانکفرٹ کو پولیس نے دن رات اپنے قبضے میں لے رکھا ہے جو آئندہ ہفتے تک جاری رہے گا۔ ہر آنے جانیوالے راستے پر پولیس کے سخت ناکے ہیں۔ فرانکفرٹ میں داخل ہونے والے ہر شخص کی مکمل تلاشی لی جاتی ہے اس کا شناختی کارڈ تک دیکھا جاتا ہے اور اس کا نام پتہ اور تمام کوائف لکھنے کے بعد ہی پولیس اسے فرانکفرٹ میں داخل ہونے کی اجازت دیتی ہے۔

پولیس کے اس سخت ترین کنٹرول کے باوجود لوگ فرانکفرٹ میں داخل ہو رہے ہیں اور جلسے کر رہے

ہیں لیکن پولیس کی روکاوٹوں کے باعث عوام ایک بڑے احتجاج اور جلسے جلوس کی شکل اختیار نہیں کر سکتے اس لیے فرانیکفرٹ کے مختلف علاقوں میں کئی کئی سو لوگوں کے جلسے جلوس ہو رہے ہیں۔ سترہ مئی کو سرکاری میڈیے کے مطابق فرانیکفرٹ کے بائیس مختلف علاقوں میں عوام نے پولیس کے گھیراو میں احتجاج کیے۔

برلن سے فرانیکفرٹ آنے والی دو بسوں میں سوار 300 تین سو لوگوں کو جو احتجاج کے لیے آرہے تھے۔ پولیس نے ان دو بسوں کو فرانیکفرٹ سے باہر ہی موٹر وے نمبر پانچ پر ایک کراس جس کا نام بعد ہمبرگ ہے اس سے پہلے ہی روک لیا اور بس کو یہیں سے زبردستی واپس کر دیا اور اسے فرانیکفرٹ میں داخل ہونے کی اجازت نہیں دی۔ بہت سے زرائع تصدیق کر رہے ہیں کہ صرف یہی دو بسیں نہیں تھیں بلکہ بارہ سے زائد بسیں پولیس نے فرانیکفرٹ میں داخل نہیں ہونے دیں۔ پولیس نے 30 تیس سے زائد افراد کو گرفتار بھی کیا ہے۔ لیکن ہزاروں لوگوں کو جو آج فرانیکفرٹ میں مختلف جگھوں پر احتجاج کر رہے ہیں ان سب کو گرفتار نہیں کیا جا سکتا۔

ابھی تک تمام فرانیکفرٹ پولیس کے سخت قبضے میں ہے۔ اور کم از کم اتوار رات تک فرانیکفرٹ پر پولیس کا قبضہ ہی رہے گا۔ عوام کی اتنی بڑی تحریک کو کنٹرول کرنے کے لیے ریاست ہیسن کی پولیس کم پڑ گئی تھی اس لیے اب تین سے زائد جرمن ریاستوں سے پولیس کو یہاں لایا گیا ہے۔ سرمایہ داری کے خلاف عوام کی سول نافرمانی کی تحریک جاری ہے جو پہلے قانونی اور آکوپائی کے نام سے تھی جو اب غیر قانونی اور بلاک پائی کی تحریک کے نام سے ابھی جاری ہے

سترہ مئی دو ہزار بارہ

فرانکفرٹ۔ بلاک پائی کا تیسرا دن

آج فرانکفرٹ بلاک پائی کا تیسرا دن تھا آج بھی عوامی سول نافرمانی کی تحریک جاری رہی جس کو روکنے کے لیے پندرہ ہزار پولیس تمام شہر کو تمام دن کنٹرول کرتی رہی اس کے باوجود تمام دن جلسے جلوس ہوتے رہے۔ عوام اور پولیس میں تمام دن آنکھ مچولی بھی ہوتی رہی۔

جرمنی میں سرمایہ داری کے خلاف عوام کئی دہائیوں بعد پہلی دفعہ زبردست مسلسل مذاحمت کر رہی ہے۔ بینکوں کے خلاف شروع ہونے والی یہ تحریک اب آہستہ آہستہ براہ راست مالیاتی نظام کو چیلنج کر رہی ہے

آج بھی یورپین سنٹرل بینک پولیس کے مکمل کنٹرول میں ہے اور اس کے پانچ سو میٹر تک تمام علاقے کو مکمل بند کر دیا گیا ہے۔ کسی بھی شخص اور کار کو اس علاقے میں داخل ہونے کی اجازت نہیں ہے۔ اس کے علاوہ تمام فرانکفرٹ کے علاقے کو پولیس کے کنٹرول میں دے دیا گیا ہے۔ فرانکفرٹ آنے جانے والی تمام موٹرویزے، ہائی ویز اور تمام سڑکوں پر پولیس کے ناکے ہیں اور ہر بس، کار اور شخص کو چیک کرنے کے بعد ہی اسے فرانکفرٹ میں داخل ہونے دیا جاتا ہے۔ احتجاج میں شامل ہونے والے افراد کی بسوں کو فرانکفرٹ میں داخل نہیں ہونے دیا جاتا لیکن لوگ پھر بھی خفیہ راستوں سے فرانکفرٹ میں داخل ہو کر احتجاجوں میں بھرپور شرکت کر رہے ہیں۔ آج بھی فرانکفرٹ کے تیس سے زیادہ علاقوں میں عوام نے احتجاج کیے۔ جس کو پولیس نے ختم کروانے کے لیے مداخلت کی۔

اتنی بڑی تحریک میں تمام عوام مکمل طور پر امن رہے اور کوئی ناخوش گوار واقع پیش نہیں آیا۔ اس کے باوجود پولیس نے دہشت پھیلانے کے لیے کئی سو افراد کو گرفتار کر لیا ہے۔ لیکن عوام اس کی پر او کیے بغیر ہر روز احتجاجوں میں شامل ہو کر انٹی کیپٹل ازم تحریک کو جاری رکھے ہوئے ہیں۔ کل انیس مئی کو لیفٹ پارٹی کو قانونی احتجاج کرنے کی اجازت مل گئی ہے۔ جس میں تمام میڈیے کے مطابق تیس ہزار سے زائد لوگ شرکت کریں گئے۔ کل دوپہر بارہ بجے فرائینکفرٹ ریلوئے اسٹیشن کے قریب بازلر پلاٹس پر عوام اکٹھے ہوں گئے یہاں ایک جلسہ ہو گا اور اس کے بعد تمام مرکزی شہر کا تمام دن بھر جلوس نکلا جائے گا۔

انیس مئی کا جلسہ اور جلوس جرمنی اور یورپ کے فنانس سٹی فرائینکفرٹ میں یقیناً ایک تاریخی احتجاج ہو گا۔ جو تمام یورپ اور دنیا پر اپنے گہرے اثرات مرتب کرئے گا اور عالمی سرمایہ داری کے خلاف عوامی تحریک کو تقویت دے گا۔

آٹھارہ مئی دو ہزار بارہ

فرانکفرٹ۔ بلاک پائی کا آخیری دن

آج فرانکفرٹ میں مالیاتی جبر کے خلاف 30000 تیس ہزار سے زائد افراد نے مظاہرہ کیا۔ جس کا اعلان جرمنی کی بائیں بازو کی سیاسی پارٹی ڈی لنکے،، دی لیفٹ،، نے کیا تھا۔ آج کا مظاہرہ نہ صرف سرمایہ داری کے خلاف تھا بلکہ عدالت کے اس فیصلے کے خلاف بھی تھا جس میں سپریم کورٹ نے آکوپائی تحریک کو غیر قانونی قرار دیا ہے۔

آج صبح 9 نو بجے سے ہی نوجوان اور محنت کش فرانکفرٹ کے ریلوے اسٹیشن کے قریب واقع بازلر پلاٹس پر جمع ہونا شروع ہو گئے تھے حئی کہ جلسے کا وقت ایک بجے کا تھا۔ تمام بازلر پلاٹس سرخ جھنڈوں اور بینرز سے بھری ہوئی تھی اس کے علاوہ بہت سے نوجوانوں نے بھوتوں، ڈینوں، ڈریگن، جو منہ سے آگ برساتے ہیں کے پتلے اٹھا رکھے تھے۔ جو یہ ثابت کر رہے تھے کہ آج کے انسانی سماج کے حکمران انسان نہیں بلکہ خطرناک ترین اور آدم خور جانور ہیں جس میں مرکزی کردار نجی سرمایے کا ہے۔ تمام لوگوں کے چہروں پر اس احتجاج میں شامل ہونے کے پرجوش جذبات صاف نمایاں تھے۔ آج وہ بڑے حوصلہ مند اور جرات بھرے نظر آ رہے تھے شاید اس لیے بھی کہ پچھلے تین دنوں سے بلاک پائی کہ یہ تحریک غیر قانونی طریقے سے جاری تھی اور عدالت انہیں احتجاجوں کی اجازات نہیں دے رہی تھی لیکن آج انہوں نے عدالت کو سرنگوں کر ہی لیا اور اس جلسے کی اجازت عدالت کو دینا ہی پڑی کیونکہ عوام نے سول نافرمانی کی تحریک کا آغاز کر دیا تھا جو اگر طویل ہو جاتی تو یقیناً ریاست کے لیے خطرناک ہو سکتی تھی۔

عدالت نے شاید غبارے سے ہوا نکلنے کی کوشیش کی ہو لیکن اس نے عوام میں اپنی طاقت پر اعتماد کو بڑھایا تھا جو آج انکے چہروں پر چمک رہا تھا۔ اسی لیے یہاں ایک میلے کا سماں تھا جہاں کھانے پینے کی اشیا فروخت ہو رہی تھیں۔ یہاں لوگ ڈھول بجا رہے تھے اور گانے بھی گا رہے تھے۔

پولیس نے آج پھر فرانکفرٹ کے تمام راستے بند کر رکھے تھے۔ ناکے اور چیکینگ سخت ترین تھی اس کے باوجود کے یہ عوامی مظاہرہ قانونی تھا۔ آج تو اس جلسے اور مظاہرہ کو پولیس ہیلی کوپٹرز کے زریعے آسمان سے بھی کنٹرول کر رہے تھے۔ یہ پولیس کا ہیلی کوپٹر پہلے جلسے پر اور پھر جلوس کے تمام راستے ان کے اوپر آسمان پر گشت کر تا رہا جو ریاست کے خوف کی اعکاسی کر رہا تھا۔ بہت سی بسوں کو جو اس احتجاج میں شامل ہونے کے لیے فرانکفرٹ باہر سے آئیں تھیں انہیں فرانکفرٹ سے دور ہی روک دیا گیا

آج تو تمام فرانکفرٹ کی ٹریفک کو بھی بند کر دیا گیا تھا۔ یہاں تک کہ لوکل بسیں انڈر گرانڈ ٹرینیں اور سڑک کی ٹرینیں غرض تمام شہری ٹریفک بند تھی اس لیے اس احتجاج میں شامل ہونے کے لیے لوگوں کو کئی کئی میل کا سفر پیدل طے کرنا پڑا۔ ذرہ بھر بھی شک ہونے پر پولیس کسی بھی شخص کو فرانکفرٹ میں داخل ہونے نہیں دے رہی تھی۔ اس کے باوجود تیس ہزار سے زائد افراد کا اس احتجاج میں شامل ہونا بہت بڑی بات اور عوامی جیت تھی۔

لوگ بے شک یہاں نو بجے سے اکٹھے ہو رہے تھے لیکن باقاعدہ جلسے کا آغاز دوپہر ایک بجے ہوا جس میں جرمن کی ٹریڈ یونینوں کے رہنماوں، ڈی لنکے کی قیادت، اور غیر ملکیوں نوجوان لیڈروں نے جلسے سے خطاب کیا۔ یہاں جلسے کی تقریریں، جرمن زبان کے علاوہ عربی، ترکی، انگریزی، یونانی، سپین، اٹلی اور پرتگال کی زبالوں میں ہوئیں جو اس جلسے میں عالمی تحریک کے احساس کو ابھار رہی تھیں۔ تمام تقریریں سرمایہ داری اور بینکوں کے خلاف اور عالمی مزدور تحریک کی حمائت اور اس سے یک جہتی کے لیے تقاریر

تھیں۔ یہاں مصر، بحرین، سعودی عرب، شام اور عرب انقلاب کی حمائت اور اس سے مکمل اظہار یک جہتی کی گئی۔ یونان، فرانس، سپین اور اٹلی میں مزدور تحریکوں کو سراہتے ہوئے ان کی حمائت کی گئی۔ جلوس کے تمام راستے میں بھی مالیاتی نظام، نجی ملکیت، کم تنخواہوں، بے روز گاری، ٹھیکیداری نظام، عالمی اجارہ داریوں کی جکڑ اور بینکوں کی بڑھتی آمریت کے خلاف زبردست نعرے بازی ہوئی۔

تین بجے کے قریب یہ جلسہ جلوس کی شکل میں بازلر پلاٹس سے شروع ہو کر تمام فرانکفرٹ کے مرکزی علاقے میں گشت کرتا ہوا شام چھ بجے، آلٹے اوپر، مین بازار میں ختم ہوا۔ اس مظاہرے کے اختتام نے یورپ میں ایک نئے سرخ آغاز کو جنم دیا۔ جس کو آنے والا وقت ثابت کرئے گا۔

انائیس مئی دو ہزار بارہ

سوشلزم کیطرف پیش قدمی جاری رہے گی، شاویز

دو دسمبر کو وینیوزویلا میں سوشلزم کی اصطلاحات نافذ کرنے کے ریفرنڈم میں شاویز کی پہلی شکست ہوئی بے شک یہ ایک معمولی اور نا ہونے کے مترادف ہے جس میں انقلاب دشمن دائیں بازو کی اپوزیشن کو4.504,354یعنی50.70٪ووٹ ملے اور انقلاب کے قائد شاویز کو4.379,394ووٹ ملے یعنی49.29٪ووٹ ملے۔ اسکو شاویز نے قبول کرتے ہوئے برملا یہ اعلان کیا کہ اکیسویں صدی کے سوشلسٹ انقلاب کو میں تعمیر کرتا رہوں گا یہ الیکشن وینیوزویلا کے خاص حالات کی آگاہی تو دیتے ہیں لیکن مکمل تصویر پیش نہیں کرتے کیونکہ اسی عوام نے ابھی حالیہ صدارتی الیکشن میں شاویز کو تاریخی فتح سے ہم کنار کیا تھا ان الیکشن میں ردانقلابی اپوزیشن کو ایک لاکھ ووٹ ملے تھے جبکہ شاویز نے2.8ملین ووٹ حاصل کیے تھے اور ابھی پچھلے دنوں اس ریفرنڈم سے پہلے سامراج گماشتہ دائیں بازو کی اپوزیشن نے اپنا تاریخی بڑا ترین مظاہرہ کر کے اپنی پوری طاقت کا اظہار کیا جس میں50.000افراد نے شرکت کی جبکہ اس کے خلاف شاویز کے حمائتی طالب علموں نے اس کے خلاف اپنا مظاہرہ منظم کیا جس میں300.000نوجوانوں نے بھرپور شرکت کیا اور پورا کراکس جام کر دیا جو سوشلسٹ انقلاب کی طرف پیش قدمی جاری رکھنے اور آگے بڑھنے کا اعلان تھا اور یہ ایک ٹھوس سچ ہے کہ جس کے پاس نوجوان ہیں مستقبل اسی کا ہے لیکن پھر یہ سوال ابھرتا ہے کہ شاویز اس ریفرنڈم میں اتنا معمولی سا بھی نا کام کیوں ہوا اگر ہم تمام حالات وواقعات کا مکمل جائزلیں تو معلوم ہو گا کہ اس میں اپوزیشن کا کوئی کمال یا معرکہ نہیں ہے بلکہ اب تک شاویز کی نرمی اور سوشلزم کی طرف بڑے اور فیصلہ کن اقدامات نہ کرنا

ہے 2002 دو ہزار دو میں شاویز کو ایک سامراجی اور امریکی سازش کے تحت ریاستی افسر شاہی نے بغاوت کر کے شاویز کو قید کر لیا تھا جس کو عوامی طاقت نے ناکام بنا دیا اور ان افسران کو مجبوراً شاویز کو رہا کر کے واپس اقتدار دینا پڑا یہ افسران جو غدار ہیں جن کو قید خانے میں ہونا چاہیے تھا یہ آج بھی کھلے عام دندناتے پھر رہے ہیں اور اپنے عہدوں پر قائم ہیں۔ شاویز کے خلاف امریکہ کی ایما پر سازشش کرتے پھر رہے ہیں اس ریفرنڈم میں یہ امریکی غنڈے اور امریکی خدمت گار اپوزیشن نے اپنی تمام ریاستی طاقت، سرمایہ کا بھرپور استعمال اور سامراجی مدد کو استعمال کر کے خوب جھوٹ، منافقت کا پراپیگنڈہ کیا اور عالمی سامراجی میڈیے نے بھی اس میں بڑھ چڑھ کر حصہ لیا اور ردانقلابی اپوزیشن کا ساتھ دیا لیکن انہوں نے اپنے جتنے وسائل اس ریفرنڈم میں خرچ کئے یا پانی کی طرح بہاے اس کے مقابلے میں ریفرنڈم کا نتیجہ پلاس ون بھی نہیں رہا اور ان نتائج کو یہ پہاڑ بنا کر بیان کر رہے ہیں اور کہہ رہیں کہ ہم نے وینیوزویلا کو ایک اور کیوبا بننے سے روک لیا جس میں کوئی صداقت نہیں ہے۔

اعداوشمار ظاہر کرتے ہیں کہ اس ریفرنڈم میں بہت سارے شاویز کے ووٹ کاسٹ نہیں ہوئے جنہوں نے اسکو صدراتی الیکشن میں ووٹ دیے تھے ترقی پذیر ممالک میں دوسرے بہت سارے المیوں میں یہ بھی ایک المیہ ہے کہ عام لوگ صرف اقتدار کی لڑائی کو اہم خیال کرتے ہیں اور اس میں بھرپور حصہ لیتے ہیں اور پھر تمام توقعات اس سے وابستہ کر لیتے ہیں جبکہ صرف متحرک ورکرز ہی بقیہ لڑائی کو آگے لے کر جاتے ہیں جس کی ایک بنیادی وجہ غربت کی وجہ سے مشکل حالات زندگی بھی ہیں اور ویسے بھی عام لوگ ہر وقت اور تمام زندگی تحریکوں میں سرگرم نہیں رہتے اور یہاں کی عوام تو ایک دہائی سے زیادہ عرصے سرگرم رہی ہے اور انقلاب کی تعمیر میں شاویز کے شانہ بشانہ ردانقلابی سامراجی اپوزیشن سے لڑ رہی ہے اب تک انقلاب کی مکمل فتح میں ایک حقیقی انقلابی پارٹی کا نہ ہونا بڑی اور بنیادی وجہ ہے جو سرمایہ دارنہ اور سامراجی ایجنٹ ریاست کو اپنے ہاتھ میں لے کر اس ریاست کے سرمایہ دارانہ کردار کو تبدیل کر کے

عوامی اور سوشلسٹ نہیں بنا سکی۔

انقلابی پارٹی نہ ہونے میں عوام کا کوئی قصور نہیں ہے اس لیے کہ ترقی پذیر ممالک میں بندہ مزدور کے اوقات زندگی اتنے مشکل اور اذیت ناک ہیں کہ وہ انقلابی پارٹی کا انتظار نہیں کر سکتے جو عوامی تحریک کو سوشلسٹ انقلاب کے راستے پر ڈال کر مالیاتی اور سرمایہ دارانہ استحصال اور جبر کا خاتمہ کر کے ایک سوشلسٹ انقلاب برپا کر دے۔

اکثر ترقی پذیر ممالک میں انقلاب شخصیات میں سمٹ جاتا ہے جو انقلاب کی پہچان بن جاتے ہیں اور تاریخ ان کے کندھوں پر ایک بڑا بوجھ ڈال دیتی ہے اور انکو ایسے یا ویسے اس فریضے کو ادا کرنا ہوتا ہے یہ فرد واحد پوری عوام کا فیصلہ کن عنصر بن جاتا ہے۔ اس ایک شخص کی کامیابی یا ناکامی پوری قوم کی شکست یا جیت بن جاتی ہے اور یہی آج وینیزویلا میں ہوا ہے (جس طرح 1969 میں بھٹو کے ساتھ ہوا) جس سے ہم انکار نہیں کر سکتے اور نہ ہی اس سے بھاگ سکتے ہیں اس لیے آج تمام دنیا کے عوام اور بائیں بازو کا انقلابی فریضہ ہے کہ وہ شاویز جس میں پوری وینیزویلا کی عوام اور محنت کش سمٹ گئے ہیں کی مکمل حمائت کریں اور اس انقلاب کو تعمیر کرنے اور آگے بڑھنے کی جدوجہد تیز کریں نہ کہ اس پر ڈرائنگ روموں میں بیٹھ کر تنقید کی جائے۔

شاویز کا ساتھ نہ دینا اس وقت وینیزویلا کے انقلاب سے غداری ہے کیونکہ شاویز اس وقت شاویز نہیں ہے بلکہ وینیزویلا کی عوام کی انقلابی امنگ، خواہش کا اظہار بن چکا ہے عوام اس کو سرمایہ داری اور سامراج کے خلاف اپنا ہتھیار تصور کرتے ہیں شاویز کے خلاف کھڑا ہونا وینیزویلا کی عوام کے خلاف ہونا ہے جو اس انقلاب سے ناقابل معافی جرم کرنا ہے ہمیں شاویز اور وینیزویلا کی عوام کی مکمل حمائت کرنا ہے اور اس کے خلاف رد انقلابی قوتوں سے ناقابل مصالحت لڑائی کرنا ہے اس کے ساتھ ہی ہمیں یہ کہنا

ہے کہ سوشلسٹ انقلاب کی طرف پیش قدمی جاری رکھی جائے سوشلزم کے لیے بہت سارے اقدامات ہو چکے ہیں لیکن یہ ابھی ناکافی ہیں اور مزید اقدامات کی اشد ضرورت ہے بدعنوان اور امریکی ایجنٹ ریاستی افسر شاہی کو ریاست سے بے داخل کیا جائے ردانقلابی اپوزیشن کی طاقت کو ختم کیا جائے اس کی طاقت بڑی بڑی صنعتیں اور فرمیں، بنک اور مالیاتی سرمایہ ہے جس کو استعمال کر کے عوامی انقلاب کو ناکام کرنا چاہتے ہیں جس کو قومی تحویل میں لے کر ونیوزویلا کی عوام کے جمہوری کنٹرول میں دیا جائے انقلاب کے دفاع میں عوام کو مسلح کر کے اسکی تربیت کی جاے جس سے ردانقلابی قوتوں کو مکمل شکست دی جاسکتی ہے۔ اور ریفرنڈم کے بعد جو کراکس میں ردانقلابی قوتوں کا احتجاج ہو وہ آٹے میں نمک کے برابر بھی نہیں تھا اور اس کے ہونے کی وجہ کراکس ایک مہنگا شہر ہے جس کو عام عوام فوڈ نہیں کر سکتے۔ یہاں ملک کے امرا اور دولت مند رہتے ہیں جن کا یہ ردانقلابی مظاہرہ تھا اور اس ریفرنڈم میں ان ردانقلابیوں نے چرچ کو بھی مکمل ساتھ ملایا تھا جو اس ریفرنڈم کے خلاف یہ جھوٹا اور زہر آلودہ منافقانہ پراپیگنڈہ کرتا رہا کہ سوشلزم خدا کے خلاف ہے اور اس میں بچے والدین سے چھین لیے جائیں گئے وغیرہ وغیرہ۔
ونیوزویلا کے عوام اور وہاں کی سماجی ترقی کے لیے آج سب سے بڑی روکاوٹ امریکی گماشتہ اور ردانقلابی اپوزیشن ہے جس کا خاتمہ لازمی ہے اور اس کا خاتمہ اس کے سرمایے کو چھین کر ریاست جو عوامی اور جمہوری ہو اس کے کنٹرول میں دیا جاے اب ضروری ہے کہ ریاست کے کردار کو تبدیل کیا جاے اور سرمایہ داروں جاگیرداروں اور امریکی مفادات کے تحفظ کی بجاے مکمل طور پر عوام کے مفادات کا نگہبان بنایا جاے۔ ہمارے عالمی رجحان نے شروع سے ہی ونیوزویلا کے انقلاب کے دفاع کے لیے عالمی تحریک جاری کر رکھی ہے جس کا نام، ونیوزویلا کے لیے ہاتھ اٹھاؤ ہے۔ ونیوزویلا کے انقلاب کا حقیقی دفاع بھی عالمی مزدور انقلاب کے پھیلاو اور ترقی میں ہی پنہاں ہے۔

چھ دسمبر دو ہزار سات

شاویز اور سوشلزم

جنوبی امریکی ملک وینزویلا کے عوام نے اتوار کو ہونے والے ریفرنڈم میں مدتِ اقتدار کی حد ختم کرنے کے حق میں ووٹ دے کر صدر ہیوگو شاویز کے دوبارہ انتخاب کی راہ ہموار کر دی ہے۔ وینزویلا کے قومی انتخابی کونسل آفس کے مطابق اب تک شمار کیے جانے والے چورانوے 94 فیصد ووٹوں میں سے چوّن 54 فیصد ووٹ اس بات کے حق میں پڑے کہ اس حد کو ختم کر دیا جائے۔ وینزویلا کے آئین کے مطابق صدر کے عہدے کے لیے ایک شخص زیادہ سے زیادہ دو بار چھ، چھ برس کے لیے صدر منتخب ہو سکتا ہے۔

صدر شاویز کی دوسری مدتِ صدارت سنہ 2012 میں ختم ہو گی اور انہوں نے یہ پہلے ہی کہہ دیا ہے کہ وینزویلا کے سوشلسٹ انقلاب کے تحفظ کے لیے ان کا اقتدار میں رہنا بہت ضروری ہے۔ انتخابی کونسل آفس کے سربراہ تبیسے لوسینا کا کہنا ہے کہ ووٹ دینے کے قابل ایک کروڑ ستر لاکھ افراد میں سے ایک کروڑ دس لاکھ نے اپنا حقِ رائے دہی استعمال کیا۔ عالمی مبصرین کے مطابق یہ ریفرنڈم منصفانہ اور شفاف تھا۔ خبر رساں ادارے اے پی کے مطابق نتائج کے اعلان کے موقع پر صدر شاویز نے کہا ہے کہ ’ اب مستقبل کے دروازے ہم پر کھل چکے ہیں۔ 2012 میں صدارتی انتخاب ہو گا اور سوائے اس کے کہ خدا اور عوام نہ چاہیں، یہ سپاہی اس انتخاب میں امیدوار ہے‘۔ نتائج کے اعلان کے بعد وینزویلا کے صدر کے حامی سڑکوں پر نکل آئے۔ یہ لوگ صدر شاویز کے حق میں نعرے بازی اور پرچم لہرانے کے علاوہ آتش بازی بھی کر رہے تھے۔ نتائج پر وینزویلا کے عوام کا کہنا ہے کہ اس نتیجے نے انقلاب کو بچا لیا ہے۔

درالحکومت کارکاس کے ایک ضعیف دکاندار گونزالو مسکیدے نے بی بی سی سے بات کرتے ہوئے کہا کہ ' اس کے بغیر ہر چیز خطرے میں ہوتی، وہ تمام سماجی پروگرام اور وہ سب کچھ جو اس (شاویز) نے غریب عوام کے لیے کیا ہے'

یہ بی بی سی کی وہ رپورٹ ہے جس کو وینیوزویلا کے سوشلسٹ انقلاب کے دشمن بھی قبول کرنے پر مجبور ہو چکے ہیں اس ریفرنڈم میں عوام کی بھری اکثریت نے نہ صرف حصہ لیا بلکہ وینیوزویلا میں سامراج گماشتہ اپوزیشن اور امریکی حکمرانوں کے خلاف سوشلزم کے لیے عوامی مذاحمت بھی کی جس کا ثبوت دو فروری کو وینیوزویلا کے درالحکومت میں کئی ملین لوگوں کی ایک شاندار عوامی ریلی سے ہوتا ہے۔ جس میں وینیوزویلا کے صدر ہوگو شاویز نے کہا کہ میں اپنی سوشلسٹ پالیسیاں جاری رکھوں گا اور سوشلسٹ انقلاب کی تعمیر و ترقی کے لیے وینیوزویلا کی عوام اس ریفریڈم میں جائیں اور اپنا فیصلہ دیں اس ریلی میں ہوگو شاویز کے وینیوزویلا کے لاکھوں مزدوروں اور محنت کشوں کے ساتھ مل کر جو یہاں ،، کراکس،، میں جمع تھے مزدوروں کا عالمی ترانہ گایا۔

اس ترانے کو گاتے وقت عوام میں انقلاب کے اندر سوشلزم کی جنگ کے لیے جوش و جذبہ دیکھنے والا تھا اکڑے ہوئے جسم، فخر سے سربلند، دل میں ناقابل تسخیر جذبہ، اور بلند ہاتھوں میں سرخ جھنڈے اور ان میں فولادی طاقت جو ہاتھ اٹھا کر ہوگو شاویز کی آواز پر لب بیک کر رہے تھے اور عالمی مزدور ترانہ گا رہے تھے۔ کہہ رہے تھے کہ یہ آج بھی دنیا کا سب سے بڑا سچ ہے۔ اس ریفرنڈم میں عوام نے پھر ثابت کر دیا کہ وہ وینیوزویلا کے انقلاب کی اس لمبی جدوجہد میں ابھی تھکے نہیں بلکہ تازہ دم ہیں اور بھرپور طاقت سے ہر سرمایہ دارانہ اور سامراجی یلغار کا مقابلہ کرنے کو مکمل تیار ہیں۔

اس دو فروری کی شاندار عوامی ریلی کو دیکھ کر ہی امریکی کٹھ پتلی اپوزیشن اتنی گھبرا گئی کہ اس نے ریفرنڈم

اور اس کے نتائج آنے سے پہلے ہی کہا دیا کہ اس میں دھاندلی ہو گئی۔ لیکن آج جب ریفریڈم کی جیت کے بعد عوام شاویز کے حمایت میں تمام ملک کی سڑکوں بازاروں اور چوراہوں میں جمع ہو گے اور سوشلزم کے نعرے بلند ہوئے تو تمام اپوزیشن کو جو جیسے سانپ سونگھ گیا ہو وہ اس عوامی جرات اور بہادری کے آگے آج بھگی بلی بنے ہوئے ہیں۔ ابھی تک عالمی حکمرانوں کے اس ریفرنڈم پر تاثرات نہیں آئے جو یقیناً اچھے ہو گو شاویز پر نہیں ہوں گئے کیونکہ کوئی بھی اپنے خلاف ہونے والے اقدام کی حمائت تو نہیں کر سکتا۔ سامراجی اور رجعتی حکمران اور ردانقلابی قیادتیں ماضی کی طرح اب پھر بے بنیاد اور جھوٹی الزام تراشی کریں گئے ۔ یہ بھی کہیں گئے کہ شاویز ایک آمر تھا اور اور اس ریفرنڈم کے بعد اسکی آمریت مستقل ہو گئی ہے وہ تاحیات صدر رہے گا جو جمہوریت نہیں ہے۔ پہلی تو یہ بات ہے کہ وینوزویلا کی عوام اگر ایک امر کو تمام عمر صدر دیکھنا چاہتی ہے اور اس کے حق میں ہے تو دوسروں کو کوئی اعتراز نہیں ہونا چاہیے۔ اور اگر کوئی اعتراز کرتا ہے تو یہ اعتراز ایک غیر جمہوری اور آمرانہ ہے کیونکہ یہ وینوزویلا کے اکثریتی عوام کے فیصلے کے خلاف ہے۔

اور اگر یہ سامراجی اور ردانقلابی اپنی تاریخ پر نظر درڑائیں تو انہوں نے آج تک تمام دنیا پر حکمرانی کرنے والے آمروں کو نہیں دیکھا جو عوام کی مرضی اور خواہش کے برخلاف ان پر نہ صرف حکمرانی کرتے رہے بلکہ ان پر ہر طرح کے ظلم ورر کھے ہیں۔ پاکستان میں جنرل ضیاالحق کی آمریت کو کیا عوامی حمائت حاصل تھی اگر حمائت حاصل تھی تو امریکہ کے علاوہ اور کسی کی نہ تھی۔ اس کے بعد جنرل مشرف کس کی حمائت پر ایک دہائی تک حکمرانی کرتا رہا۔ جنرل پنوشے، جنرل ڈیگال، وغیرہ جو تاریخ میں آج بھی عوامی قصاب کے نام سے جانے جاتے ہیں انکو کس نے مسلط کیا اور یہ کیا عوامی نمائندے تھے ؟ ان سامراجی حکمرانوں کو اپنی تاریخ نظر نہیں آتی جو ماسوائے عوامی خواہشات کچلنے اور عوامی فیصلوں کے خلاف ان پر جبر واستحصال کی تاریخ ہے جس کو یہ جمہوریت کہتے ہیں یہ بھی سچے ہیں کیونکہ انکے نزدیک

یہی جمہوریت ہے اور انہوں نے یہی سیکھا اور پڑھا ہے۔ انکو کیا معلوم کہ اصل جمہوریت جو عوامی ہوتی ہے، وہ کیا ہے؟

ہم وینزویلا میں ہوگوشاویز کی مکمل حمائت کرتے ہیں کیونکہ یہاں کی عوام یہی چاہتی ہے۔ وہ شاویز کی قیادت میں انقلاب کرنا چاہتے ہیں ہم انکا ساتھ دیں گئے۔ انکے شانہ بشانہ انکی جدوجہد میں شامل ہوں گئے۔ کیونکہ یہ انکی طبقاتی جدجہد ہے اور ہم بھی اسی طبقے کا حصہ ہیں ہمارے طبقاتی مفادات ایک ہیں جس کا ہم عالمی سطح پر دفاع اور تحفظ کریں گئے۔ اس کے لیے لڑیں گئے۔

ہوگوشاویز کی یہ فتح سوشلزم کی اور وینزویلا میں انقلاب کی فتح ہے۔ لیکن ایک دہائی سے زیادہ عرصے سے جاری اس انقلاب کو ابھی مکمل فتح نصیب نہیں ہوئی۔ جس کی وجہ ایک حقیقی انقلابی کا فقدان ہے۔

مارکسی انٹرنیشنل رجحان کے پرچم تلے وینزویلا میں بھی انقلابی پارٹی اور قیادت کی تعمیرت وترقی بڑی تیزی سے جاری ہے۔ وینزویلا کا سوشلسٹ انقلاب ابھی تک مسلسل آگے کی طرف بڑی آہستگی سے جاری وساری ہے لیکن مکمل فتح ابھی دور ہے۔ اس کے باوجود کے شاویز نے بہت سے بینکوں کو اور فیکٹریوں کو قومی ملکیت میں لے لیا ہے اور اس سے حاصل ہونے والی آمدن کو سماجی ڈھانچے کی تعمیر اور عوامی فلاح وبہود پر خرچ کیا جارہا ہے لیکن یہ سب ابھی ناکافی ہے۔ جس کی بنیادی وجہ ابھی تک وینزویلا میں پیداواری رشتوں کی کیفیت نجی ملکتی رشتوں سے منسلک ہے۔ ملکی معیشت کا بڑا حصہ آج بھی پرائیویٹ سیکٹر میں ہے۔ ابھی بھی تمام ملکی معیشت کو قومی تحویل میں لے کر مزدروں کے جمہوری کنٹرول میں نہیں دیا گیا۔ جس کے بغیر نہ تو اعلی سطح پر ملکی ترقی ممکن ہے اور نہ ہی رجعتی اپوزیشن کو مکمل شکست دی جاسکتی ہے۔ وینزویلا کی عوام اور محنت کش طبقہ جو انقلاب کا ہر اول دستہ بھی ہے شاویز کے ساتھ ہے۔ اس نے ہر موقعہ پر اس کا ساتھ دیا اور انقلاب دشمنوں کو شکست فاش دی ہے۔ اس ریفرنڈم

میں بھی اس نے یہ ثابت کر دیا۔ انقلابی عمل ہمیشہ، ہر وقت، سیدھی لائن میں اور تمام زندگی نہیں چلا کرتے فیصلے کی گھڑی لازما آتی ہے جب میدان لگتا ہے اسی طرح وینزویلا کے انقلاب کے فیصلے کا وقت قریب آرہا ہے جب طبقاتی جنگ کا میدان لگے گا۔ ہمیں بھی اپنے اپنے ملکوں میں انقلاب برپا کرنے کی جدوجہد کے ساتھ ساتھ وینزویلا کے انقلاب کا مضبوطی سے ساتھ دینا ہے ۔ جو ایک عالمی انقلاب کی جدوجہد کے لیے لازمی امر ہے ہم ہر اس عوامی تحریک اور جدوجہد کا ساتھ دیتے ہیں جو سرمایہ داری اور سامراج کے جبر واستحصال سے نجات کے لیے ہو ہمارے نزدیک سوشلزم انٹرنیشنلزم ہے ورنہ کچھ نہیں ہم انقلابی نہ کبھی شخصیت پرست تھے نہ ہیں اور نہ کبھی ہو سکتے ہیں۔ لیکن کمزور، ٹوٹ پھوٹے، انتشار زدہ سماجی حالات اکثر اوقات انقلابات کو شخصیت میں مرکوز کر دیتے ہیں۔ جو نہ صرف آج وینزویلا میں ہوا بلکہ اس سے پہلے ساٹھ کی دہائی میں پاکستان میں بھی ہو چکا ہے جب پاکستان کا انقلاب بھٹو میں سمٹ گیا تھا اور عوام ذوالفقار علی بھٹو کو اپنا نجات دہندہ بنا چکے تھے جب انقلاب کی تمام طاقت اور اختیار ایک فرد واحد کے پاس تھے۔ یہ اکثر ان معاشروں میں ہوتا ہے جہاں پہلے سے کوئی انقلابی پارٹی نہ ہو یا پھر نظریاتی طور پر کمزور اور اپاہج ہو جو عوامی شعور سے بہت پیچھے رہ جائے یا بہت آگے نکل جائے۔ جو درست پیش منظر اور لائحہ عمل کو مرتب نہ کر سکے اور حکمت عملی میں انتہا پسند یا مفاد پسند ہو یعنی غیر لچکدار ہو یا پھر بہت زیادہ لچکدار ہو کر مصالحت پسندی کی کھائی جا گرے۔ اور دوسری طرف عوام کے تنگ دست حالات ایک لمبی جدوجہد کی اجازت نہ دیں وہاں اکثر انقلابی لمہات میں پاپولر نعرے کسی کو بھی انقلاب کی سربراہی تھونپ دیتے ہیں اور حقیقی انقلابیوں کو کسی بھی انتہا پسندی سے بچنے کے لیے ان حالات کو قبول کرنا پڑتا ہے اور انقلاب کو اسی عوامی رہنما کے زریعے ہی آگے بڑھنا ہوتا ہے۔ کیمونسٹ مینی فسٹو میں مارکس لکھتا ہے کیمونسٹ عوامی پارٹیوں کے خلاف کوئی اپنی پارٹی نہیں بناتے۔ کیونکہ انقلاب کبھی کسی ایک پارٹی یا فرد سے انجام نہیں پاتا بلکہ ہمیشہ اجتماعی عوامی طاقت اور شعوری مداخلت

سے ہی حقیقی سماجی تبدیلی رونما ہو سکتی ہے اور اس کے بغیر سماجی تبدیلیاں اکثر ناپید ا رہوتی ہیں۔

ہم مطالبات کرتے ہیں کہ۔۔۔

ونیوزویلا میں تمام بینکوں، انشورنس کمپنیوں اور تمام ملکی اور غیر ملکی سرمایہ کو ریاستی کنٹرول میں لیا جائے تمام بڑی صنعتوں کو قومی تحویل میں لے کر مزدوروں کے جمہوری کنٹرول میں دیا جائے۔ تاکہ اس کی آمدن سے جلد از جلد ایک جدید سماجی ڈھانچہ تعمیر کیا جا سکے اور تمام عوام کی بنیادی ضروتوں کو پورا کے کے انکے معیار زندگی کو بلند کیا جس سکے۔

تمام بڑی بڑی جاگیروں کو ضبط کر کے چھوٹے کسانوں میں تقسیم کیا جائے یا پھر عوامی ملکیت میں بڑے بڑے فارم بنا کر زیادہ سے زیادہ پیداروار کی جائے۔ امریکی سامراج کی حمائت یافتہ یا اس کی گماشتہ پارٹیوں اور تنظیموں پر پابندی عائد کی جائے جو عوامی استحصال اور سامراجی جبر کو قائم رکھنا چاہتی ہیں۔ انقلاب کے دفاع کے لیے عوام کو مسلح کیا جائے اور موجودہ امریکی سامراج کے اصولوں پر کاربند اور اس کے نظام کا تحفظ کرنے والی فوج پر اعتماد نہ کیا جائے۔ فوج میں سے تمام بداعنوان اور امریکہ کی حمائت کرنے والے اور عوامی انقلاب کے دشمن فوجی افسران کو فوار نکل باہر کیا جائے۔ اور فوج کے نئے افسران کا انتخاب عام سپاہیوں کے ذریعے کیا جائے۔۔

امریکی سامراج ونیوزویلا سمیت تمام لاطینی امریکہ اور دنیا میں اپنی مداخلت بند کرے۔ سرمایہ داری اور سامراج مردہ باد۔ سوشلزم زندہ باد۔

سولہ فروری دو ہزار نو

پی ٹی آئی کا المیہ

پی ٹی آئی کے چیرمین عمران خان نے ایک بار پھر اسلام آباد کو بند کرنے کا فیصلہ واپس لے کر اور عدالتوں پر اندھا اعتماد کر کے اپنے آپ کو دھوکہ اور اپنے ورکروں کو مایوس کیا ہے۔ اسلام آباد پریڈ گراونڈ میں جلسے سے خطاب کرتے ہوئے جب عمران خان یہ کہا رہا تھا کہ ججوں نے یہ کہا ہے وہ کہا ہے ، مجھے امید ہے۔۔۔۔تو اس کے اپنے الفاظ اس کا ساتھ نہیں دے رہے تھے اس کے جملے اعتماد سے خالی تھے شاید اسی لیے عمران خان بار بار اللہ کا نام لے کر کسی اور کو نہیں بلکہ اپنے آپ کو یقین دلانے کی کوشش کر رہا تھا کہ شاید اس بار کچھ تبدیلی ہو جائے۔۔۔عدالتیں کھلے دندناتے سیاسی چور ڈاکوں اور لٹیروں کو پکڑیں لیں۔۔۔ لیکن جو خود موجودہ نظام اور ریاستی اداروں سے اتنا نا امید اور مایوس ہو کر بھی ان پر اعتماد کرئے(جس کا مطلب اس کے پاس موجودہ نظام کے متبادل کوئی پروگرام بھی نہیں ہے) وہ کیا نیا پاکستان بنائے گا؟ عوام کی کیا امید بنے گا ؟کیا تبدیل اور کیسے کرئے گا ؟کیونکر قیادت کرسکے گا ؟کیونکہ عمران خان نے اسلام آباد بند کرنے کی کال واپس لے کر حکومت کے خلاف جیت ہوئی بازی خود ہار دی ہے اس لیے کہ طاقت کا استعمال کمزور ریاست اور حکومت کا آخیر حربہ ہو تا ہے۔جس پر بہت سے باقاعدہ دانشواروں نے ،، کھیل ختم ہو گیا ،، کا اعلان کر دیا لیکن کھیل ابھی ختم نہیں ہوا۔کیونکہ پارٹی تو ابھی شروع ہوئی جس میں نہ صرف حکمرانوں اور سیاسی دوکاندار مزید دست گریباں ہوں گئے بلکہ ایک بار پھر ریاستی اداروں کی ناانصافی اور

استحصال پر مبنی کردار ننگا ہو گا سیاسی انتشار اور عدم استحکام کے ساتھ ساتھ عدالتی اور ریاستی خلفشار بھی بڑھے گا ابھی تو انصاف کی دیوی کا بازار لگے گا۔اور قانون کا گورکھ دھندہ شروع ہو گا جس میں جو جیتا وہ سکندر(اور نون لیگ اس کھیل کے پرانے کھلاڑی ہیں)۔جب تک ہم سطحی اور رٹے رٹائے تجریہ کریں گئے تو اس میں کوئی تعجب نہیں ہے کہ ہم مفاد پرستی یا انتہا پسندی کی کھائی میں نہ جا گریں۔پی ٹی آئی کی تحریک اور تنظیم پر کوئی ایک تجزیہ تب تک ہم درست نہیں کر سکتے جب تک پی ٹی آئی کی ٹھوس سماجی بنیادوں اور پاکستان کے معروض اور داخلی حالات کو سائنسی طور پر دیکھا اور پرکھا نہ جائے کیونکہ سائنس میں کبھی کوئی واقعہ اپنی ضرورت کے بغیر جنم نہیں لیتا اور اس واقعہ کے پس منظر میں بہت سے عوامل بہت عرصے سے متحریک ہوتے ہیں۔

عدالیہ

آج ہر ایک کو معلوم ہے کہ لیٹرے اور بداعنوان کون ہیں عوام تک کو تو ہر چیز معلوم ہے۔ لیکن بڑی حیرت کی بات ہے کہ صرف انصاف کرنے والوں کو اس کا علم نہیں ہے (جانے نہ جانے گل نہیں نہ جانے۔باغ تو سارا جانے ہے)اور وہ سب کچھ دیکھتے اور سمجھتے ہوئے بھی سال اور دہائیاں لگا دیتے ہیں۔اس لیے موجودہ طبقاتی نظام میں اور اسکی عدالتوں میں فیصلے انصاف کے مطابق نہیں بلکہ ضرورت کے مطابق ہوتے ہیں۔یہ وہی عدالتیں ہیں جنہوں نے منتخب وزیر اعظم کو پھانسی دی اور ہر فوجی آمریت اور عوام پر ہر بربریت کو عین قانون اور عین آئین قرار دیا۔ایوب خان سے لے کر ضیا الناحق اور مشرف آمریت تک کو انہی عدالتوں اور انکے ججوں نے قانونی اور آئینی جواز فراہم کیا۔دھاندلی الیکشن سے لے کر ریونڈ

ڈیوس اور پرویز مشرف کو با عزت بری کیا۔پاکستان میں دولت مندوں اور طاقت وروں کا ہر ظلم اور جرم قانونی طریقے سے ہی ہو تا یا پھر کسی نہ کسی جج کی اس پر مہر ثبت ہوتی ہے۔ آئین میں تو یہ بھی لکھا ہے کہ ہر پاکستانی کو تمام بنیادی ضروریات زندگی مہیا کرنا ریاست کی اول ذمہ داری ہے اس پر کوئی بات نہیں کرتا نہ عدالتیں نہ پارلیمنٹ اور نہ ہی اپوزیشن شاید اس لیے کہ یہ انکے مسائل نہیں ہیں یا پھر انکے پیٹ بہت بڑے ہیں کہ یہ سب کچھ خود ہی ہڑپ کرنا چاہتے ہیں۔موجودہ نظام کی عدالتوں اور ججوں سے کسی انصاف کی امید کرنا ماسوائے اپنے آپ کو دھوکہ دینے کے کچھ نہیں ہے اور یہ اپنے ہی قاتلوں سے انصاف کی خواہش ہے۔ ججوں کی بحالی کی تحریک کے بعد کیا فرق پڑا ماسوائے پاکستانی عوام کی زندگیاں پہلے سے زیادہ تکلیف دہ ہو گئیں ہیں جن میں کئی دہائیوں سے مسلسل اضافہ ہو رہا ہے۔

آئین اور قانون غریبوں کے لیے ایک مقدس کتاب اور مضبوط جال ہے جس میں وہ پس کر اور پھنس کر رہ جاتے ہیں جبکہ امیروں کے لیے یہ کسی ٹوالٹ پیپرز سے زیادہ اہمیت اور حیثیت نہیں رکھتا۔پاکستان کی تمام تاریخ اس کی گواہ ہے کہ ہمیشہ حاکم وقت نے آئین اور ہر قانون کو اپنے مطابق استعمال کیااور آئندہ بھی ایسا ہی ہو گاجب تک عدالتیں سڑکوں اور بازاورں میں نہ لگیں جس کے فیصلے قیمتی پوشاکوں میں لپٹے استحصالی تعلیم اور سامراجی ثقافت میں آلودہ سرمایے کے پوجاری جج نہیں بلکہ عام عوام خود نہ کریں۔

میڈیا۔

پاکستان کی تمام سیاسی پارٹیوں کی سیاست آج میڈےئ تک سمٹ چکی ہے اس لیے پی ٹی آئی کی تمام مہم میں سب سے زیادہ میڈیے نے دیہاڑیاں لگائیں ہیں اور خوب پیسہ کمایا ہے کیونکہ

دونوں اطراف سے خزانوں کے منہ کھول دیئے گئے تھے۔ذرائع ابلاغ پر اشتہارات اور سرمایے کی بارش کی گئی۔پی ٹی آئی کے دولت مندوں کا تو نجی سرمایہ تھا لیکن مسلم لیگ نون کے پاس تو قومی خزانہ تھا اس لیے دل کھول کر لوٹایا گیا۔میڈیا ہمیشہ غیر جانبداری کا رونا روتا ہے لیکن ہر بار کی طرح اس بار بھی تمام میڈیے کی کٹر جانبداری کسی سے ڈھکی چھپی نہیں رہی۔اے آر وائے نیوز ٹی وی نے کھل کر حکومت کی مخالفت کی۔جبکہ جیو نیوز ٹی وی دربار شہنشاہ کی غلامی میں حکومتی چینل پی ٹی وی کو بھی پیچھے چھوڑ گیا۔تمام میڈیے کا جہاں داو لگا نہیں چھوڑا۔دن رات سرکار اور غیر سرکار کا ایسا تماشا برپا کیا کہ غریب عوام کے مسائل دب کر اور انکی کرب ناک زندگی اس میں پس کر رہ گئی۔اور ایسا لگ رہا تھا کہ اس مسئلہ کے بعد پاکستان میں دوھ اور شہید کی نہریں بہیں گئں ، یہ اندھیروں سے اجالوں کا ملک بن جائے گا جہاں بے روزگاری اور غربت کا نام و نشان نہیں ہو گا۔لیکن کل جب عوام اس میڈیے کے نشے سے باہر آئی تو پھر وہی ہمیشہ کی طرح ذلت اور رسوائی۔سیاسی افق پر میڈے کے زریعے رچایا کیا مصنوعی کرپشن ، لڑائی اور جنگ کے ڈرامے کا اختتام پھر حسب روایت مصالحت اور اور بھائی چارے پر ہوا کیونکہ پی ٹی آئی اور مسلم لیگ نون یا تمام روائتی پارٹیوں کے پروگرام اور نظرایات میں کوئی بنیادی فرق نہیں ہے۔یہ ایک بیمار اور لاعلاج نظام کو جو صحت اور زندگی سے قاصر ہو چکا ہے۔

یہ اصلاحی تحریکیں اصل میں اس نظام کو بچانے کے لیے ہیں کیونکہ اب یہ ٹھیک ہونے کے قابل نہیں رہا اور اس کی موت اٹل ہے جس کے متبادل ایک سماجی تبدیلی اور اشتراکی نظام ناگزیر ہے وگرنہ حکمران اور میڈیا کل پھر کسی نان ایشو کو تراش کر ظلم و استحصال کی منڈی لگالیں گئے۔کیونکہ یہی انکا دھندہ ہے۔لیکن سوال عوام کا ہے

پارلیمنٹ

موجودہ نظام میں پارلیمنٹ کے الیکشن کا مطلب ہے۔عوام کو یہ حق دینا ہے کہ وہ آئندہ پانچ سال کے لیے اپنے اوپر ظلم واستحصال کرنے والوں کا انتخاب کریں۔پاکستان کی تاریخ بڑے واضح انداز میں اسے ثابت بھی کرتی ہے۔اب تک جیتنی بھی سول یا فوجی پارلیمنٹیں بنی ہیں عوام کے مسائل میں اضافہ اور ان کی زندگیاں عذاب ہی ہوئی ہیں۔اربوں کے الیکشن امیروں کا وہ میوزیکل چیر کھیل ہے جو افلاس زدہ عوام کے زخموں پر تیزاب چھڑکتا ہے کیونکہ 69 سالوں میں ، پاکستان میں الیکشنوں پر جیتنی رقم خرچ کی گئی ہے اس رقم سے پاکستان کو از سر نو جدید سطح پر تعمیر کر کے عوام کی حالت زار کو بھی بدلا جا سکتا تھا لیکن موجودہ طریقہ الیکشن پاکستان کا ایک رستہ ناسوار اور عوام کا استحصال ہے۔

کسی بھی عوامی اور سماجی تبدیلی کے لیے موجودہ طریقہ الیکشن سے نجات لازمی ہے جو ہمیں بدلنا ہو گا انتخاب اوپر سے نیچے نہیں بلکہ نیچے سے اوپر ہو نا چاہیے۔ہر چھوٹے علاقے یا یونٹ کے لوگ اپنے نمائندے براہ راست منتخب کریں اور وہ اپنے میں سے اعلی ریاستی اداروں کے لیے اہکارروں کا انتخاب کریں اور یہ انتخابات تمام ریاستی اداروں میں ہو نے چاہیے اور عوام جب چاہیے ان سرکاری عہدیداروں کو براہ راست واپس بلانے کا حق بھی رکھتی ہو صرف اسی طرح حقیقی عوامی نمائندے دولت کی ریل پیل کے بغیر منتخب ہو سکتے ہیں اور ہر شخص اس میں حصہ لے سکے گا صرف اسی سے پاکستان میں حقیقی عوامی انتخابات منعقد ہو سکتے ہے۔آج کا سوال یہ ہے کہ کیا پی ٹی آئی جو عوامی الیکشن اور عوامی پارلیمنٹ کا نعرہ لگاتی ہے اس کے پاس بھی سماجی تبدیلی کے لیے موجودہ استحصالی پارلیمنٹ اورچور الیکشن کا متبادل ہے ؟ وگرنہ

موجودہ طریقہ انتخاب میں آئندہ بھی ہمیشہ ایسا ہی ہو گا جو آج تک ہوتا رہا ہے امیروں کے الیکشن امیروں کے لیے عوام کے نام پر عوام پر ظلم واستحصال کے لیے۔

پی ٹی آئی کیا ہے؟

پی ٹی آئی کوئی انقلابی پارٹی نہیں ہے جس کا اس کی قیادت خود بھی ہمیشہ اعتراف کرتی ہے۔ پی ٹی آئی مڈل کلاس کی ایک اصلاح پسند جماعت ہے۔جو پاکستان کے موجودہ نظام میں اصلاحات کے زریعے یورپی یا ترقی یافتہ سرمایہ دارانہ ممالک کی طرز پر تبدیلی و ترقی کا خواب دیکھ اور دیکھلا رہی ہے۔یہ کوئی پہلی پارٹی نہیں ہے بلکہ اس سے قبل بھی اصغر خان کی تحریک استقلال بھی کچھ اس قسم کی اصلاحی سیاسی پارٹی تھی جو پاکستان میں مڈل کلاس کی نمائندگی کرتی تھی اور اصغر خان کے مرنے کے بعد تحریک استقلال بھی ختم ہو گئی۔اور اس کا ایک خلا موجود تھا جس کو آج پی ٹی آئی پر کررہی ہے۔پاکستان میں مسلسل معاشی اور سیاسی بحرانوں نے آج محنت کش طبقے کے ساتھ ساتھ مڈل کلاس کو بھی کچل دیا ہے۔عوامی مسائل کے حل میں جب تمام روائتی پارٹیاں ناکام ،اور کوئی دوسرا متبادل دینے سے قاصر ہوجاتیں ہیں تو مایوسی اور ناامید ی ہر طرف پھیل جاتی ہے اور ایک انقلابی پارٹی کی عدم موجودگی میں سماجی بے چینی اور اضطراب میں مڈل کلا س کی پارٹیاں جنم لیتی ہیں اور سماجی حالات کی بد حالی کا منتشر و سطحی اظہار کرتی ہیں۔درمیانے طبقے کی پارٹیوں کے بہت سے المیوں کے ساتھ ایک المیہ یہ بھی ہوتا ہے کہ یہ کسی انقلابی نظریے پر تعمیر نہیں ہوتیں اس لیے انکی کوئی منزل بھی نہیں ہوتی۔یہ بھٹکتی سیاسی روحیں ہوتی ہیں۔انکے لیڈر انکے ہیرو ہوتے ہیں اور انکی موت کے بعد یہ پارٹیاں بھی اکثر ختم ہو جاتیں ہیں۔

یورپ کی سرمایہ داری کی جب مادی ترقی و تعمیر ہوئی تھی وہ دور گزر چکا ہے اور وقت اس سے بہت آگے آ چکا ہے۔ آج کا وقت تو اس جدید اور مضبوط ترین ترقی و تعمیر کے باجود مغربی مالیاتی نظام پر بہت بھاری اور زوال زدہ ہے عالمی گلوبائزیشن نے جہاں پیداوار کو بہت وسیع منڈی دی جس سے بڑی اور جدید صنعتی ترقی ممکن ہوئی اور پیداوار کی بہتاب نے زائد پیداوار کو جنم دیا۔ شرح منافع کے لیے یہ ترقی منصوبہ بندی کے بغیر سرمایہ کی انارکی تھی جس نے اس زمینی کرہ ارض کی محدود انسانی منڈی کو سکڑ دیا۔ جو نظام اس منڈی پر ترقی کر رہا تھا اس کو منڈی کی کمی نے بیک گیر لگا دیا اور بحران امڈ آئے۔ مغربی یورپی ممالک جو کبھی دنیا پر حکمرانی کر چکے ہیں آج زوال پذیر ہیں۔ یونان سپین ، پرتگال، آئیر لینڈ ، دیوالیہ ہیں اور یورپی امدادی ٹیکوں پر زندہ ہیں یہ صنعت و حرفت اور جدید انفرسٹکچر کے باوجود یہاں کے عوام بے روزگاری ، مہنگائی ، انسانی بنیادی ضروریات کی قلت اور غربت کی گہرائیوں میں دفن ہو چکے ہیں کیونکہ یہاں بڑی مچھلی چھوٹی مچھلیوں کو کھا جاتی ہے۔

عمران خان پاکستان میں جس عظیم برطانیہ کی بات کرتا ہے اس کو برطانیہ کے حکمران یورپ کی نو آبادی کہتے ہیں اور ویلز کے رہنے والے یورپ کا ترقی پذیر ملک قرار دیتے ہیں۔ لیکن یہ بھی غلط نہیں ہے کہ دنیا کے امیر ترین ڈاکو چور خاص طور پر بینکر لندن میں نواز شریف اینڈ کمپنی کی طرح عیاشی کی زندگی گزرتے ہیں اور ویسے بھی دولت مندوں کے لیے تو ہر ملک میں ہی جنت ہوتی ہے چاہیے وہ پاکستان ہو یا پھر افریقہ کا کوئی تباہ حال ملک ہی کیوں نہ ہو۔ لیکن اگر آپ مرکزی لندن سے باہر جائیں یا سنٹرل لندن کے ساتھ بوسٹین ہی دیکھ لیں تو آپ کا تاج برطانیہ کی عظمت کا تصور خاک ہو جائے گا اور اب بریگزٹ کے بعد عظیم برطانیہ مزید ذلیل و رسوا ہو گا۔ اس لیے عمران خان کا پاکستان کو یورپ یا برطانیہ بنانے کا

خواب خواب ہی رہے گا۔ آج کا پاکستان یا تو اشتراکی انقلاب سے یورپ سے بھی زیادہ ترقی یافتہ اور ایڈوانس بنے گا یا پھر موجودہ پاکستان بھی نہیں رہے گا۔

5 نومبر 2016

ٹرمپ کی جیت، معجزات کے دور کا آغاز

عمومی طور پر ڈونلڈ ٹرمپ کی جیت کسی معجزے سے کم نہیں لگتی کیونکہ امریکن اور تمام عالمی زرائع ابلاغ اور تجزیہ نگاروں نے نومبر 2016 کے امریکی صدر کے الیکشن میں نتائج سے پہلے ہی ہیلری کلنٹن کو ریاست ہائے متحدہ امریکہ کا نیا صدر تسلیم کر لیا تھا اور تمام عالمی عوام کو اس کا یقین بھی دلا دیا تھا کہ مقابلہ بے شک سخت ہے لیکن اگلی امریکن صدر ہیلری ہی ہو گئی۔جب انتخابات کے نتائج سامنے آئے تو تمام بین الاقوامی میڈیے کے ساتھ ساتھ تمام دانشواروں کے طوطے اڑ گئے اور وہ آئیں بائیں شائیں کرنے لگے۔۔۔اسی کو تو معجزہ کہتے جو واقعہ غیر متواقع طور پر جنم پذیر ہو اور بہت سوں کو حیران وپریشان کر دے۔اس لیے میں موجودہ دور کے تیز ترین اور اچانک تبدیل ہوتے غیر متواقع واقعات کو معجزات کا نام دیتا ہوں۔یہ اچھے بھی ہوتے ہیں اور برے بھی ہو سکتے ہیں۔ معجزات کبھی بھی عام اور نارمل حالات میں نہیں ہوتے بلکہ غیر نارمل حالات میں وقوع پذیر ہوتے ہیں۔ماضی بعید میں بھی معجزات اسی لیے ہوتے تھے کہ بحرانوں سے تبدیل ہوتے ادوار میں ناقص اور کم علمی کی بنیاد پر آنے والے حالاوت واقعات کا درست تجزیہ نہیں کیا جاتا تھا اس لیے جینی زیادہ جہالت اور پسماندگی ہوگئی معجزات اتنے ہی زیادہ اور عام ہوں گئے۔

ٹرمپ کی جیت سے پہلے بریگزٹ بھی انہیں معجزات کے تسلسل کی ایک کڑی تھی۔اور

دوسری طرف امریکہ میں پہلی بار برنی سینڈر کی نوجوانوں کے گرد بائیں بازو کی تحریک بھی کسی معجزے سے کم نہیں تھی کیونکہ سوشلزم کا لفظ جہاں کفر اور جرم ہو وہاں اس کی آواز پورے امریکہ میں گونج اٹھی جس کو زبردستی ڈیموکریٹ پارٹی اور ریاستی اشرقیہ کی ملی بھگت سے دبا دیا گیا جو دنیا کی بڑی ترین سرمایہ داری کی کوکھ میں سوشلزم کا حمل تھا۔ جس پر میڈیا آج ماتم کر رہا ہے کہ اگر برنی سینڈر ہلیری کی جگہ امیدوار ہوتا تو ٹرمپ کو با آسانی شکست دی جا سکتی تھی بے شک برنی سینڈر الیکشن میں بیٹھ گیا لیکن اس کی شروع کی ہوئی تحریک زندہ ہو چکی ہے جو اب کبھی نہیں بیٹھ سکتی اور آنے والے حالات میں یہ پھر ایک بڑا معجزا بن کر جنم لے گئی کیونکہ اب امریکی سرمایہ داری کے پاوں بھاری ہو چکے ہیں اور یہ امید سے ہے۔

اگر آج کے تیزی سے تبدیل ہوتے عہد کو قنوطیت پسند علم ودانش اور اس کے زاویوں سے دیکھا اور پرکھا جائے گا تو مستقبل میں اس سے بھی زیادہ اور حیران کن معجزات ہوں گئے جن کو دیکھ کر ہم اپنی انگلیوں کو دانتوں میں ہی نہیں لیں گئے بلکہ دانتوں سے چبا ڈالیں گئے جس میں قصور ہماری اپنی کمزور ذہنی صلاحیت کا ہو گا کیونکہ یہ دور انسانی تاریخ میں کوئی پہلی بار نہیں آیا۔ اگر ہم مادی تاریخ کے ارتقائی نظریے کے طالب علم ہیں تو پھر یہ وقت ہمارے لیے حیرت انگیز اور نیا نہیں ہونا چاہیے۔ ہم نے بار بار لکھا ہے کہ ماضی بدل چکا ہے اور اس نئے عہد میں ماضی جیسا سب کچھ کم سے کم ہوتا چلا جائے گا۔ بریگزٹ اور ٹرمپ کی جیت کے ساتھ برطانیہ میں لیبر پارٹی کا سوشلسٹ صدر جیرمی کوربن اور امریکہ میں آکوپائی کے بعد برنی سینڈر تحریک اسکا ثبوت ہیں۔

موجودہ نظام کے حکمران انتخابات میں عوام کو کچھ عرصے بعد یہ حق دیتے ہیں کہ آئندہ کچھ

عرصے کے لیے اپنے ظلم واستحصال کرنے والوں کا انتخاب کریں اور ان الیکشن کے گورکھ دھندہ سے عوام کو یقین دلانے کی کوشش کی جاتی ہے کہ یہ عوام کی ہی عوام کے لیے اور عوام کے زریعے حکومت ہے جبکہ پاکستان میں ہر الیکشن کے بعد عوام کی حالت زار میں کمی آنے کی بجائے اضافہ ہی ہوا ہے اور امریکہ میں بھی یہی صورتحال ہے وگرنہ ری پبلیک پارٹی کے امیدوار ٹرمپ کو یہ کہنے کی ضرورت نہیں تھی کہ ہم امریکہ کو دوبارہ عظیم بنائیں گئے بے روزگاری اورغربت کا خاتمہ کریں گئے اس نے ان پاپولر نعروں کے ساتھ ساتھ اپنی ذہنی پسماندگی اور تعصب کا نسل پرستی اور میل شاونزم میں اظہار کیا۔ لیکن الیکشن میں لوگوں نے ٹرمپ کے تعصبی بنانات ایک طرف رکھتے ہوئے پہلے اپنی تنگ دست زندگی کے خلاف ووٹ دیا یعنی پیٹ کی بھوک کو جو پھر پہلے نمبر پر آئی اور جیت گئی۔ جبکہ ڈیموکریٹ پارٹی کی امیدوار ہلیری کا کوئی خاص عوامی معاشی پروگرام نہیں تھا اور ساتھ ہی مسز کلنٹن کا ماضی اس کے جھوٹوں اور گناہوں کا گواہ بھی تھا یعنی انتخاب میں ہمیشہ کی طرح اس بار بھی ایک طرف بڑا بدمعاش (ٹرمپ)اور دوسری طرف چھوٹی بدمعاش(ہلیری) تھی۔ عوام ہر بار چھوٹے بدمعاش کو ووٹ دیکر دیکھ چکے تھے اس لیے انہوں نے اس بار روٹین ازم کے خلاف ووٹ دیا جس سے وہ تنگ آچکے تھے وہ کچھ حقیقی تبدیل کرنا چاہتے تھے (کیونکہ اوباما نے بھی تبدیلی کے نام پر کچھ تبدیل نہیں کیا تھا اور عوام کی معاشی زندگیاں پہلے سے زیادہ تکلیف دہ ہو گئیں تھیں) سماج عوام کی ایک تجربہ گاہ بھی ہے جہاں سے وہ سیکھتے ہیں اچھا اور برا سب کچھ یہیں سے سیکھتے ہیں اور در عمل کرتے ہیں۔ جس کے بعد ہی وہ کوئی حقیقی نتائج اخذ کرنے کے قابل ہوتے ہیں انقلاب کے لیے اور طبقاتی جدوجہد کے لیے، دیر یا بدیر عوام اس نتیجے پر پہنچ جائیں گئے کہ الیکشن دولت مندوں کا ایک ایسا سیاسی گورکھ دھندہ ہے جس کے

زریعے یہ نہ صرف اپنی دولتوں میں اضافہ کرتے ہیں بلکہ اسے قانونی اور آئینی طریقوں سے تحفظ بھی دیتے ہیں جس میں عوام کا کوئی بھلا نہیں ہوتا۔پاکستان ہو یا امریکہ پارلیمنٹ کا ایک ہی مقصد ہے منڈی کی لوٹ کھسوٹ کو آئینی اور قانونی طریقوں سے جاری رکھنا قدامت پرستی سے یا رجعت پرستی سے، آزادی سے یا جبر سے ، جمہوریت سے یا پھر آمریت سے۔۔۔

ٹرمپ کی جیت پر بہت کچھ لکھا اور بولا جارہا ہے لیکن یہ ایک حقیقت ہے کہ موجودہ نظام تاریخ میں اپنی عمر سے زیادہ عرصہ زندہ رہ چکا ہے اور اب اس کے بحران در بحرانوں نےاس کی پسماندگی کی مقدار کو معیاری قدر میں تبدیل کر دیا ہے جس سے معجزات کا آغاز ہوا ہے۔موجودہ زوال پذیر نظام کے معجزات تباہ کن اور خون ریز ہوں گئے جن کا آغاز 2008کے بحران سے شروع ہو۔یہی وجہ ہے کہ مڈل ایسٹ کی قتل وغارت کم ہونے یا تھمنے کی بجائے بڑھتی اور پھیلتی ہی جارہی ہے۔مسائل حل ہونے کی بجائے پہلے سے زیادہ پیچیدہ اور خون ریز ہو رہے ہیں۔انہیں کنٹرول کرنے کے لیے جتنے معاہدے اور کوشیشش کی جاتیں ہیں یہ اتنے ہی بے لگام ہو رہے ہیں۔صرف مڈل ایسٹ ہی نہیں بلکہ ساوتھ ایشا اور افریقہ بھی مشرق وسطی بننے جارہے ہیں۔عالمی طاقتوں کے مالیاتی مفادات کے تضادات اپنی انتہائی کیفیت میں داخل ہو چکے ہیں جو زمینی کرہ ارض کو جہنم بنا رہے ہیں۔

ٹرمپ عوام سے کیے گئے وعدوں کو کبھی پورا نہیں کرئے گا۔یہ ارب پتیوں کا نمائندہ ہے اور انکے فائدے کے لیے ہی سیاست کرئے گا دولت مندوں نے اربوں اسکی انتخابی مہم میں لگائے ہیں اب وہ کربوں کمائیں گئے۔جس سے عوام اور ملک کی حالت مزید بدتر ہوگئ۔

ٹرمپ سماجی تعمیر و ترقی اور نئے روزگار کے لیے کاروباروں کی ترقی چاہتا ہے جس کے لیے یہ ٹیکسوں میں کمی کا خواہش مند ہے اس کا مطلب ریاستی آمدنی میں کمی ہے جس سے یہ نئے

ہسپتال ، تعلیمی ادارے ، سڑکیں ، ٹرانسپورٹ اور تمام انفرسکچر کو ترقی نہیں دے سکتا۔جس کا اس نے عوام سے وعدہ کیا ہے۔ہاں البتہ یہ مزید عوامی سہولتوں میں کمی کر کے ملکی قرضوں اور بے روزگاری میں مزید اضافہ ضرور کر سکتا ہے جو پہلے ہی جی ڈی پی کے لیے ناقابل برداشت ہو چکا ہے۔اس سے امریکی ریاست اندرونی اور بیرونی سطح پر کمزور ہو گئی اور اس کے خلاف مذاحمتیں بڑھیں گئیں اسکی عالمی حاکمیت کو نئے چیلنج در پیش ہوں گئے جن کو یہ ٹالنے کے لیے عالمی سطح پر جنگی جنوں ابھار سکتا ہے اور انتشار کو بڑھے گا جبکہ اندرون ملک نسل پرستی کو ہوا دے گا اور سرمایہ داری کے نامیاتی بحران کو تارکین وطن کو ذمہ دار ٹھہرائے گا۔جس سے اسکی حمائت بہت جلد تیری سے گرے گئی اور یہ امریکی تاریخ کا غیر مقبول ترین صدر بن جائے گا۔

آنے والا وقت امریکہ سمیت دنیا بھر میں معجزات کا دور ہے جہاں انقلابات اور در انقلابات اپنی بھرپور شدت سے اظہار کریں گئے کیونکہ مالیاتی نظام کے دن گنے جا چکے ہیں اور اس کا عوامی تحریکوں سے فائنل میچ چل رہا ہے۔ یہ آدم خور نظام صرف بھیانک اورخونی عوامی استحصال پر ہی زندہ رہ سکتا ہے۔اور اگر عوام نے طبقاتی بنیادوں پر منظم ہو کر اسکی تعفن زدہ میت کو انسانی تاریخ کے قبرستان میں دفن نہ کیا تو پھر۔۔۔۔بوڑھا اینگلز لکھ چکا ہے کہ آج کے انسانوں کے پاس نجات کا صرف ایک ہی حل ہے اشتراکیت یا پھر بربریت۔۔۔ڈونلڈ ٹرمپ کی جیت اسی بربریت کی طرف ایک تیزی سے اٹھتا قدم ہے۔

19نومبر 2016

علم وادب پر رجعت کی یلغار

معاشرتی پسماندگی اور سماجی زوال کا اظہار نہ صرف کسی بھی ملک وقوم کے بداعنوان اور نا اہل حکمرانوں سے ہوتا ہے بلکہ سرکاری و غیر سرکاری اداروں اور تمام شعبہ زندگی اس پراگندگی سے محفوظ نہیں رہتے اور خاص طور پر روائتی اہل قلم بھی اس کا شکار ہوئے بغیر نہیں رہ سکتے۔ہمارے اکثر صحافی ، دانشوار اور قلم کار اپنی بے معنی اور سطحی ڈیلی بنیادوں پر سیاسی و سماجی قلابازیاں کھاتی تحریروں اور تجزیوں سے آج کل اس کا بڑا واضح اظہار کر رہے ہیں۔اینکروں کی بور کرنے والی لا حاصل گفتگو اور بحثیں اب کسی خاص عوامی توجہ کا مرکز بھی نہیں ہیں کیونکہ ان کا تعلق عوامی مسائل کے حل کی بجائے ذاتی مالی مسائل کے حل تک زیادہ محدود ہو گیا ہے اور دوسرا تنگ دست حالات زندگی میں عوام کے پاس میڈیے کے لیے اتنا فارغ وقت بھی نہیں ہے۔ریٹنگ کی اندھی دوڑ میں معیار نام کی ہر چیز روند دی جاتی ہے۔ٹاک شوز کی بھرمار کی وجہ سے جہاں اطلاعات عام ہوئیں وہیں پر کچھ افراد علم سماجیات سائنس اور فلسفہ پڑھے بغیر ہی انفارمیشن کے نیم حکیم خطرہ جان دانشوار بن گئے ہیں جو زیادہ تر سوشل یا ای میڈیے پر نظر آتے ہیں۔

ادیب اور شاعر جو دنیا میں رومانس اور حس جمالیات کے شہنشاہ تصور کیے جاتے ہیں اور اعلی شہری تعلیم و تربیت کے استاد مانے جاتے ہیں وہاں آج پاکستانی شاعر نعتیں لکھنے اور پڑھنے والے نعت خواں بن کر رہ گئے ہیں۔ادب جو کسی بھی سماج کا بلند تہذیبی ورثہ اور طرہ امتیاز

ہوتا ہے۔جو اعلی ثقافتی اور معاشرتی اقدار کا محافظ اور اس کا بے باک غماز تھا آج پاکستانی ادیبوں اور شاعروں نے اسے پاکستان اور ملک سے باہر اتھوپیا کی کسی کچی آبادی کا میلاد شریف بنا دیا ہے۔ادب کا مذہب سے نہیں بلکہ علم و دانش سے گہرا تعلق ہوتا ہے جبکہ آج کے مشاعرے اور ادبی نشستیں ربیع اول کے پروگرام کی طرح ہوتیں ہیں (ماہ ربیع اول کے علاوہ بھی)۔یہ نہیں سنا تھا لیکن آج اکثر سننے میں آتا ہے کہ وہاں نعتیہ مشاعرہ ہو رہا ہے۔ حالانکہ حمد ونعت اور شاعری دو مختلف چیزیں ہیں ایک کا تعلق مذہب اور خاص طور پر اسلامی مذہبی عبادت سے ہے(خدا اور اس کے پیغمبروں کی حمد و ثنا) جبکہ ادب کا تعلق معاشرے اور اسکی اصلاح سے ہے ۔کسی مذہبی تبلیغ سے نہیں ہے۔مذاہب جامد اور مستقل ہیں جبکہ معاشرے مسلسل تبدیلی ہوتے ہیں اس لیے مذہب اور معاشرہ ایک دوسرے کی ضد ہیں اور ان کے علوم کو آپس میں گڈ مڈ کرنے سے کوئی بھی کچھ بھی نہیں رہتا نہ ادب اور نہ ہی مذہب۔جبکہ ہر ایک مذہب اور فرقے کا اپنا ایک خاص عزت و احترام ہے اس لیے ہر چیز اپنی جگہ اور مقام پر ہی اچھی لگتی ہے اور عزت کارتبہ پاتی ہے۔وگرنہ ، نہ خدا ہی ملا نہ وصال صنم۔نہ ادھر کے ہوئے نہ ادھر کے ہوئے۔ اگر آپ کسی نوجوان کی میت پر ڈھول بجائیں اور بھنگڑا ڈالیں اور شادی میں روئیں اور وین ڈالیں تو کیا ہو گا ؟آپ اس کا اندازہ خود لگا سکتے ہیں اور یہی آج زیادہ تر پاکستانی علم و ادب کے ساتھ ہو رہا ہے ۔ اس لیے ہمیں مختلف نظریات ، علوم اورچیزوں کا زہر آمیز امیزاج (محلول)نہیں بنانا چاہیے۔جو نہ صرف خطرہ علم ہے بلکہ ادیبوں اور دانشواروں کی عقل پر بھی ایک سوالیہ نشان ہے اور یہ معاشرے کا نظریاتی دیوالیہ بھی۔

امریکہ ، کنیڈا ، یورپ ، جرمنی اور فرینکفرٹ میں بھی بہت سے با ادب افراد اور صحافیوں کے

علاوہ ادبی حلقے ، سنگتیں ، تنظیمیں اور تحریکیں ہیں جو ملک سے باہر علم ادب اور شعوری ترقی میں بہت مثبت کردار ادا کر سکتے ہیں لیکن بد قسمتی سے یہ بھی مذہبی فرقہ بندیوں کی طرح منافرتوں کا شکار ہیں جس سے یہ کوئی روشن خیالی دینے کی بجائے ،فتور کے داعی اور رجعت کی بازگشت بن چکے ہیں۔

ادب میں آج رجعتی یلغار کی بنیادی وجہ سماجی جمود کے ساتھ ابھرنے والے ذہنی تعفن سے طالبان (مذہبی دہشت گرد)سوچ ہے جنگی کی وحشت کا خوف بل واسطہ یا بلا واسطہ کمزوروں پر حاوی ہے جو ہر طرف دندناتے پھیر رہے ہیں۔کچھ اس کا اقرار کرتے ہیں کچھ اعمال میں ایسا ہی ہیں لیکن مانتے نہیں ہیں۔مذہب جو شاید کبھی پیار محبت اور شانتی کا درس دیتا تھا آج ملائیت نے اسے اپنے مالی مفادات کے لیے آدم خور بنا ڈالا ہے جس میں صبر و تحمل ، برداشت ، وسیع ظرفی ، اتحاد وغیرہ کی انسانی صفات ناپید ہوتی جا رہی ہیں اور مذاہب میں جنونیت ، فرقے اور فتوے بڑھتے ہی جا رہے ہیں۔اور ایسا لگتا ہے کہ اللہ کو ماننے سے قتل کا لائسنس مل جاتا ہے اور مسلمان ہونے سے دوسروں کو کافر اور اقلیت کہنے کا حق مل جاتا ہے جو جہالت اور غیر انسانی سوچ کا اعکاس ہے۔اور یہی مذہبی دہشت گردوں کا خوف روائتی ادیبوں کو ، جنکی کوئی مضبوط سوچ اور نظریہ نہیں ہوتا اس کا زبردست شکار ہو کر اس کے زیر عتاب آ جاتے ہیں۔اور ادب برائے زندگی تخلیق کرنا تو بہت دور کی بات یہ ادب برائے ادب کو بھی ادب برائے میلاد بنا دیتے ہیں۔علم و دانش پر ایسا مذہبی غلاف چڑھا کر سماجی ٹھوس موضوعات کے بیان میں کمال کے خصی ، کمزور ،لاغر اور متذبذب الفاظ اور جملوں کا وہ استعمال کرتے ہیں کہ عام سا ادب بھی کوئی آسمانی صحیفہ لگتا ہے۔اسی لیے اردو ادب میں تنقیدی ادب غائب ہوتا جا رہاہے اور یہ تعریفی ادب کی ذاتی شہرت کے لیے اونچی لیکن پھیکی

دوکان ہے۔دوسری وجہ مذہب آج ایک بڑی مالیاتی منڈی بن چکی ہے جس سے بہت ساروں کے مفادات منسلک ہیں۔جنید جمشید اور بہت سے دوسرے گلوکاروں نے گانے چھوڑ کر نعتیں اور میلاد شروع کر دیئے اور خوب پیسہ کمایا۔اور ایسی ہی بے شمار کھلی حقیقتوں کو جرات سے کہنے اور لکھنے سے لکھاری ڈرتے ہیں۔جو مذہبی دیوانگی کی بڑھوتری میں اضافہ کرتے ہیں۔جس نے آج نہ صرف مذہب کی شکل بگڑ دی ہے بلکہ سماجی انتشار کو مزید بھیانک اور خون ریز بنا دیا ہے۔علم و ادب میں پسماندگی اور رجعت پرستی کا صرف عوامی ادب کی بنیادوں پر ڈٹ کر مقابلہ کرنے سے ہی اب مذہب اور حقیقی ادب کی عزت واپس آسکتی ہے۔

تحریر و تقریر میں الفاظ بہت خاص معنی اور وزن رکھتے ہیں جنہیں بڑا ناپ تول کر کہا اور لکھا جاتا ہے۔الفاظ کے استعمال میں لاپروائی عبارت کے مفہوم اور اسکے اثر اور تاثر کو یکسر بدل دیتی ہے۔یہ تحریرو تقریر پڑھنے یا سننے والے افراد کے ذہین کو شعوری یا لاشعوری طور پر متاثر کرتے ہیں جن کا بعد میں یہی لوگوں اپنے روز مرہ کے سماجی رویوں میں اظہار کرتے ہیں۔اس لیے مقررین اور لکھایوں پر بہت بڑے سماجی فرائض اور ذمہ داریاں عائد ہوتیں ہیں (جن کو آج کل بڑا ہی غیر اہم لیا جاتا ہے اس لیے یہ دانشوار اور لیڈر ہر طرف کھمبوں کی طرح اوگے نظر آتے ہیں اور خاص طور پر یورپ میں جو موجودہ فتنوں کی بڑی وجہ ہیں) قلم کار تحریکی اور مذاحمتی ادب سے معاشرے کی تعمیر و ترقی بھی کر سکتے ہیں اور روایت پرستی سے بگڑ اور گراوٹ بھی پیدا کرتے ہیں جو براہ راست لکھاریوں کے اپنے نظریات اور مقاصد پر انحصار کرتا ہے۔

ترقی پسند لیکھتوں یعنی تحریر کاروں کو الفاظ کے جدید معانی بھی متعارف کرنا چاہیے اور رجعتی الفاظ کے استعمال سے پرہیز کرنا چاہیے کیونکہ یہ ذہنی ارتقا میں منفی انداز سے اثر انداز ہوتے

ہیں۔وقت کی تبدیلی سے شاید الفاظ اتنے نہیں بدلتے جتنے انکے معنی بدل جاتے ہیں۔ جیسے ، عزت و غیرت ، آزادی وجمہوریت، نظام اور سماج، پسماندگی اور جدیدیت ، عوام اور حکمران وغیرہ زمانے کے ساتھ ساتھ یہ سب بدل گئے لیکن ہمارے ہاں آج بھی بے شمار ادیب اور دانشوار بڑی ڈیٹائی سے ان الفاظ کو دور بربریت کے زمانے کے ہم معنی استعمال کرتے ہیں جو شعور کو آلودہ بنا رہے ہیں۔زبانی اور تحریری الزام تراشی کرنے اور فتوے لگانے والوں کی آج کسی جگہ بھی کوئی کمی نہیں ہے(اٹ پوٹو تے نکل دا اے)جو کوئی حیران کن نہیں ، کیونکہ مادی حالات کی ابتری انسانی ذہنوں کو مجروح کر دیتی ہے اس لیے کہ انسانی ذہین بھی مادہ کی ہی ترقی یافتہ شکل ہے اوراس سے زیادہ کچھ نہیں ہے۔

رجعت پرست اکثر بائیں بازو کو ،، پر پگڑیاں اچھلنے ،، والے بھی کہتے ہیں جو دور جہالت کا ایک خاص لفظ ہے۔ذہنی بیمار افراد جدید ترین ملک جرمنی اور فرینکفرٹ میں بھی بڑی لاعلمی میں بے ڈھرک مخالفین کے لیے استعمال کرتے ہیں کیونکہ نہ تو انکو پگڑی اور اس کی تاریخ کا علم ہے اور نہ ہی اچھانے کے معنی آتے ہیں۔جملہ ،پر پگڑیاں اچھلنا ماضی بعید کے جاگیردارانہ دور کی پسماندگی کا برملا اظہار ہے کیونکہ پگ کا تعلق جدید سرمایہ داری میں ایک بے معنی اور غیر اہم لفظ ہے۔جس کا استعمال ایک عرصہ ہوا ختم ہو چکا ہے کیونکہ اس سے زیادہ حقیقی اور باعزت الفاظ جو اپنے اندر وسیع تر انسانی اور معاشرتی معانی رکھتے ہیں آچکے ہیں لیکن جو اس جملے کا آج بھی اپنی گفتگو اور تحریر کے لیے چناو کرتے ہیں یقینا جدید علم اور لغت سے نا آشنا ہیں اور ایک بچھڑے ہوئے دور میں زندہ ہیں۔یہ لوگ پگڑی کو (جاگیردارانہ) عزت کے ہم معنی قرار دیتے ہیں کیونکہ یہ لفظ اسی درو کی پیداوار ہے۔اور اسی پگڑی(عزت و غیرت) پر پاکستان میں سب سے زیادہ لڑکیوں اور عورتوں کو انسان اور انسانیت کی صف سے نکل کر

جانوروں کی طرح ذبح کیا جاتا ہے۔اسی پگڑی کے احترام میں بہت سے بڑی عمر کے لوگ بچوں اور بچیوں سے زیادتیاں کرتے ہیں اور یہ بچے اور بچیاں یہ سب پگڑی اور عمر کے احترام میں خاموشی سے برداشت کر جاتے ہیں۔اسی پگڑی کے احترام کے غلبے تلے نوجوان کچھ نیا سیکھنے اور کرنے سے اپاہج ہو کر طوطے بن جاتے ہیں جو رنگ برنگی پگڑیوں میں ہمیں ہر جگہ نظر آتے ہیں۔زر، زمین جو پگ اور اسکے شملے کی علامت ہے، کی وجہ سے لوگ قدرتی انسانی جذبوں اور رویوں کو کچل کر لڑکیوں کی قرآن سے شادیاں کر دیتے ہیں۔جھوٹ و فریب اور ظلم و استحصال کے لیےبڑی جرات سے عمر، پگ اور پگڑی کا بڑی بے شرمی سے سہارہ لیا جاتا ہے اور اگر کوئی انکو ننگا کرئے تو اسےچند شوقین ناخواندہ صحافی پگڑیاں اچھالنے والا بھی کہتے ہیں۔لیکن پگڑی میں لپٹے دھوکے اور ریاکاری سے سچ کو باہر لانے کے لیے پگڑی یا پگڑیاں اچھالنا ضروری ہوتاہے (اسی لیے شاید ہم پر الزام بے وفائی ہے)۔سچ ہمیشہ کڑوا ہوتا ہے اور آج کے بحران زدہ منافق سماج میں سچ کے راستے پر چلنا پھولوں کا نہیں بلکہ کانٹوں کے راستے کا انتخاب ہے جو ہر سنجیدہ اور دیانیدار لکھاری کو کرنا ہے۔پگڑیوں کی بے ہودگی اورایسی جھوٹی عزتیں ہمیں پاوں میں روندتے ہوئے حقائق کو آگے لانا ہے اور اسکے لیے لڑنا ہے کیونکہ کسی بھی معاشرہ کی روحانی، اخلاقی یا پھر مادی تعمیر و ترقی اور عزت و احترام ٹھوس سچ سے ہوتاہے منافقت اور جھوٹ سے نہیں۔کیونکہ، چھوٹھیاں عزت اں لھبدا جیہڑا عاشق نہیں سوداھی اے۔عشق دا وڈا مول ای اکھوی گلی گلی رسوائی اے۔

24دسمبر2016

نوٹس